_____ 님의 소중한 미래를 위해

이 책을 드립니다.

FP, FC를 위한

VIP 마케팅 Hub

김기홍 지음

 도서출판 **위**

CONTENTS

CONTENTS

지은이의 말

Covid-19라는 팬더믹 시기를 지나면서 부의 양극화는 더욱 공고해 졌다.

투자 은행 '크레디트 스위스의 글로벌 부(富)보고서 2022' (Credit Suisse's Annual Global Wealth Report 2022)에 의하면, 한국은 순자산이 5000만 달러 (650억원)가 넘는 초고액 자산가(UHNW)가 미국, 중국, 독일, 캐나다, 인도, 일본, 프랑스, 호주, 영국, 이탈리아에 이어 세계에서 11번째로 많은 것으로 나타났다. 또한 2019년에 비해 2021년 초고액 자산가가 무려 50% 증가 하였다. 또한 2022년 우리나라 통계청 발표에 의하면 소득 상위 10%의 소득 규모가 소득하위 10% 보다 무려 22배 이상 많아 극심한 양극화를 보여 준다고 보고 하였고, 2015년 조사에 의하면 자산 상위 10%가 전체 자산의 약 60% 가까운 자산을 소유하고 있다고 발표 하기도 하였다.

이러한 자산시장에서 VIP마케팅의 대명사로 통용되는 '파레토의 법칙'은 더욱더 그 위력을 발휘하고 있다. 하지만 파레토의 법칙은 어제 오늘 생겨난 이론이 아니다. 무려 126년전인 1897년 이탈리아 경제학자 '빌프레도 파레토'가 발견한 것으로 19세기 영국의 부와 소득을 연구한 결과, 전체 인구의 20%가 전체 부의 80% 차지하고 있다는 것을 발견했다. 이를 흔히 20:80의 파레토의 법칙이라 불렀고, 마케팅에서도 20%의 VIP 고객이 80%의 매출을 올려 준다는 것에 착안하여 VIP 마케팅에 전력 투구하는 현상이 일반화 되었다.

특히 돈과 자산을 다루는 금융업에도 VIP 마케팅은 생존의 문제가 되고 있다. 모든 회사들이 앞다투어 VIP 고객 모시기에 엄청난 경쟁을 하고 있다. 증권회사의 WM센터, 은행의 PB센터를 필두로 해서 보험회사의 FA, FP, FO센터 등이 재무설계를 무기로 경쟁하고 있다.

1995년 보험회사 입사 후 7년째 지점장 생활을 하고 있던 2003년은 PB·WM 영업으로 통칭되는 VIP 고객 대상 마케팅이 광풍처럼 금융권을 몰아치던 시기였다. 필자가 다니는 회사에 VIP고객 컨설팅 전문 조직인 Financial Advisory Center가 신설되었고, 신설 멤버로 함께할 기회를 얻게 되었다. 그 후 20여년간 부유층 고객 상담과 실전 경험을 바탕으로 고능률FP 양성 업무를 수행하였고 현재는 부유층컨설팅 영업 관련 전략을 수립하고 추진하는 업무를 하고 있다.

본 저서는 20여년간 현장에서 부유층 고객상담, 기획업무를 하면서 느꼈던 생각과 경험, 지식을 정리한 것으로 크게 3부분으로 나누어져 있다.

첫번째 부분은 왜 VIP마케팅이 중요하고, 부유층 고객은 어떤 사람들인가에 대한 이야기를 정리했다. VIP마케팅의 중요성을 인식하고 우리가 주요 마케팅 대상으로 삼는 VIP고객의 특성을 이해하는 것은 매우 의미 있는 일이다. 그들을 앎으로 인해 실패를 줄일 수 있고, 대응 방법을 찾을 수 있기 때문에 필자가 공부한 지식과 경험을 바탕으로 정리 하였다.

두번째 부분은 VIP고객 발굴과 VIP마케팅 프로세스에 대하여 정리하였다. 특히 프로세스는 필자가 보험영업과 VIP고객 컨설팅서비스를 하면서 가장 중요하게 경험했던 분야다. CFP공부를 하면서 배웠던 내용들을 실천해 가는 것은 '나를 단순한 영업맨이 아닌 고객에게 진정한 도움을 주는 가치 있는 존재'로 자리잡게 해준 중요한 부분이었다. 하지만 최근에는 FP, FC에게 재무설계 프로세스가 점점 사라지고, 그 가치가 퇴색되는 것 같아 안타깝다. VIP마케팅에 있어서 재무설계 프로세스는 굉장히 중요하기에 많은 책들을 참고하고 경험한 것을 기초로 하여 자세히 기술하였다. 또한 개별 재무설계를 위한 보험, 은퇴, 투자, 자산이전, 사업자 설계 등의 핵심적인 내용을 나의 관점으로 정리하여 제공하였다.

마지막으로 성공한 FP, FC들의 성공담과 나의 경험을 바탕으로 '목표와 꿈, 실천, 전문가, 네트워크, 집중, 시간관리, 커뮤니케이션, 협상가, 인내, 긍정'이란 10가지를 키워드를 중심으로 VIP마케팅 성공을 위한 조언을 정리 하였다.

VIP마케팅은 세상 모든 곳에서 행하여 지는 일이다. 가장 근접한 편의점에서도 VIP마케팅이 이루어 지고 있다. 이제 FP, FC 들이 당당한 금융인으로 성공하고, 가치를 드러내 보이고 싶다면 VIP마케팅에 도전해야 한다. 이 책이 VIP 고객 대상 보험 영업의 성공의 담보물이 되지는 않을 것이다. 필자가 부유층 컨설팅과 FP교육을 하면서 전하고 싶었던 얘기, 그간 배우고 경험했던 다양한 내용과 지식들을 정리한 것에 불과하다. 하지만 VIP마케팅에 새롭게 도전하는 분들과 실패한 경험을 가진 분들에게 조금이나마 도움이 되길 바랄 뿐이다.

'FP, FC를 위한 VIP 마케팅 HUB'는 2018년 한화생명 연수원에서 부유층 마케팅 전담 교수로 재직하면서 과정을 운영했던 교수들과의 공동 작업이라 해도 과언이 아니다. 부유층 마케팅 프로세스 교육에 함께 했던 존경하는 신호영 선배와 현재 한화생명금융서비스 영남권 부유층 마케팅을 총괄하는 FA지원 4센터 김정훈 센터장, 투자부문에 도움을 준 한화생명 이명열 투자전문가에게 감사의 말을 전한다.

또한 FA에 항상 관심을 가져주신 한화생명금융서비스 이경근 대표이사, 한화생명 FA센터 설립 초기 길잡이가 되어준 대신저축은행 박경제 대표이사, GA Korea 강용각 상무, 그리고 FA로 함께하며 조언을 아끼지 않은 한화손해보험 여상훈 전무, 한화생명 변성택 센터장, 삼성화재 김중열 센터장, 최성순·조진희·전왕규·김대현·송정섭 선배, 현재 한화생명금융서비스에서 함께하는 이명헌·김상균·원민연·강현호 센터장, 유창완 차장, 정원준세무사, 한화생명 연수원에서 교수기법 등을 통해 새로운 성장에 도움을 준 변준균팀장, 최성일파트장, 권기성·이선우·한종선·이용직 교수 그리고 20년 간 함께 했던 수많은 고객, FP, 또한 FA와 스텝으로 함께했던 동료들에게 고마움을 전한다. 마지막으로 경험에 지식과 이론을 더하여 주신 존경하는 상명대학교 양세정 교수, 항상 지지하고 응원해준 사랑하는 가족들, 어려운 상황에도 함께해준 '도서출판 위'의 변성진 대표와 직원들에게 다시 한번 감사를 드린다. God Bless You.

PART 1

이제는 V 마케팅과
V고객이다

• • •

부자 마케팅으로 승부해라

왜 V마케팅인가?

V 마케팅 장점

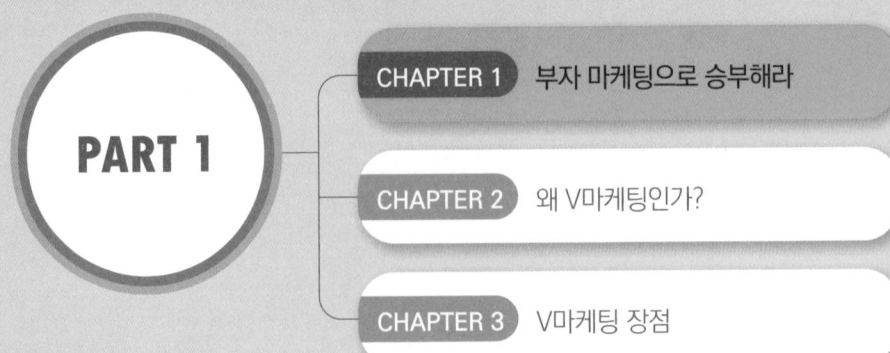

부자 마케팅으로 승부해라

보험영업에서 상품의 구매자는 사람이다. 물론 보험의 대상은 사람뿐 아니라 경제적 가치가 있는 모든 것들이 될 수 있다. 하지만 보험상품 구매를 결정하는 것은 결국 사람이기 때문에 보험영업에서 가장 중요한 부분은 '내가 만나는 모든 사람들이 잠재적 고객'이라는 점이다. 따라서 우리가 집중하고자 하는 것은 보험의 대상이 아니라 보험상품 구매자인 고객이다. 보험상품을 구매하는 고객은 일반적으로 일반 서민층 고객, 중산층 고객, 부유층 고객 등으로 나눌 수 있다.

우리는 어느 고객에 집중해야 할까? 여러분의 고객은 어떠한가?

최근에는 단순 보험 판매를 넘어 가계의 재무적 부분 전반에 대해 조언하는 재무설계의 중요성이 강화되었다. 그에 따라 일반적으로 보험을 판매하고 모집하는 사람을 칭하는 '보험설계사' 대신, 보험 판매와 더불어 재무설계의 역할을 수행하는 FP(Financial Planner), FC(Financial Consultant), FA (Financial Advisor) 등 다양한 용어가 금융회사에서 사용되고 있다. 이러한 재무설계사를 이 책에서는 FP(Financial Planner)라는 이름으로 통칭하여 사용한다.

FP가 주도권을 가지고 판매와 재무설계 활동을 할 수 있는 대상은 일반 서민층과 중산층이 주를 이룰 것이다. 왜냐하면 고객에게 접근이 쉽고, 대화하기 쉬울 뿐 아니라 상품지식, 경제지식 등 대부분 분야에서 FP가 우위에 있을 확률이 높기 때문이다. 하지만 그런 고객에게서는 우리가 원하는 최고의 성과를 이끌어내는 것이 어렵다. 그 이유는 간단하다. 그들은 보험료 납입 능력에 한계를 가지고 있으며, 보험상품 구매 니즈도 한정되어 있기 때문이다.

보험영업을 어렵게 생각하는 가장 큰 이유는 바로 '내가 만나는 고객의 경제적 능력 차이'에서 연유한다. 성공적 보험영업을 위해서는 일반 대중(서민층)을 대상으로 하는 마케팅도 중요하지만, 보험료 납입 능력이 충분하고 보험에 대한 니즈가 다양한 부자고객 시장을 타깃으로 하는 영업으로 전환해야 한다.

부자고객을 대상으로 하는 부자 마케팅은 고소득자, 고액 자산가, 상류층 고객 등 경제적 여력이 있는 고객을 대상으로 행해지는 마케팅 활동과 기법 등을 말한다. 부자를 고객으로 두고 있는 FP들은 시장 환경의 변화에 크게 영향을 받지 않는다.

부자 마케팅은 보험영업뿐 아니라 모든 산업에서 이슈가 되고 있으며 모든 기업이 사활을 걸고 있는 분야다. 부자 마케팅은 VIP 마케팅, VVIP 마케팅, 귀족 마케팅, 상류층 마케팅, 명품 마케팅 등 다양한 용어로 불리고 있다. 이 책에서는 VIP 마케팅, 부자 마케팅, 부유층 마케팅 등의 다양한 용어를 'V마케팅'으로 사용한다. 또한 부자고객, 부유층 고객, VIP 고객을 'V고객'이라는 약칭으로 사용한다.

V는 Victory의 앞 글자를 사용한 것으로 V마케팅을 통해 FP와 고객에게 승리를 안겨주기 바라는 의미로 사용하였다.

검지와 중지 두 손가락으로 표현하는 V 사인은, 우리가 사진을 찍을 때 흔히 취하는 행동이기도 하고, 승리의 의미로 표시하기도 한다. 누가 가르쳐 준 적도 없는데 많은 사람들이 사진을 찍을 때 V를 그린다. 하지만 우리가 대부분 알고 있는 V 사인에는 정반대의 두 가지 의미가 담겨 있다.

첫째는, 승리를 의미하는 V 사인의 기원은 2차 세계대전

시기에 영국의 수상 윈스턴 처질이 "연합군의 승리를 염원한 것에서 기인하였다"고 한다. 유럽 전선을 돌며 V를 만들어 보인 것이 세계 곳곳에서 승리를 뜻하는 의미로 사용되었다. 이는 어려운 전쟁 상황에서 많은 사람들에게 닥친 고난과 역경을 이겨내자는 희망과 의지의 메시지였던 것이다.

반면 약간 다른 형태의 V 사인은 정반대의 의미로 사용되기도 하였다. 영국과 프랑스 간의 백년전쟁이 한창일 때 "영국군이 프랑스군에게 대승을 거두고 후퇴하는 프랑스군을 향해 검지와 중지를 들어 보이면서 약을 올린 것"이 조롱을 뜻하는 V 사인의 시초로 알려졌다. 손가락으로 V자를 그리지만 손등을 상대방에 보이게 향하는 것은 '지옥에나 가라'라는 나쁜 뜻으로 상대방을 조롱하는 의미로 쓰인 것이다.

이러한 역사적 일화는 V마케팅과 V고객을 향한 FP에게 의미하는 바가 크다. 유사한 V 사인이 정반대의 결과를 가져올 수도 있는 것처럼 V마케팅도 어떠한 관점과 인식을 가지고 마케팅에 임할 것인가는 아주 중요하다.

V마케팅은 충성고객을 확보할 수 있고, 비싼 상품을 팔아 큰 이익을 창출할 수 있는 마케팅이다. 하지만 단순히 비싼 상품만을 판매하기 위한 마케팅이라면 시장에서 성공할 수 없다는 것도 주지의 사실이다.

V마케팅은 상품의 가치를 파는 행위로 가격은 중요하지 않다

V마케팅은 단순히 비싼 상품을 판매하는 것 자체를 뛰어넘어 가치를 판매하는 것이다. 기업 입장에서는 기업의 이름과 이미지를 파는 것이고 판매자 입장에서는 판매자 자신을 파는 것이다. 즉 고객은 단순한 상품이 아닌 상품의 가치, 기업의 가치, 판매자의 가치를 구매하는 것이다.

유념해야 할 것은 V고객은 가치 우선이지, 가격 우선이 아니라는 것이다. V마케팅을 추구하는 FP가 명심해야 할 것은 "진짜 V고객은 무조건 싸다는 이유만으로 어떤 상품을 구매하지는 않는다"는 사실이다. 진짜 V고객은 가격에 연연하지 않는다. 단순히 가격을 할인해 준다는 것이 구매 동기가 되지 않는다. 오히려 할인 판매는 구매하고자 하는 상품의 가치를 하락시킨다는 인식을 가질 수 있다.

V고객은 비싼 가격에 대해서는 묻지도 따지지도 않는 성향을 보이는 경우가 많다. 이는 "비싸다는 것 자체가 이 상품의 가치를 표현한다"고 믿기 때문이다. 따라서 엄청나게 비싼 상품이라도 구매자 입장에서 가치 있고, 의미 있는 상품이라면 아주 적극적으로 구매 활동을 한다.

〈Dream Society〉의 저자인 미래학자 롤프 옌센은 "미래 사회는 상품을 구매하는 구매의사 결정자들이 감성에 근거해 구매의사 결정을 내리는 시대가 될 것이다"라고 하였다. 감성에 근거한다는 것은 상품의 가치를 의미한다. 상품에 가치를 부여하고, 그 가치가 본인에게 일치될 때 기꺼이 많은 돈을 지불하고서라도 구매를 한다. 결국 가치가 감성을 자극하고, 감성에 의한 구매 활동을 한다는 의미이다.

따라서 V마케팅은 가격이 중요한 것이 아니라 고객 감성을 자극할 수 있는 가치 부여가 가장 중요하다.

V마케팅은 회사, 판매자, 상품과 구매자 간의 고도의 신뢰가 중요하게 작용된다. 그 신뢰는 V고객의 충성 고객화를 가져오게 만들고 결국 고객과 판매자의 Win-Win 관계가 지

속되는 특성을 갖게 된다. 기업과 FP, 소비자 모두가 시장에서 성공하는 공급자, 수요자로서의 만족감을 성취하게 될 것이다.

 생각해 보기

① 나는 내가 판매하는 상품의 가격에 관심이 있는가? 아니면 상품의 가치에 관심이 있는가?

② 나는 단순히 상품의 구성과 장점에만 관심이 있는가? 아니면 상품 고유의 가치를 찾아내고 극대화하기 위해 노력하면서 관심을 기울이는가?

③ 나는 상품 그 자체를 팔고 있는가? 아니면 상품이 가지고 있는 고유의 가치를 판매하고 있는가?

V마케팅은 일반 마케팅과 모든 면이 다르다

V마케팅은 불특정다수를 대상으로 하는 일반(대중) 마케팅과는 전혀 다른 형태이다. 그래서 VIP 마케팅, VVIP 마케팅, 부자 마케팅, 귀족 마케팅, 상류층 마케팅, 명품 마케팅 등 다양한 용어로 불린다. 이 책에서는 V마케팅이란 용어를 사용한다.

일반 대중을 대상으로 판매하는 단순 상품 마케팅인 일반 마케팅과 V마케팅은 다음과 같은 차이점이 있다.

첫째, 판매 대상에 차이가 있다.

대중 마케팅은 모든 소비자를 대상으로 하는 반면 V마케팅은 고가의 가치 있는 상품이기 때문에 구매 능력이 있는 특화된 소수가 판매 대상이 된다. 따라서 내가 판매하고자 하는 상품의 최적화된 고객을 발굴하고, 그들을 중심으로 판매 활동이 이루어진다. 결국 V마케팅은 판매 그 자체보다 고객 발굴에 더 많은 시간과 노력을 투입하여야 한다.

둘째, 판매 상품에 대한 의미 부여가 다르다.

대중 마케팅은 단순히 상품의 외형적 면과 내용물, 기능 중심의 상품 판매라고 본다면 V마케팅은 상품 그 자체를 뛰어넘는 가치를 판매하는 것이다. 따라서 V마케팅을 통해 상품을 구입한 V고객은, 단순히 상품을 구매하는 것이 아닌 그 상품이 가지고 있는 가치를 구매하게 된다. 그 결과 구매 고객은 상품에 크나큰 의미를 부여하고, 상품 그 자체를 소유하고 있다는 것만으로도 행복감과 우월감을 느낀다. 많은 대중이 팬덤을 형성하고 본인이 좋아하는 특정인의 모든 것에 감격하고 따르는 이유와 같다.

셋째, 고객이 느끼는 상품의 품질에 차이가 발생한다.

일반 대중이 구매한 상품은 그 기능이 정상적으로 작동되고, 불량품만 아니라면 만족감을 얻게 될 것이다. 하지만 V고객이 구매한 상품은 동종의 상품과는 특별한 차별화가 이루어져야 한다. 즉 V고객의 품격에 맞는 품질과 특별함이 부여되어야 한다는 것을 의미한다. 상품에 다름이 존재해야 하고, 그 다름을 부각시켜야 한다.

넷째, 상품 가격의 차이와 더불어 상품 가격을 바라보는 인식의 차이가 발생한다.

대중 마케팅의 소비자는 동일 제품 간 비교를 통해 낮은 가격을 선호한다. 따라서 할인 정보나 이벤트에 관심을 갖게 되고, 그러한 이벤트가 구매 욕구를 불러일으킨다. 하지만 V고객은 가격보다는 구매하고자 하는 상품이 "자신의 사회적 지위 및 명망에 부합하는지"를 더욱 중요하게 생각한다. 결국 자신의 사회적 지위에 걸맞고, 필요성에 강한 믿음이 부여된다면 가격은 전혀 고려 대상이 아니다. V고객이 고가 상품을 구매하는 것에는 그만한 이유가 있다.

다섯째, 상품 판매를 위한 홍보 방법과 수단에 차이가 크다.

대중 마케팅은 TV, 신문 매체 등의 광고를 통해 대부분 이루어진다. 그러나 V마케팅은 확보된 고객 중심으로 개별 홍보 및 안내가 더욱 중요하다. 아무에게나 구매 정보를 누출하는 것이 아닌 특화된 고객, 이미 확보된 충성 고객, 구입 여력이 있는 고객 중심으로 맞춤형 홍보와 구매정보가 전달된다.

결국 그들을 통해 그들만의 리그에 홍보가 되고 그 정보를 접한 고객들이 구매 고객이 된다. V고객들은 자신만의 상품이 대중화되는 것을 원치 않는다. 판매자 입장에서는 "당신만을 위한, 당신이니까 추천하는 상품, 당신만이 가입할 수 있는 상품이다"라는 것을 어필해야 하는 이유다.

여섯째, 서비스 규모와 내용 등 질적 부분에 큰 격차가 발생한다.

대중 마케팅은 판매된 상품에 대한 하자 보수와 상품과 연관된 서비스에 한정된다. 반면 V마케팅을 통해 제공되는 서비스는 단순히 상품 관련 서비스를 넘어 고객의 사회적 지위와 역량에 부합되는 다양한 서비스를 제공해야 한다. V고객들은 자신만의 차별화된 서비스를 통해 상품 구매로부터 얻는 만족감 이상의 가치를 향유하게 되어 자부심을 느낀다. 따라서 V마케팅을 수행하는 FP는 폭넓은 네트워크를 통해 고객에게 다양한 서비스를 제공할 수 있어야 한다.

일곱째, V마케팅과 일반 대중 마케팅을 수행하는 FP에게 요구되는 역량과 자질에서 차이가 발생한다.

대중 마케팅을 수행하는 일반 FP에게는 고객과 상품에 대한 단순 소통 및 설명 능력이 중요할 수 있다. 하지만 V마케팅을 수행하는 FP에게는 고도의 소통 능력, 고객 심리를 파악하는 능력과 상품 가치를 고객의 가치와 일치시킬 수 있는 역량 등이 요구된다. 고객마다 가지고 있는 차이를 섬세하게 파악하고 대화를 이끌어내는 소통의 달인이 되어야 한다. 더불어 다양한 고객 니즈에 대해 대화를 나눌 수 있는 폭넓은 지식도 필요하다. 가장 중요한 것은 자신만의 전문 분야에 특화된 능력을 보유해야 한다.

V마케팅은 소수, 특화, 차별화, 가치라는 것들이 중요함을 앞에서 설명했다. 따라서 진짜 V마케팅을 위해서는 FP로서 자신만의 특화 분야, 전문 분야에 대한 능력을 보유하고 자신만의 시장을 확보해야 한다. 그 시장에 최고라는 자부심을 갖도록 역량을 키워야 한다. 그것은 곧바로 자신감으로 연결될 것이다.

여덟째, 고객 발굴과 Approach에 차이가 발생한다.

대중 마케팅은 큰 어려움 없이 손쉽게 고객에게 접근이 가능하다. 하지만 V마케팅 대상인 V고객에게는 접근 자체가 용이하지 않다. 따라서 V마케팅의 V고객에게 접근 가능한 루트를 개발해 V고객을 확보하는 것에서부터 시작한다. 따라서 나만의 시장을 확보하기 위한 다양한 방법을 모색하고, 고객을 발굴하고, 고객과의 관계 정립을 위한 화법과 기술을 습득해야 한다. 나만의 화법, 나만의 대화 기술이 무기가 되어 줄 것이다

〈표1〉 일반 마케팅과 V마케팅의 차이 요약

구분	일반 마케팅	V마케팅
대상	일반 대중	특화된 소수 및 계층
상품	상품 그 자체	상품을 넘어선 가치
품질	불량품만 아니면 됨	동종 상품과 차별화되어야 함
가격	중산층 수준의 가격	가치 있다면 가격 상관 없음
홍보	대중매체 중심	인적 홍보(셀럽 중심) 더 중요
서비스	상품 보수 수준	상품과 연관된 종합 서비스
마케터	단순 세일즈맨	차별화되고 창조적 수준 요구
고객접근	아주 용이함	접근 어려움
부의 창출	평균 수준	고소득 창출

생각해 보기

① 나의 고객은 일반 대중 중심인가? 특화된 소수 V 고객 중심인가?

② 나는 보험상품을 판매하는 사람인가? 보험의 가치를 고객과 공유하고 가치를 판매하는 사람인가?

③ 나의 서비스는 보험상품으로 한정되어 있는가? 아니면 고객 요구에 맞는 다양한 서비스를 제공하고 있는가?

④ 나는 내가 만나기 쉬운 고객 또는 나의 수준과 비슷하거나 낮은 고객에 집중하는가? 아니면 나보다 상위에 있는 V고객을 발굴하고, 확장하기 위해 노력하고 있는가?

PART 1

왜 V 마케팅인가?

세상의 변화는 인간이 만들어낸다. 그러나 인간이 세상의 변화를 따라가기도 힘든 시대를 살아가고 있다. 시대의 변화는 마케팅 시장의 변화를 가져왔고 이에 맞춰 보험 마케팅 시장도 변화하고 있다. 보험 가입률은 포화상태에 이르렀고, 인터넷 기업들이 경쟁적으로 보험시장에 뛰어 들었다.

엄청나게 다양한 보험상품이 차고 넘치는 시대가 되었다. 이러한 시장 변화에서 살아남기 위해서는 FP도 시대흐름을 읽고 변화해야 한다. 보험 마케팅에 대한 변화 필요성이 어느 때보다 절실히 요구되는 상황이다.

또한 우리 사회는 부의 불평등, 즉 양극화로 인해 급격한 변화의 소용돌이에 휩싸이고 있다. 시장 한편에서는 값싼 제품이 가격 경쟁력을 가지고 시장을 확대해가고 있고, 반대편에서는 오히려 비싼 제품이 자기만의 시장을 형성하고 확대해가고 있는 것도 현실이다. 이제는 차별화가 없는 일반적인 중간 가격의 보통 제품과 브랜드는 시장 경쟁력을 잃어 갈 것이다. 소득과 소비의 양극화 현상이 기업의 재품 제조와 판매에 영향을 주기 때문이다. 자본주의가 부의 분배보다 집약을 통해 성장을 추구하는 시스템임을 감안하면 부의 양극화는 거부할 수 없는 시대 흐름이다.

결국 보험영업도 양극화의 길로 변화될 수밖에 없다. FP 입장에서는 선택을 요구 받고 있으며, 무언가를 선택해야만 하는 상황이 만들어지고 있다. 저가보험을 중심으로 한 일반 시장을 공략할 것인가? V고객을 대상으로 한 V마케팅 시장 공략을 통해 특화 시장을 가져갈 것인가? 선택의 시간이 다가왔다.

선택의 기로에서 분명한 사실 한 가지는 저가 보험 시장은 언제든 다른 형태의 마케팅으로 인해 잠식되기 쉬운 시장이라는 것이다. 반면 부유층을 대상으로 하는 마케팅은 고액 성과를 통해 FP의 성장을 기할 수 있는 가장 유망한 시장이다. 물론 V고객 시장에 접근하는 것이 쉽지 않기에 V고객의 성향과 니즈 등을 잘 파악해 시장 진입을 위한 체계화된 마케팅 전략을 세워야 한다.

더불어 한 번 인연을 맺은 고객을 유지해 동반자로서 함께 성장해 가는 것이 중요하다. 시작은 어려울 수 있어도(no pain no gain) 이러한 과정을 통해 나만의 시장이 형성된다면 저가 보험시장과는 차원이 다른 지속적 성공을 가져다 줄 것이다.

기업 측면에서도 시장에서 생존하고 성장하기 위해서는 부유층 공략이 핵심이다. 1897년 이탈리아 경제학자 빌 프레드 파레토가 백화점의 하루 매출액을 분석한 결과 20%의 고객이 80%의 매출을 올리는 것을 발견한 후, 이러한 현상을 '파레토의 법칙'이라 부른다. 실제로 소득 또는 자산 상위 10%, 5%, 1%, 0.1%를 위한 마케팅이 점점 증가하는 추세이며, 이러한 현상은 소득 양극화로 인해 더욱 가중될 것이다.

KB 경영연구소에서 매년 발표하는 〈한국 부자보고서〉 2022년 보고서에 의하면 코로나19의 극심한 경기 불황에서도 2021년 한국의 부자(금융자산 10억 이상)는 42만4천 명으로 전년 대비 8%, 3만1천 명이 증가하였다(2020년에는 2019년 대비 10.9% 증가). 이 결과에서 보듯 V고객의 수는 금융시장 환경과 상관없이 증가하고 있다는 의미이다. 보험영업에서 성공을 꿈꾼다면 돈이 있는 곳에 침투해야 한다. V고객에 집중해야 하는 이유이다.

당신은 V마케팅의 필요성을 느끼고 있는가? V마케팅을 위한 신규 고객의 창출은 물론이거니와 기존 고객을 어떻게 V고객으로 만들 것인가에 대한 충분한 준비가 되어있는가? V 시장 발굴과 유지를 위해 얼마나 투자하고 있는가? 라는 질문에 자신있게 답할 수 있어야 한다.

점점 투명해지는 상품 간 비교, 인터넷 보험시장의 확장, 금융기관과 FP 간의 경쟁 심화는 현 시점에서 새로운 성과 창출을 위한 전략과 마케팅 방법의 확보를 생존의 필수 조건으로 만들었다.

단순 보험 판매만을 중심으로 하는 영업으로는 더 이상 시장에서 성공하기 힘들게 되었다. 고객의 입장에서 고객의 재무적 문제를 해결하는 Financial Planner의 역할에 충실할 시점이 되었다. 나아가 고객의 다양한 니즈에 맞춘 체계적 서비스 역량이 요구되고 있다.

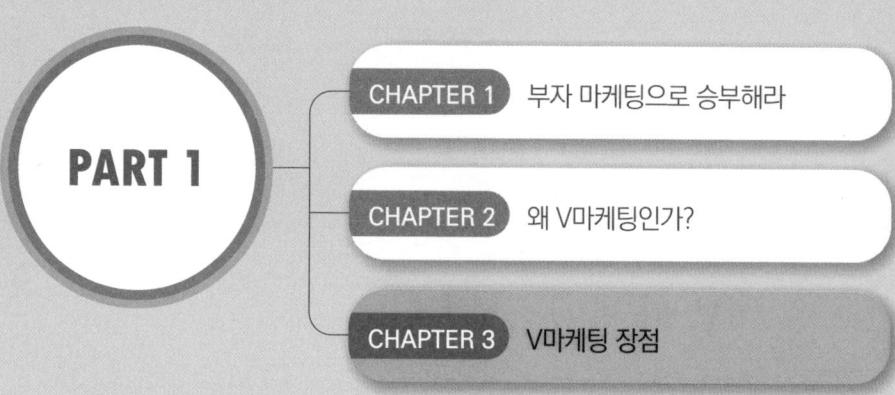

V 마케팅 장점

앞에서 설명했듯이 V고객을 대상으로 하는 보험영업은 쉬운 일은 아니다. 누구나 쉽게 접근하고 누구나 성공할 수 있는 시장이 아니라는 것이다. 따라서 성공 확률은 낮을 수 있으나 보상은 훨씬 크다. 투자에서 많이 사용되는 'High Risk, High Return'과도 어울리는 시장이라 할 수 있다.

그러나 리스크가 크다고 도전하지 않는다면 아무것도 얻을 수 없다. 보험이라는 것 자체가 리스크에 대한 대응과 준비를 하는 상품이고, 리스크를 보상해주는 상품이다. FP는 부유층 고객을 대상으로 하는 영업에 적극적으로 도전할 필요가 있는 것이다.

아멜리아 에어하트(Amelia Earhart)는 미국의 여성 비행사로 1928년 여성 비행기 조종사 최초로 대서양을 건너 '하늘의 퍼스트레이디'라는 별명을 얻었다. 에어하트의 "다른 사람들이 할 수 있거나 할 일을 하지 말고, 다른 이들이 할 수 없고 하지 않을 일들을 하라"는 말을 가슴에 새겨야 한다.

1. 가성비가 좋다

대부분의 사람들은 월 보험료 10만 원 계약하는 것이 월 보험료 500만 원 계약보다 훨씬 더 쉬울 것이라 생각한다. 그러나 우리는 경험한다. 보험 계약 1건을 하기 위한 노력의 절대량은 보험료의 크기와 상관없다는 것을! 아니, 오히려 낮은 보험료의 상품(저가보험)을 판매하기가 더 어렵다는 것을 종종 경험한다.

왜 이런 일이 발생할까?

그것은 그 보험을 구매하는 고객의 능력 차이 때문일 수도 있다. 즉 '납입 여력의 차이'이다. 중산층 이하 서민층에게 10만 원은 대단히 큰돈일 수 있다. 따라서 보험을 구매하는 것은 힘들고 어려운 결정일 수 있다. 하지만 부유층 고객에게 월 500만 원, 1000만 원은 그들의 능력에 비하여 그리 큰돈이 아닐 수 있다. 우리는 부자를 과소평가하는 오류를 범해서는 안 된다.

나의 눈높이로 고객을 단정해서는 안 된다. 고액의 보험료 납입 능력이 되는 V고객은 그 보험이 가치 있는 상품이라면 흔쾌히 구매의사 결정을 내린다. 왜냐하면 그들은 부자이기 때문이고 가치가 우선이기 때문이다. 결국 보험 1건 계약에 들어가는 노력 대비 결과는 V고객이 훨씬 크다.

선택은 우리의 몫이다. 똑같은 노력을 들여 더 큰 결과를 얻을 것인가? 아니면 쉬운 길을 택하여 대중 마케팅을 지속할 것인가?

 생각해 보기

① 당신이 생각하는 보험상품 구매 시 고려할 사항은 무엇인가? 그 이유는 무엇인가?

② 매월 100만 원을 납입하는 상품을 구입할 수 있는 여력과 확률이 높은 고객은 누구인가?

월소득 200만 원 고객(A) , 월소득 2000만 원 고객(B)

그 이유는 무엇인가?

2. 지속적인 수익 창출이 가능하다

V마케팅의 가장 큰 장점 중 하나는 지속성이다. 고객과의 관계 관리를 통해 지속적인 지속적인 성과 창출이 가능하다.

V고객은 기본적으로 고액 자산가이며, 안정적 소득을 바탕

으로 높은 구매 능력을 가지고 있다. 또한 V고객은 상품 자체보다는 상품의 가치를 구입한다. 따라서 신규 상품이 자신이 생각하는 가치와 맞고 이익이 된다면 주저하지 않고 구매한다. 본인뿐 아니라 가족을 위한 과감한 투자도 마다하지 않는다.

이러한 V고객들의 성향에 맞추어 보험회사들도 단순한 종신보험, 연금보험, 질병보험, 저축보험 등에서 벗어나 다양한 기능과 목적으로 활용할 수 있는 상품을 앞다투어 내놓고 있다.

구매력 있는 V고객을 보유한 FP에게 다양한 상품을 추천할 수 있는 기회가 계속 제공된다. 결국 보험의 다양화는 FP에게 다양한 가치 부여를 통해 V고객에게 추가 가입 권유와 계약으로 이어질 수 있다. 또한 V고객 주변에는 고액 보험상품 가입 여력이 있는 잠재적 V고객들이 많고, 상품에 만족할 경우 소개에 의한 추가 계약 가능성도 높다. 결국 지속적 수익 창출이 가능한 고객은 V고객이다.

 생각해 보기

① 당신에게 가장 많은 수입을 가져다주는 고객은 누구인가?

② 그 고객의 가입 건수와 보험료는 얼마인가?

③ 그 고객의 소득과 자산 수준은 어떠한가?

3. 보험 구매 성향은 계속 증가한다

저성장 저금리는 엄청난 양극화를 불러왔고 그 결과 국가의 역할은 점차 증대되고 있다. 양극화 해소를 위해 정부는 지출을 늘렸고, 국가 재정은 점차 악화되었다. 이 상황에서 정부가 내놓을 수 있는 가장 쉬운 해결 방안은 증세였고, 증세의 주 대상이 V고객이 된 것은 전혀 이상한 일이 아니다. 비단 증세뿐 아니라 저금리 저성장은 V고객의 입장에서 자산 운영의 한계를 가져온다.

절대적인 관심이 부의 증가에 있는 V고객들은 이러한 상황에서 다양한 압박과 큰 스트레스를 느끼고 있다. 이 상황이 계속되는 한 그 스트레스는 더욱 가중될 것이다. 실제로 V고객들의 한탄과 자조 섞인 목소리는 끊이지 않는다.

"내가 나라 살리는 애국자도 아니고, 힘들여 돈 벌어서 나라에 다 바치고 있다. 이러려고 뼈 빠지게 일한 것이 아닌데!".

이러한 환경 변화가 V고객들에게 보험에 대한 새로운 인식을 심어 주었고 보험에 더욱 관심을 갖게 하였다. 보험상품이 가지고 있는 비과세 혜택에 엄청난 매력을 느낀 것이다. 또한 본인 세대뿐 아니라 다음 세대를 위한 장기 플랜의 관점에서 보험을 통한 자산 이전에 더욱 관심을 갖게 되었다. 장기적 관점에서 안정성과 절세, 효율적 자산 이전이라는 장점을 보유한 것이 보험상품이다. 이러한 장점은 사회 환경의 변화와 더불어 V고객의 보험상품 구매 욕구를 증가시키게 된다.

최근 몇 년 전까지만 하더라도 연금 및 저축성 비과세 상품 가입을 통해 이자소득세(14%) 절세뿐 아니라 금융소득종합과세에서 제외 혜택과, 건강보험료 절감 등 다양한 혜택을 누릴 수 있었다. 그러나 비과세 조건이 강화되고, 비과세 가능 금액도 월 납입할 수 있는 보험료가 150만 원으로 제한되었다. 그로 인해 연금이나 저축상품의 비과세 혜택을 활용하고자 하는 V고객은 급격히 줄어들었다.

반면 월 납입 한도의 제한없이 월 몇 백만 원, 몇 천만 원씩 보험료를 납입하더라도 일정 조건만 갖추면 비과세 혜택이 주어지는 종신보험이 최고의 인기 상품으로 자리 잡았다. 최근에는 비과세 혜택뿐 아니라 중도 인출을 통해 비상자금 활용, 목돈 마련, 상속세 납부 재원 확보 등 다양한 목적으로 활용할 수 있도록 상품 기능이 확대되었다. 과거 재무목표 달성을 위해 연금과 저축성 보험을 활용하던 고객들이 세제 환경의 변화에 따라 종신보험 추가 가입을 활발히 하고 있다.

4. V고객은 불만에 의한 해지 가능성이 낮다

보험 판매 후 가장 고민되는 것은 고객의 불만, 즉 각종 민원에 따른 계약 해지 등이 발생하는 경우다. 고객의 불만은 단순히 한 명의 불만으로 끝나지 않고 FP의 활동 전반에 악영향을 미치게 된다. 아무리 많은 상품 판매를 하더라도 유지가 되지 않고 해지가 발생하면 모든 것이 허사다.

자신이 받은 수당을 회사에 반납해야 할 뿐 아니라 그동안 그 고객에게 투입한 유무형의 노력이 무의미해진다. 유지가 되지 않고 해지가 발생하는 이유는 크게 상품 설명의 오류, 고객의 변심, 고객의 상황 변화에 따른 납입 능력의 감소일 경우가 많다.

첫 번째 이유인 상품 설명의 오류는 FP의 잘못으로 변명의 여지가 없다. 그러나 변심과 납입 능력의 부재는 고객에게서 원인을 찾을 수 있을 것이다. 고객에게서 원인을 찾는다면 일반고객과 V고객의 해지 가능성은 누가 높을 것인가? 경험에 의하면 나(FA)와 상담하고 고액 계약을 체결한 고객들이 해지하는 경우는 거의 없었다. 반면 FA와 상담 없이 계약을 체결한 일반고객들의 해지율은 V고객보다 훨씬 높았다.

또한 해지가 발생하는 경우에 일반고객은 모든 책임을 FP에게 돌리려 한다. FP 입장에서는 대단히 억울할 수 있는 일을 많이 겪게 된다.

그러나 V고객은 선택과 결정에서 즉흥적이지 않고 충분한 검증과 고민을 통해 선택하는 경우가 대부분이다. 따라서 상품 가입 후 약간의 문제가 발생하더라도 자신의 잘못으로 돌리는 경우가 많다. 또한 V고객은 중도해지에 의한 손실을 원하지 않기 때문에 원금이 확보될 때까지 유지하는 성향이 높다. 장기 유지를 통해 FP에게도 피해를 주지 않고, 고객들이 피해를 입는 경우도 감소한다. 우리가 V고객에게 집중해야하는 이유다.

5. 경기 상황이나 시장 상황에 영향을 덜 받는다

V마케팅의 장점은 경기나 시장의 변동에서 상대적으로 영향을 덜 받는다는 점이다. 경기 악화는 곧바로 서민층에게 직격탄이 되어 영향을 미친다. 일반 대중을 주 고객으로 보유하고 있는 FP는 신계약 창출의 고민보다는 오히려 해지 방어에 더욱 노력을 기울여야 할 것이다. 소득이 감속한 일반 서민은 보험을 가장 먼저 해지하려 할 것이기 때문이다.

하지만 고소득, 고액 자산가인 V고객의 경우에는 경기의 영향을 거의 받지 않거나 경기 변동을 이겨낼 능력을 가지고 있다. 코로나19의 펜데믹이 가져온 저성장 국면에서 V고객의 수와 자산은 늘어났다. KB금융지주 경영연구소의 〈2022 한국부자보고서〉에 의하면 한국 부자의 수는 연평균 약 10%대의 증가가 이루어졌고, 총 금융자산도 2,883조 원으로 전년 대비 10.1% 증가했다. 뿐만 아니라 최악의 상황에서 부자들의 명품 소비 등 소비 씀씀이는 줄어들지 않고 있다.

즉 경기가 나빠도 V고객의 상품 구매 능력에는 큰 지장이 없다. 경기 변동에 민감하지 않다는 것이 V마케팅이 갖는 장점이다.

6. 나의 로열티가 증가한다

V마케팅이 갖는 또 다른 장점은 FP의 로열티도 증대된다는 것이다. 기본적으로 V마케팅을 수행하는 FP는 기본 자질이 갖춰져야 가능하다. 또 V고객 컨설팅을 위해서는 전문역량을 갖추어야 가능하다. 이러한 역량을 갖춘 FP는 V마케팅을 통해 다양한 V고객과 인맥을 형성할 수 있다는 것은 FP라는 직업이 가져다주는 멋진 일이다. FP는 재무설계를 통해 다양한 고객들을 만나고 그들과 관계를 맺을 수 있다.

필자는 대한민국 최고의 보험회사 중 한 곳에서 FA(financial Advisor)라는 직무를 수행했다. 그 과정에서 얻은 가장 큰 보람은 다양한 고객들과 좋은 관계를 맺을 수 있었다는 것이다. FA를 하지 않았다면 그저 평범한 직장인으로 머물렀을 것이다. 일상에서 만나는 대부분의 사람은 직장 내 동료일 것이고, 인간관계의 폭도 직장이라는 곳으로 한정되었을 것이다.

그러나 FA 직무를 수행함으로써 다양한 고객들과 깊은 관계를 형성할 수 있었다. 재무설계 서비스로 고객들에게 도움을 주면서 큰 만족감을 얻었다. 나의 조언을 통해 고객들의 고민이 해소되어 기뻐하는 모습을 볼 때 어떤 가치와도 바꿀 수 없는 뿌듯함을 느낀다. 또한 고객들은 자신이 가진 능력으로 내게 많은 도움을 주었다.

나는 자신할 수 있다. 내가 이 일을 했기 때문에 언제라도 찾아갈 수 있고, 상담할 수 있고, 치료받을 수 있는 치과 의사, 내과 의사, 안과 의사 등을 얻게 되었다. 또한 나의 법률 문제를 상담하고 세무 문제에 도움을 줄 고객들과도 관계를 맺을 수 있었다. 사람은 관계 속에서 성장하고 살아간다. 나는 언제든 거리낌 없이 만날 수 있는 다양한 직군의 고객들을 얻을 수 있어 나의 일에 대한 자부심과 자긍심을 가지고 있다.

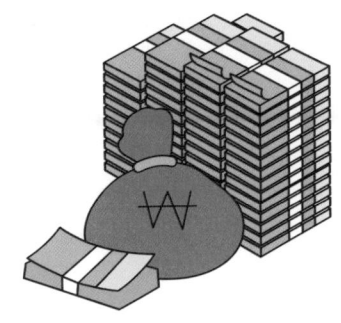

PART 2

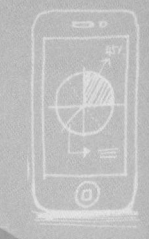

V고객의 이해

:

PART 2

V고객의 정의

부유층 마케팅을 위해 "부유층 고객의 수준을 어떻게 평가할 것인가", "어떤 기준을 가지고 설정할 것인가"는 매우 자의적일 수 있으며, 마케팅 목표에 따라 달라질 수 있다. 금융기관에서는 일반적으로 금융자산 10억 원 이상 보유한 고객을 부자라 칭한다. KB경영연구소에서는 금융자산 10억~100억 원 미만 보유 부자를 '자산가', 100억~300억 원 미만 보유 부자를 '고자산가', 300억 원 이상 보유 부자를 '초고자산가'라 정의한다.

이 책에서 지칭하는 V고객은 자산 규모와 소득수준 기준으로 전체 자산의 규모가 30억 원 또는 월 평균 세후 소득이 1,500만 원 이상의 고객으로 정의한다. 그 이유는 보험 가입 여력을 기준으로 월 500만 원 이상을 납입할 수 있는 수준 정도를 의미한다.

    최소한 이 정도 수준의 자산과 소득 여력이 있어야 자산 포트폴리오와 재무관리에 관심을 가질 수 있으리라 생각되기 때문이다.

V고객은 어떤 사람들인가?

1. 부자는 합리적 소비자다

부자는 결코 즉흥적 의사결정을 내리지 않는다. 아무리 적은 투자일지라도 결정을 내리기 전에 심사숙고한다. 단 1만 원의 차이에도 민감한 고객이 진정한 V고객이다. 선택에는 분명한 이유가 있다. 그들은 합리적이고 이성적 판단과 결정을 내리려 노력하는 사람들이다.

2012년 어느 날 FP로부터 한 통의 전화를 받았다. 재무 상담을 받은 우수고객인데 연금 6억 원을 당사가 아닌 은행의 방카슈랑스 상품에 가입하려 한다는 전화였다. 나는 그 이유를 물었다.

"제가 재무 상담도 진행했고 계속적으로 모니터링하는 고객인데 왜 은행에서 보험상품을 가입하죠?"

FP의 대답은 '1만 원'이었다. 은행에 가입하면 당사 상품과 똑같은 상품인데 매달 1만 원을 더 수령할 수 있다는 것이었다. FP와 고객의 관계가 밀접하더라도 고객은 월 1만 원 때문에 거래 기관을 바꿀 수 있다는 것을 깨닫는 사례다. 그러나 나는 그 고객의 연금 6억 원을 유치하였다. 의외로 대단히 간단한 말 한마디로 그의 마음을 돌릴 수 있었다. 그 말은 이 책을 읽는 어느 곳에 기술되어 있을 것이다.

V고객은 단돈 1만 원도 아까워하는가 하면 몇 천만 원을 소비하고도 아까워하지 않는 이중적 행태를 보이는 사람들이다. 하지만 대단히 합리적 선택을 하는 소비자다. 다양한 방법으로 자신의 의사결정에 합리성을 부여하려는 노력을 한다. 선뜻 구매의사 결정을 내리지 못하고 있다면 고객 스스로 이 상품을 구매해야 할 합리적 이유를 찾지 못했다는 방증이기도 하다.

따라서 판매자는 고객이 구매의사 결정을 쉽게 내릴 수 있도록 합리적 설득 노력을 해야 한다. 질적 만족감이든 감성적 만족감이든 고객의 합리적 선택이 가능한 이슈를 제공해야 한다. 고객 스스로 합리적 의사결정을 할 수 있는 다양한 정보들을 제공하고, 구매하지 않았을 때 불이익과 반드시 구매해야만 하는 확신의 정보와 가치를 제공해야 한다. 그러면 그들은 1만 원은 포기하지 않더라도 몇 천만 원은 포기할지도 모른다.

2. 부자는 일반적으로 보수적이다

V고객은 증식에 관심을 갖는 만큼이나 자산 지키기에 관심이 많다. 어렵게 모은 자산이기에 고집스러울 정도로 돈에 대한 집착이 강하다. 그래서 최대한 예의를 갖추고 V고객에게 접근해야 하며 관계 형성을 해야 한다.

또한 투자와 자산관리에 있어서도 보수적 성향을 갖고 있는 경우가 많다. 고연령 자산가일수록 이러한 현상은 두드러진다. 고객은 공격적 투자 방법보다는 안정적 투자를 선호한다. 따라서 원금을 잃지 않는 투자 방법을 제안하는 것이 효과적일 수 있다. 또한 주변 사람의 말을 쉽게 받아들이지 않는 성향을 보인다.

부자들은 그들만의 방식으로 자산을 형성했다. 따라서 쉽게 자신의 스타일을 바꾸지 않는다. 또한 특별한 사유가 없는 이상 한번 결정한 의사결정은 끝까지 가는 경우가 많다. 한번 가입한 상품은 웬만해서는 중도에 해약하거나 바꾸지 않는다. 그러다 보니 부자고객들은 보험을 통해 부를 축적하고 성공한 경험을 하는 경우가 많다.

"필자가 지점장 하던 시절인 2000년 초반의 연금 및 저축상품은 엄청난 고금리상품이었다. 최저 보증 6.5%에 더하여 이자소득세 완전 비과세 상품이 많았다. 그때 월 500만 원씩 가입한 고객이 있었다. 가입 초기에는 사업비 등으로 해약 시 손실이 발생할 수도 있었으나 고객은 당장 돈이 필요하지 않았기에 10년 동안 꾸준히 납입하였다. 납입한 원금만 6억 원이다. 그 고객은 지금도 그 상품을 해지할 의사가 전혀 없다. 왜냐하면 23년 동안 매년 6.5% 복리로 이자가 불어나고 있기 때문이다. 거기다가 비과세를 감안하면 실제로는 연 7.5% 복리 상품을 가입한 것과 동일한 효과를 나타내고 있기 때문이다."

보수적인 고연령 부자고객은 장기투자에 최적화 되어있다고 볼 수 있다. 보수적 성향의 고객일수록 보험상품에 대한 인식도 좋다. 따라서 보수적 성향을 잘 활용하면 V마케팅에는 훨씬 더 좋은 고객일 수 있다.

3. 자아의식이 강하고 패밀리 문화가 형성되어 있다

V고객은 자기 분야에서 나름대로 성공한 사람들이고 그

대가로 부를 이룬 경우가 대다수이다. 그렇기에 자기 프라이드가 강하며 타인으로부터 합당하게 인정받기를 원한다. 자기가 그 분야에서 최고라는 자부심이 있다. 또한 패밀리 의식이 강하며 끼리끼리 문화를 가지고 있다. 비슷한 사람들끼리 어울리고, 끼리끼리 모임을 만들고 운영하는 폐쇄성을 가지고 있는 경우가 많다. 한마디로 요약하면, 상당히 폐쇄적이고 어울림에 서툴다. 특히 젊은 V고객일수록 그러한 성향을 보인다.

자기에게 접근하는 사람은, 자기에게 무언가를 원하고, 무언가를 얻기 위해 접근한다고 생각한다. 또한 쉽게 접근을 허락하지 않는 경우가 대다수이다. 그러다 보니 FP 입장에서는 부유층 고객을 발굴하고 고객화하는 것이 대단히 어렵다고 생각하며 시장 접근 자체를 두려워하게 된다.

V고객에게 접근할 때는 폐쇄적 특성을 이해하고 그들의 공통 관심사를 먼저 확인하는 것이 필요하다. 그들의 문화에 익숙해져야 하고, 가족과 같은 마음을 가져야 한다. 처음 만나는 연인 관계처럼 공통 관심사에 관심을 가져주면서 서서히 그들을 알아가며, 존중해주어야 한다. 그들의 문화에 익숙해져 하나되어 가는 과정이 가장 중요하다.

결국 부유층 영업의 첫 출발은 그들만의 폐쇄성을 인정하고 시간과 여유를 가져야 한다는 점이다. 그들과 소통하고, 그들의 마음을 얻어가는 인고의 노력과 시간이 필요하다. 당신은 모르는 사람에게 자신의 속마음과 개인정보를 쉽게 오픈하지 않을 것이다. V고객도 당신과 같다는 것을 인정하고 그들에게 다가가는 지속적 노력을 기울여야 한다.

4. 신뢰가 구축되면 무한 신뢰한다

V고객은 폐쇄적이고 자신만의 성을 쌓고 살아가는 경우가 많다는 것은 그만큼 주변에 사람이 없어 외로운 존재일 수도 있다. 그러므로 그들에게 접근하고, 친해지기는 어렵지만 한 번 신뢰가 구축되면 무한 신뢰를 보내는 성향이 있다. 끼리끼리 문화에 익숙해져 살던 사람들이 새로운 사람에게 인정받고, 새로운 사람들과의 관계를 통해 새로운 경험을 한다는 것은 새로운 세상을 만나는 것과 같다.

그들은 존경받고 인정받는 것에 자부심을 갖는다. 그 결과 누군가를 신뢰하기 시작하면 자신의 모든 것을 그와 의논하며 함께하는 모습을 보인다. 신뢰하는 누군가의 의견을 참고하고, 그대로 따라 행동하는 경우도 상당히 많다. 그러한 이유는 자신의 분야에서는 누구보다 전문적 지식을 가지고 있지만 타 분야에 관해서는 전문지식이 약하기 때문이다. 자신의 약점을 드러내놓고 말하지는 않지만 스스로는 인지하고 있다. 그래서 V마케팅이 어렵지만 성공하면 큰 성과를 내는 이유가 여기에 있다. 다만 그들은 굉장히 예민한 성격의 소유자이다.

신뢰를 형성하는 것도 중요하지만 유지하는 것이 더욱 어려울 수 있다. 작은 실수 하나가 고객과의 신뢰를 한순간에 무너뜨릴 수 있다. 사소한 것에서 시작된 신뢰의 균열은 순식간에 관계 단절로 이어질 수 있다는 것을 유념해야 한다. 따라서 신뢰를 얻는 관계도 중요하지만 그 신뢰를 유지하기 위해 최선을 다해야 한다. 신뢰를 얻는 것보다 유지하기가 더욱 힘들다는 것을 명심하자.

"만약 누군가를 당신의 편으로 만들고 싶다면
먼저 당신이 그의 진정한 친구임을 확신시켜라."

- 에이브러햄 링컨 -

5. 깊지만 넓지 않은 성향이 있다

V고객은 굉장히 어려운 상대일 수 있다. 왜냐하면 그 분야에서 성공한 사람이고, 그 분야의 해박한 지식을 소유하고 있기 때문이다. 그 결과 우리 스스로 그들을 아주 대단한 사람으로 인정하고 주눅 들어 쉽게 접근하지 못한다(물론 그들은 대

단한 사람들이다).

그 분야에서 성공했다는 것은, 그 분야에서 성공하기 위해 특정 분야에 몰입하고 집중한 결과물이다. 따라서 자신의 전문 분야 외의 다른 분야는 많은 시간을 투자하여 학습하고 경험할 기회는 적을 수밖에 없다. 결국 자기 분야 외에 폭넓은 지식을 갖고 있지 못하는 경우가 많다. 대단히 단순할 수 있다는 것이다.

그들은 자신의 단순함과 폭넓지 못한 모습을 드러내지 않을 뿐이고 드러내고 싶지 않을 뿐이다. 따라서 궁금한 것이 있어도 아무나에게 쉽게 묻지 않는다. 누군가에게 도움을 청하고 싶어도 쉽게 그러지 못하고 있을 뿐이다. 그러나 최근의 젊은 부자들은 인터넷 등을 활용하여 다방면에 대한 지식, 특히 재테크에 대해 폭넓은 지식을 가지고 있음을 유의해야 한다.

그래서 V고객들은 자기 분야 외의 전문성을 가진 누군가의 매력에 이끌린다. 자기가 부족한 부분을 채워줄 누군가를 찾고 있다. 자산관리나 재무설계에 도움을 줄 '나'를 찾고 있는지도 모른다. 우리는 그 분야의 전문가이다. 고객보다 훨씬 많은 경험과 지식을 소유하고 있다. 따라서 자신감을 가져도 된다. 진화하는 보험과 금융상품에 대하여 우리는 그들보다 훨씬 많은 것을 알고 있다. 위축될 이유가 전혀 없는 것이다.

다만 주의할 것은 그들은 자기보다 잘난 척하거나 똑똑한 척하는 사람을 좋아하지는 않는다. 왜냐하면 자기가 잘난 사람이기 때문에 자기보다 잘나 보이는 사람을 쉽게 인정하지 않으려 한다. 그러므로 그들의 성공과 전문성을 인정하고 신뢰를 바탕으로 관계를 형성하는 것이 우선되어야 한다. 그 후에 자연스럽게 그들이 우리에게 재테크와 재무설계에 대한 궁금증을 털어놓게 만들어야 한다.

그 순간까지 인고의 시간이 필요하다. 다만, 그 순간이 왔을 때 자신의 전문성을 드러낼 수 있도록 만반의 준비를 해야 한다. 준비된 자에게 기회가 오고, 기회의 순간을 잘 포착하여 한순간에 고객의 마음을 사로잡아야 한다.

6. 세금에 민감하다

V고객은 자산을 지키는 것에 관심이 많다고 하였다. 자산 지키기의 최대의 적은 세금일 수 있다. 따라서 세금 문제에 대단히 민감하다. 할 수만 있다면 세금을 적게 내고 싶어 하고, 절세 방법을 찾고 싶어 한다. 어떠한 고객들은 아주 적극적으로 다양한 절세 방법을 찾아다니기도 한다. 각종 금융기관에서 시행하는 세미나에 적극적으로 참석한다.

다만 그들은 개인적으로 누군가에게 자신의 자산 규모를

이야기하는 것을 꺼려한다. 1:1 상담을 통한 절세 방법을 찾는 경우는 흔하지 않다. 주변에 세무사도 있고 변호사도 있겠으나 오히려 자신의 민감한 부분은 더욱 숨기고 싶어 한다. 그래서 절세의 기회를 놓치는 경우도 많다. 너무 가깝지도 멀지도 않는 무한 신뢰할 수 있는 누군가를 찾고 있을 뿐이다.

V고객에게 접근하는 가장 좋은 방법 중 하나는 세금을 매개체로 하는 것이다. 다만 철저히 그들의 삶과 그들의 자산 상태에 대해 완벽한 비밀 보장이 이루어져야 한다. "이 FP는 믿을 수 있다"는 인식을 심어주는 것이 중요하다.

또한 V고객은 가격이 아닌 가치 중심 구매 행동을 한다. V고객은 싼 물건이라 해도 무턱대고 구매하지 않는다. 자기에게 필요한 것이라고 느끼지 못하면 싸다해서 구매하지 않는다. 보통의 사람들은 싸다고 하면 필요 없는 물건이라도 무턱대고 사는 행동과는 다르다. 그래서 대중을 대상으로 하는 일반 마케팅에서는 1+1 행사를 많이 한다. 일반 대중들은 필요 없는 물건이라도 "하나 더 준다" 하면 무조건적으로 구매하는 성향이 강하다.

하지만 부자 마케팅에서는 1+1 행사는 무의미할 수도 있다. 오히려 할인행사와 1+1 행사는 그 상품의 가치를 떨어뜨리기 때문이다. 반대로 V고객은 굉장히 비싼 물건이라 해도 자신에게 필요하다고 생각하면 기꺼이 구매한다. 오히려 비쌀수록 더욱 구매하고픈 욕망을 느낀다. 즉 V고객은 무언가를 구매할 때 가치 중심 구매 행동을 보인다. 자신이 느끼기에 가치있는 것이라 생각하면 가격에 구애 받지 않고 구매한다. 그러므로 FP 입장에서는 판매하고자 하는 상품에 어떤 가치를 부여하느냐가 중요한 요소가 된다.

7. 프라이버시를 중시한다

마지막으로 이들은 비밀을 중요시한다. 자신의 정보가 다른 사람에게 알려지는 것을 극도로 꺼린다. 신뢰를 얻는 데까지는 많은 시간이 필요하지만 신뢰를 잃는 것은 한순간임을 명심해야 한다. 나아가 사생활이 노출되는 것을 꺼려한다. 그래서 V고객은 주변에 많은 사람들을 두지 않는 이유일 수도 있다. 많은 접촉은 필연코 사생활이 노출될 위험이 있기 때문이다.

따라서 철저히 V고객의 사생활은 보호해주어야 하며, 타인의 사생활도 그들에게 이야기해서는 안 된다. 남의 사생활을 이야기한다는 것은 나의 사생활도 남에게 이야기할 수 있다고 생각할 것이다. 이 FP에게 하는 이야기는 절대 안전하고 밖으로 새어나갈 수 없을 것이라는 믿음이 있어야 자신의 내밀한 사정들을 오픈할 것이다. 내밀한 이야기를 할 수 있는 관계까지 이를 수 있다면 V고객 상대의 V마케팅은 성공할 수밖에 없다. 결국 V고객과 거래할 때는 각별하게 정보(신상, 자산, 소득 등) 관리에 유의해야 오랫동안 관계를 지속할 수 있다.

앞에서 살펴본 것처럼 V고객은 다양한 특성을 보인다. 한 사람, 한 사람이 다른 특성을 보이며 까다롭다. 따라서 고객 한 사람, 한 사람 특성에 맞는 세심하고 디테일한 접근이 필요하다. 그들의 정확한 니즈를 파악하고 그들이 원하는 것이 무엇인지를 우선적으로 파악해야 한다. 또한 쉽게 그들은 우리를 허락하지 않는다. 결국 많은 시간이 필요하다. 그들과의 신뢰관계가 한순간에 형성되지 않는다는 것을 명심해야 한다.

V고객은 자신만의 특별한 대우를 받기 원한다. 수많은 금융기관과 거래하면서 굳이 당신을 선택한 이유에 대해 확신을 줄 수 있어야 한다. 더불어 지속적 관리가 될 수 있어야 VIP 고객으로 유지·성장시킬 수 있다.

아무리 튼튼한 댐이라 하더라도 무너지는 것은 한순간이다. 그것은 댐에 발생한 아주 작은 빈틈 하나로부터 시작된다. 빈틈 하나가 종국에는 단단한 댐을 무너뜨리는 최종 결과를 가져온다. V고객을 나의 고객으로 만드는 것은 대단히 어렵지만 댐의 작은 구멍 하나가 댐을 무너뜨리는 것과 같다.

고객의 약한 고리, 빈틈을 잘 찾아 고객과 관계 형성을 만드는 것이 중요하다. V고객과 어렵게 시작된 작은 관계 형성이 신뢰로 이어질 수 있다면 큰 결과를 가져온다. 소양강댐의 굳게 닫힌 수문이 열리고 수만 톤의 물이 쏟아지는 것과 같은 좋은 결과를 만들어낼 수 있다.

 생각해 보기

① 자신의 고객 중 가장 많은 보험료를 납입하는 고객 1명에 대해 작성해보고 아래 사항을 체크해보라.

고객명 : 직업 : 월 납입보험료 :					
내 용	매우 그렇다 (5점)	그렇다 (4점)	보통 (3점)	그렇지 않다 (2점)	매우 그렇지 않다 (1점)
합리적 성향 정도					
보수적 성향 정도					
인간관계 폭					
신뢰도					
지식 다양성 정도					
세금에 대한 관심					
점수 계					

② 자신의 고객 중 가장 적은 보험료를 납입하는 고객 1명에 대해 작성해보고 아래 사항을 체크해보라.

고객명 : 직업 : 월 납입보험료 :					
내 용	매우 그렇다 (5점)	그렇다 (4점)	보통 (3점)	그렇지 않다 (2점)	매우 그렇지 않다 (1점)
합리적 성향 정도					
보수적 성향 정도					
인간관계 폭					
신뢰도					
지식 다양성 정도					
세금에 대한 관심					
점수 계					

 ③ 두 고객의 성향을 비교하고 특성에 대해 생각해보라.

V고객의 관심 분야는 무엇인가?

대부분의 FP들은 자신의 관심 분야에 대한 정보를 습득하는데 집중하고 역량을 키워나간다. 고객과의 소통에서도 본인 관심사 중심으로 대화를 이어간다. 즉 대다수는 단편적인 보험상품 구매의 필요성 중심으로 대화를 이끌어가고, 계약 체결이라는 목표를 설정한 뒤 한 방향으로 강하게 밀고 나가는 대화를 많이 한다.

하지만 이러한 마케팅은 대부분 실패로 가는 지름길이 될 것이다. 왜냐하면 부자고객들의 주 관심사는 보험 그 자체가 될 수 없기 때문이다. 따라서 내 중심이 아닌 고객의 관심사 중심으로 정보를 습득하고 역량을 키워가는 자세가 우선되어야 한다.

상상해보라. 나와 대화하는 상대가 나의 관심사와 전혀 다른 이야기를 하고 있다면 나는 어떤 반응을 보일 것인가? 아마도 대화 내내 딴 생각을 하게 될 것이고 그 대화 자리가 빨리 끝나기를 바랄 것이다. 따라서 나 중심이 아닌 고객 중심, 고객 관심 분야에 대하여 더 집중해야 한다.

V고객의 관심 1: 세금과 자산 이전

자산 규모가 늘어나고 소득 수준이 올라가면 소득 대비 부담하는 세율이 높아져 절세를 고민하게 된다. 이러한 고객을 상대하기 위해서는 사업장과 관련된 사업소득세와 부가세, 종합소득세, 양도소득세, 퇴직소득세 및 상속·증여세에 관한 이해가 필요하다.

특히 자산이 많은 고객이면서 고연령 고객일 경우에는 상속과 증여에 대한 관심이 가장 크다. 금융기관들이 앞다투어 상속증여연구소를 설립하는 것도 고객의 관심에 선제적으로 대응하기 위한 것이다. 그러므로 FP들이 부유층 마케팅을 위해 가장 관심을 갖고 실력을 쌓아야 할 부분이 상속 증여 관련 절세 방안이다.

상속 증여 컨설팅은 고객의 가족관계, 재무 상태, 고객의 다양한 니즈와 삶의 가치관에 대한 정보 교류가 있어야 온전한 설계가 가능한 영역이다. 결국 FP 입장에서 고객 한 명의 상속 증여 컨설팅은 고객 본인뿐 아니라 자녀까지 세대를 잇는 가문 관리의 영역으로 컨설팅 범위를 넓힐 수 있는 기회가 된다. 부유층 상속 증여 컨설팅을 통해 한 명의 고객으로 시작된 고객풀(Pool)이 자녀 가계까지 추가로 확보되는 결과를 가져온다. 지금처럼 고객 발굴과 확보가 어려운 상황에서 고객 풀을 넓히고 양질의 고객을 확보할 수 있는 가장 좋은 방법이 상속 증여 컨설팅이 될 것이다.

V고객의 관심 2: 투자를 통한 자산 증식

V고객이 부자가 될 수 있었던 것은 상속에 의한 자산 취득, 사업을 통한 소득 창출, 투자를 통한 부의 증식에서 그 원인을 찾을 수 있다. 또한 부자일수록 자산 증식에 대한 욕구가 강하게 작용된다. 따라서 부자일수록 투자에 대한 관심이 높을 수밖에 없다. 그러나 FP들은 대부분 보험상품에 대한 전문성은 보유하고 있으나 투자 일반에 대한 지식과 상식에서는 부족한 것이 사실이고, 투자 상품에 대한 관심도 적은 것이 현실이다.

V고객은 투자에 관심이 있는데 FP는 투자에 관심이 전혀 없다고 가정하면 고객과 소통이 가능할 수 있을까? 아마도 고객은 그러한 FP를 찾지 않을 것이며 멀리할 것이다. 관심 분야가 다른 사람과의 대화가 얼마나 어려운지 누구나 경험한 적

이 있을 것이다. 아마 두 번 다시 보고 싶지 않아 할 수도 있다.

따라서 V고객을 컨설팅하기 위해서는 투자에 대한 기본 상식을 바탕으로 재테크와 재무관리, 투자설계에 대한 기본적 지식과 자기만의 시장을 보는 철학과 확신이 있어야 한다. 부동산, 금, 각종 회원권 등의 실물자산과 금융상품에 대한 기본 지식을 바탕으로 좋은 정보를 고객에게 지속적으로 전달하면서 소통을 통해 신뢰를 쌓아가야 된다.

다만 유념해야 할 것은 투자에 관심 있는 고객이라 해도 상대적 위험이 큰 주식이나 부동산 등에 대한 투자 중심으로 상담을 진행하기보다는 투자 원칙에 입각한 적절한 분산 투자에 대한 공감대 형성과 교육을 바탕으로 합리적 포트폴리오 구성에 도움을 주어야 한다. 높은 수익을 추구하는 상품은 반드시 그에 상응하는 리스크가 있다는 사실에 공감대를 형성해야 한다.

그러한 공감대를 바탕으로 보수적 금융상품인 예적금과 보험, 공격적 투자상품인 주식, 부동산에 적절히 분산 투자할 수 있도록 컨설팅해주는 것이 진짜 고객관리이고 고객을 위한 일이 된다.

또한 V고객은 새로운 재테크 트렌드에도 많은 관심을 드러낸다. 최근에는 미술과 가상화폐에 관심을 보이는 고객들이 많아지고 있다. 그러므로 미술 시장이나 가상화폐 시장에 대한 지식도 어느 정도 갖춰야 한다.

V고객의 관심 3: 나보다 더 나은 자녀

인간의 본성 중 하나는 나보다 더 나은 자식으로 키우기 위해 자신이 할 수 있는 최대한의 노력을 다하여 자녀 양육에 힘쓴다는 점이다.

자녀 교육을 위해 더 나은 환경을 만들어주고, 소위 명문학교에 입학시키기 위해 다양한 방법을 찾고 투자한다. 따라서 자녀 교육과 관련한 다양한 정보를 습득하고 함께 이야기 나눌 수 있는 대화꺼리를 찾고 공감대를 이루어가는 것은 부유층 마케팅에서 훌륭한 하나의 방법이다.

예를 들어, 과학고나 영재고 진학을 희망하는 부유층 고객과 상담할 때 활용할 수 있는 정보를 사전 준비하는 것이 좋다. 영재고, 과학고 등에 특화된 학원이나 유명 강사, 미리 준비해야 할 부분 등에 대하여 함께 고민해주고 소통할 수 있다면 고객은 굉장히 고마워하고 신뢰할 것이다.

특히 과거에는 대학생 위주의 해외 유학이 유행하였다면, 최근에는 초등학생 자녀를 둔 부모들에게도 가장 중요한 이슈 중 하나는 조기 교육을 위해 해외 학교에 대한 관심도 강해지고 있다. 따라서 자녀 교육과 관련한 전문가 네트워크를 형성하여 고객이 필요할 때 언제든 전문가를 연결해 줄 수 있어야 한다.

자녀 교육이 완료되면, 자녀 결혼이 주된 관심이 될 것이고, 기업체를 운영하는 고객이라면 가업 승계에 대하여 관심이 높아질 수 있다. 따라서 고객 자녀의 성장 단계에 맞춰 자문해 줄 수 있는 정보 습득 루트를 개발하고 고객에게 전달해 주는 것도 필요하다.

V고객의 관심 4: 격에 맞는 취미생활과 남다른 소비

V고객은 취미생활에 대한 관심도 남다르다. 자신의 위치와 명성에 맞는 취미생활을 누리기를 희망한다. 과거 부유층의 전유물로 여겨졌던 골프는 이미 대중화의 길로 들어섰다. 다만 골프장 별로 차이가 있기에 골프장에 대한 관심도는 여전하다. 따라서 골프 용어와 룰은 기본이고 스토리가 있는 골프장에 대한 관심도를 높일 필요가 있다.

또한 부자고객들은 그림(그림 그리기, 명화 감상, 유명 화가의 작품 구매 등), 클래식, 뮤지컬 등 문화예술에 대한 관심도 남다르다. 미술 관련 세미나 또는 교육 프로그램을 잘 활용하면 큰 효과를 거둘 것이다. 그들의 취미나 관심 사항 등을 잘 파악해서 지원해주고 소통하는 것을 권한다.

V고객은 소비 패턴에 차이를 보인다. 젊은 부자일수록 더욱 그렇다. 명품에 대한 관심과 소비가 특별하다. 대중들이 손쉽게 접근하고 구매하기 어려운 특정한 한정 상품 등에 대한 소유 욕구가 남다르다. 상품 종류와는 상관이 없다. 명품 자동차에 지대한 관심을 보이는 고객도 많다.

남이 가지고 있지 못하는 것을 내가 가지고 있다는 것에 대한 소유욕이다. 스토리가 있는 한정 상품이라면 더더욱 남다른 의미를 부여한다. 다양한 종류의 상품 수집에 대한 열정도 남다르다. 보통 사람들은 별 것 아닌 것처럼 여기는 상품들을 수집하는 데에서 만족감을 느끼는 것이다. 그러한 소비 욕구와 삶의 패턴을 공유할 수 있는 관계를 형성하는 것이 중요하다.

V고객의 관심 5: 건강과 노후생활

V고객들의 남다른 관심사 중 하나는 바로 건강과 은퇴 후 삶에 대한 것들이다. 보통의 경우 V고객은 풍부한 재력을 바탕으로 평소 정기적 건강검진을 받기 때문에 건강에 대한 우려가 없을 것이라 생각할 수 있다. 하지만 우리가 만나는 대부분의 V고객은 50대 이상일 확률이 높다. 돈이 많고 주기적 건

강검진을 받더라도 건강에 대한 염려와 걱정은 누구나 가지고 있다. 따라서 고객에 대한 사후 관리에도 건강과 관련된 것들을 활용하는 것이 효과적일 수 있다.

또한 은퇴 후 노년의 삶에 대한 고민은 나이가 들수록 깊어간다. 청년시대에 바쁘게 살아오면서 계획했던(물론 너무 바쁘고 치열하게 살아왔기에 무계획이었을 수도 있다) 노년의 삶에 대한 것들을 다시 한번 재조정하고 점검하는 기회를 갖도록 권유하는 것이 유의미할 수 있다. 노년의 삶이 비단 물질의 풍요만으로 해결되지 않기 때문이다. 노년의 삶을 위한 건강관리, 자녀 관계, 자산 이전 등 오히려 노년에 발생할 수 있는 문제들이 더욱 많으며, 해결에 대한 구체적 계획이 반드시 필요하다.

이러한 상황을 인지하고 고객의 건강과 노후에 대한 관심, 삶에 동행할 수 있는 FP가 되어야 한다. V고객의 발굴과 관리를 위해 반드시 관심 가져야 할 분야가 건강과 노후생활이다.

V마케팅에서 중요한 요소 중 하나는 고객 중심의 사고와 행동이다. 철저히 나 중심이 아닌 고객 중심이 되어야 하고 고객의 관심사가 나의 주된 관심사가 되어야 한다.

생각해 보기

① 내가 만난 고객 중 V고객의 주된 관심사는 무엇이었는가?

② 내가 만난 고객 중 일반 고객의 주된 관심사는 무엇이었는가?

③ 나의 주된 관심사는 무엇이고, V고객의 주된 관심사에 대해 자유롭게 대화할 수 있는 준비가 되어 있는가?

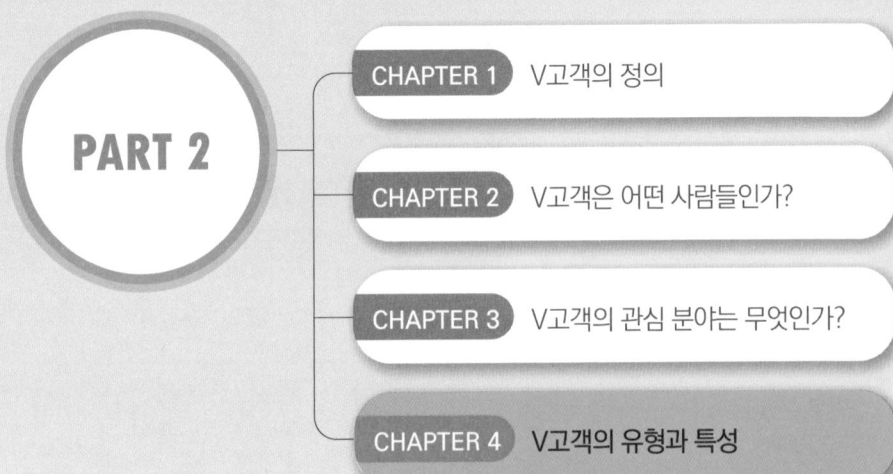

V고객의 유형과 특성

KB의 〈2022년 부자보고서〉에 의하면 현재 자산을 축적하는데 가장 큰 원천은 사업소득이었으며, 그외 부동산 투자, 상속 증여, 근로소득, 금융투자 순이었다. 이를 기반으로 V고객을 유형별로 분류해 보면 부자들이 자산을 어떻게 형성했는지 알 수 있다.

첫째, 일반 사업을 통해 부를 일군 자수성가형으로 보통 '전통형 부자'라 부른다. 둘째, 사업소득 중에서도 전문직에 속하는 '고소득 전문가 부자', 셋째, 부모로부터 자산을 상속받은 '상속형 부자', 넷째, 중견기업가 등 초부유층인 'VVIP 부자'로 나눌 수 있다

첫째, 자수성가형 부자는 부모의 도움이 아닌고 자신의 능

력과 힘으로 부를 축적하거나 성공한 전통형 부자로 일컬어지기도 하고 대부분 고연령 부자들이 많다. 물론 최근에 기술과 아이디어를 바탕으로 한 젊은 자수성가형 부자도 있다. 사람마다 다르겠지만, 이득이 있고 실리가 있어야만 자신의 것을 내어놓는 심리가 강하여 타인 혹은 낯선 사람이나 사물에 경계심이 많다. 부에 대한 집착도가 남다르다 할 수 있다. 다만 신뢰가 형성되면 타인을 온전히 신뢰하는 특성도 보인다. 또한 학력 콤플렉스나 낮은 지식에 대한 내면의 아쉬움을 많이 가지고 있는 것도 사실이기에 접근 시 유의해야 한다.

부자라고 주변에서 인정도 많이 받는다. 그러므로 적당한 수준의 대우를 받는 것에도 익숙해 있을 수 있다. 다양한 곳에서 대우받는 것으로 인해 약간은 거만해 보일 수 있지만 예의에 어긋나는 행동은 하지 않는 편이며 여유가 있기 때문에 느긋한 행동을 보인다. 하지만 자수성가형, 즉 전통형 부자의 가장 큰 특징은 기본적으로 구두쇠 성향이 강하고 돈에 대하여서는 냉정한 판단을 내린다. 전통형 부자들의 습관적 형태를 나타내는 말은 "나는 돈이 없다"이다. 그러한 마인드로 인해 아주 적은 돈을 쓰더라도 큰돈을 쓰는 것처럼 느끼고 행동한다.

고연령의 경우 학연, 지연 등의 인간관계에 민감하게 반응하는 경우도 많다. 따라서 학연, 지연 등의 인간관계를 활용하여 고객을 발굴하고 확대해가는 것이 전통형 부자고객을 얻을 수 있는 최고의 무기가 될 것이다. 자수성가형 부자 집단은 주위에서 자주 볼 수 있고 많은 분포를 차지하고 있는 고객으로 친밀도를 쉽게 높일 수 있는 부자에 속하기 때문에 소개를 받거나, 개척 영업을 통해 만날 수 있는 기회가 많다. 기존 고객의 소개로도 얼마든 고객을 넓힐 수 있다. 지인을 통한 소개가 가장 좋은 수단이 될 것이다.

겉으로 보기엔 허술하고 어눌해 보여도 숨은 진짜 부자가 우리 주변에 많이 있음을 인지해야 한다. 자수성가형인 전통형 부자는 겉치레를 중요시 하지 않는 성향을 보이기에 유의해야 한다. 그들의 이익을 먼저 고려해주고 성실하게 친밀도를 형성해 간다면 다른 V고객보다 쉽게 나의 고객으로 확보할 수 있을 것이다.

둘째, 고소득 전문가형은 전문직 종사자들을 의미한다. 우리 사회 상류층을 형성하고 있고 소득 수준이 높은 의사등이 대표적이다. 이들은 동종 업계 사람들끼리 다양한 인맥을 형성하고 있는 경우가 많다. 다만 이들은 패밀리 의식과 프라이드가 상당히 강한 반면 폐쇄적 인간관계를 갖고 있는 고객도 많음에 유의해야 한다.

젊은 부자일수록 소비 성향이 강하고, 명품을 선호한다. 투자 성향 또는 공격적 경우가 많다. 잘 모르는 그림, 골동품 등에도 거액을 투자한다. 또한 남에게 알려지기를 바라며, 자산을 뽐내고 존중 받기를 원한다.

이들을 고객으로 유치하기 위해서는 남들보다 차별화된 서비스나 방법을 통해야만 성과를 달성할 수 있다. 고소득 전문가형의 마음을 사로잡을 방법을 스스로 찾고 만들어 나가야 한다. 상대적으로 많은 시간이 투자되어야 할 수도 있다. 하지만 투자된 시간에 비례하여 더 큰 결과를 가져올 것이라는 믿음을 가지고 지속적 관계 관리에 심혈을 기울여야 한다. 고객별로 특성을 잘 분석하여 관계를 지속적으로 유지해 가는 노력이 중요하다

셋째, '상속형 부자'는 부모 세대로부터 자산을 물려받아 부자가 된 경우를 말한다. 다른 유형의 부자에 비해 자신의 노력으로 이룩한 자산이 아니기에 씀씀이가 남다를 수 있고 낮은 금융지식에도 공격적 투자 유형에 속하는 경우가 많다.

또한 상속이나 증여 경험이 있기에 절세에 대한 관심이 높다. 따라서 낮은 금융지식과 자산관리에서 애로 사항이 많이

발견되는 고객들이기에 재테크 전반에 대하여 의논하고 코칭할 수 있다면 좋은 성과가 기대되는 고객이기도 한다. 각종 재테크 세미나 또는 금융 및 투자 관련 모임에 초대하여 다양한 기회를 제공하여 주는 것이 고객 발굴과 관리에 효율적일 수 있다.

넷째, VVIP형으로 분류한 슈퍼리치 고객이다. 거액의 상속을 받은 전문직 종사자, 종합병원 원장 또는 중견기업 CEO 등이 속한다. 이러한 고객은 100억 원 이상의 자산과 월 소득 수천만원에서 억대의 현금창출 능력이 있는 진정한 의미의 V 마케팅 시장의 주인공들이라 할 수 있다.

이러한 고객은 스스로 부자라고 인식되기를 꺼려 접근하는 것이 비교적 쉽지 않다. 또한 프라이버시를 중요시하여 엄청난 폐쇄성을 보인다. 삶 자체가 여유로우며 일반인과의 차별성을 극도로 추구한다. 따라서 일반적인 것을 거부하고 엄격한 패밀리 의식으로 자신들만의 리그를 형성하여 관계를 맺고, 삶의 가치와 의미를 찾으려하는 행동을 보인다. 그러므로 이러한 특성을 가진 고객은 시행착오를 견뎌낼 각오로 접근해야 한다. 조그만한 이익에 연연하기 보다는 신뢰관계를 먼저 맺는 것이 중요하다. 슈퍼리치 시장을 공략하는 것이 결코 쉽지는 않다. 하지만 FP가 그들 그룹으로 진입만 할 수있다면 V마케팅 분야의 진정한 승자로 거듭 날 수 있다.

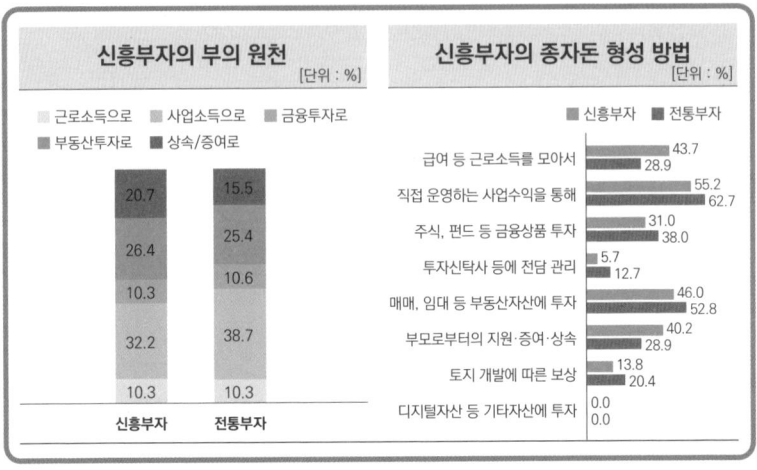

신흥부자의 부의 원천 [단위 : %]

근로소득으로　사업소득으로　금융투자로
부동산투자로　상속/증여로

	신흥부자	전통부자
	20.7	15.5
	26.4	25.4
	10.3	10.6
	32.2	38.7
	10.3	10.3

신흥부자의 종자돈 형성 방법 [단위 : %]

■ 신흥부자　■ 전통부자

	신흥부자	전통부자
급여 등 근로소득을 모아서	43.7	28.9
직접 운영하는 사업수익을 통해	55.2	62.7
주식, 펀드 등 금융상품 투자	31.0	38.0
투자신탁사 등에 전담 관리	5.7	12.7
매매, 임대 등 부동산자산에 투자	46.0	52.8
부모로부터의 지원·증여·상속	40.2	28.9
토지 개발에 따른 보상	13.8	20.4
디지털자산 등 기타자산에 투자	0.0	0.0

KB금융지주 경영연구소 2022부자보고서

FP, FC를 위한
VIP
마케팅
Hub

PART 3

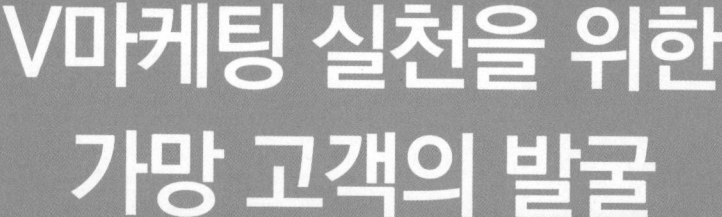

V마케팅 실천을 위한
가망 고객의 발굴

가망고객 발굴의 중요성

V마케팅을 실천하여 고액 계약을 체결하고, 고소득 FP가 되기 위해 가장 먼저 해야 할 일은 무엇일까? 많은 FP들이 V고객과 상담을 원활하게 할 수 있는 지식을 원한다. 지식이 부족해서 V마케팅에 자신이 없고 도전하지 못하는 경향이 있다. 하지만 지식보다 앞서는 것은 양질의 V고객을 발굴하고 확보하는 것이다.

보험연구원의 2019년 조사에 의하면 가구당 보험 가입률은 98.2%에 이르렀고, 가구당 가입 건수는 생명보험 3.0건, 손해보험 3.5건으로 보험시장은 이미 포화 상태에 접어 들었다. 이미 포화 상태에 접어 들었으나 TV 홈쇼핑에서는 쉬지 않고 보험판매 광고가 방영되고 있으며, 하루에도 수없이 TM을 통한 보험 권유가 이루어지고 있다. 이러한 상황에서 FP

개인의 힘으로 매스 마케팅에 기댄 영업은 한계에 도달할 것이다.

결국 우리는 그 한계를 극복하기 위해 V마케팅을 선택한 것이고 에너지와 지식, 모든 것을 동원한 활동으로 V고객을 발굴하고 유치하는데 집중하여야 한다. V고객을 발굴하지 못한다면 FP로서 성공은 불가능하다. 또한 V마케팅에 관한 그 어떤 지식과 능력도 의미가 없다. V고객 발굴만 가능하다면 V마케팅의 절반은 성공한 것이다.

결국 V마케팅의 성공 비결은 가망 고객 발굴 능력과 누가 더 많은 가망 고객을 발굴하느냐에 달려 있다. 가망 고객 발굴과 새로운 고객을 지속적으로 발굴할 수 있으면 성공하는 FP가 될 수 있다. 가망 고객 발굴을 통한 신규 고객이 계속적으로 이어져야 한다. 계속적으로 가망 고객 발굴이 이루어지고 있다면 성공의 길로 가는 것이고, 고객 발굴이 단절되어 있다면 실패의 길에 접어든 것이다. 가망 고객 발굴을 통해 성공의 길에 진입하기를 희망한다.

V가망 고객의 조건

일반적인 보험영업에서 가망 고객은 신체 건강하고 소득 있는 모든 사람이 대상이 될 수 있다. 하지만 V마케팅에서의 가망 고객은 일반 보험영업의 가망 고객과는 다르다. 신체적으로 건강하다는 것은 피보험자 요건으로 가장 기본적 요건에 해당될 뿐이다. 신체적으로 건강하다는 요건 외에 다양한 요건들이 갖추어져야 V마케팅을 위한 양질의 가망 고객이라 할 수 있다.

소득흐름이 좋고 자산 규모가 커야한다

V마케팅에서의 가망 고객은 최우선으로 건강하여야 할 뿐 아니라 전제 조건은 보험 가입 여력이 충분하여야 하기에 현재 현금흐름이 양호해야 한다. 즉 소득 유입이 충분하고 일정 기간 가능해야 한다. 다만, 현재 소득 창출 능력이 충분하지

않다면 최소한 보유하고 있는 자산 규모가 커야 한다. 그래야 향후 자산을 활용하고 금융자산화를 통해 보험료 납입 여력이 확보되기 때문이다.

보통의 사람보다 나은 경제력을 갖춘 고객만이 V마케팅의 진정한 가망 고객이라 할 수 있다. 따라서 현금흐름이 좋지 못하거나 현재 보유 자산이 적다면 V마케팅의 가망 고객으로는 적합하지 않다.

'행복한 노후생활을 희망하는 40대 고객에게 은퇴 준비 재무설계를 한 적이 있었다. 고객이 65세 이후 필요한 노후생활 자금 확보를 위해서는 월 500만 원씩 15년 동안 추가 저축을 해야 한다는 결론을 노출하였다. 고객도 그 결과에 대하여 동의하였다. 그러나 재무설계 결과에 동의하면서도 월 500만 원씩 추가 저축하는 제안은 받아들이지 않았다.

그 이유는 무엇이었을까? 납입 여력이 부족했기 때문이었다. 뛰어난 재무설계 능력을 소유하였다고 자부하였지만, 고객이 현금 창출 능력이 부족하다면 어떤 제안을 하더라도 고객은 받아들이지 않는다. 그 사실을 인지하지 못하고 내 중심의 재무설계와 제안이 실패로 귀결된 사례다. 그날 이후로 나는 고객의 재무 상태와 납입 여력을 파악하고 고객이 받아들일 수 있는 제안을 하고 있다.

만약 현재 소득이 낮고 보유 자산 규모가 작다면, 현금흐름
이 양호하거나 자산이 증가될 개연성이라도 가지고 있어야 한
다. 그러하지 못하다면 V마케팅에서 가망 고객으로는 전혀 적
합하지 않다. 이러한 고객을 발굴하는데 에너지를 소비하는 것
은 V마케팅에 장애 요인이 될 뿐이다. 따라서 V 가망 고객의
첫 번째 조건은 자산 규모가 크고 현금흐름이 양호한 고객이다.

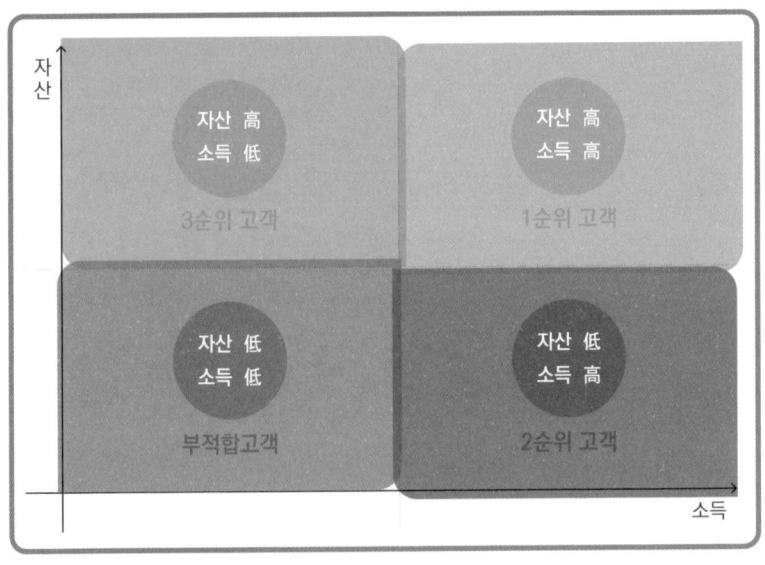

재무설계와 자산관리 니즈가 있어야 한다

두 번째로 중요한 것은 V고객이 재무설계(자산관리)에 대

한 니즈가 있거나 재무적 문제점을 내포하고 있어야 한다. 재무설계에 대한 필요성을 전혀 갖고 있지 못하다면 그들은 재무 컨설팅을 받지 않을 것이며 우리는 그들에게 줄 도움이 전혀 없게 된다. 따라서 V고객이 투자, 세무, 은퇴, 자산 이전 등에 대한 니즈가 있어야만 좋은 가망 고객이 될 조건을 갖추었다 할 수 있다.

다만, V고객들의 경우 치열한 생존경쟁에서 이러한 니즈를 잊고 사는 경우가 종종 발생한다. 따라서 고객 스스로 자신의 문제점을 발견하고 그 문제점을 해결하기 위해 스스로 다양한 방법들을 찾아 해결하는 데는 한계를 보이는 고객들이 있다. 즉 다양한 재무설계가 필요하고 재무적 문제점을 내포하고 있으나 스스로 인지하고 있지 못한 고객이 대다수라는 것이다. 이러한 고객은 아주 좋은 가망 고객이다.

FP는 V고객에게 재무적 문제점을 인지시켜주고 다양한 재무 목표 설정과 해결안을 충분히 제시해 줄 수 있기 때문이다. 따라서 V마케팅을 위한 좋은 가망 고객은 재무적인 다양한 니즈를 가지고 있거나, 문제점을 보유한 고객이라 할 수 있다. 결국 그러한 고객에게 재무설계를 통한 문제점을 해결하고, 자산 포트폴리오 재구성을 통한 고객의 재무 목표 달성과 보험설계를 통한 고액의 성과 창출이 가능하다.

재무설계와 컨설팅을 위해 만남이 가능해야 한다

아무리 많은 자산을 보유하고 있고, 재무설계가 필요한 고객이어도 우리가 만날 수 없다면 가망고객이 될 수 없다. 따라서 접근 가능하고 만나서 재무설계가 가능한 고객이어야 한다. 우리나라 최고의 자산가이며 현금 창출 능력이 뛰어날 뿐 아니라 가업 승계에 대한 니즈가 있는 고객은 최고의 V고객이 될 수 있을 것이다. 그러나 그 고객이 우리나라 재계 순위 1위의 기업가라면 과연 내가 그를 만나 컨설팅할 기회를 얻을 수 있을까? 아마도 힘들 것이다. 결국 내가 만날 수 있는 고객이어야만 가망 고객이 될 수 있다.

PART 3

가망 고객 발굴을 위한
다양한 방법

가망 고객 발굴!

가장 어려운 일이다. 특히 V 가망 고객 발굴은 더욱 그렇다. 하지만 생각을 조금만 바꾸면 가망 고객의 원천은 다양한 곳에서 발견할 수 있다. 생각을 바꾸고 도전할 수 있는가의 문제이다.

"20년 후의 당신은, 했던 일보다 하지 않았던 일로 인해 더 실망할 것이다. 그러므로 돛줄을 던져라. 안전한 항구를 떠나 항해하라. 당신의 돛에 무역풍을 가득 담아라. 탐험하라. 꿈꾸라. 발견하라" 했던 마크 트웨인의 말을 기억하며 가망 고객의 탐험에 나서야 한다.

우리는 어디에서 V 가망 고객을 발굴할 것인가?

첫째, 이미 알고 있는 친분관계에 있는 다양한 고객이다.

그들 중에서도 우리가 원하는 V고객이 상당수 있다는 점을 간과하고 있다. 이미 친분관계에 있는 친구, 친인척, 동창생, 다양한 선후배들, FP들이 보유하고 있는 기존 고객 등 FP와 친분관계에 있는 많은 고객이 우리가 원하는 V고객 발굴의 원천이 될 수 있다.

둘째, 현재는 친분관계가 있지 않으나 소개 받을 수 있는 수많은 고객이 V마케팅 가망 고객의 원천이 될 수 있다. 즉 첫 번째 친분관계에 있는 고객으로부터 소개를 이끌어낼 수 있다면 소개받는 모든 고객은 아주 훌륭한 가망 고객이 될 것이다.

셋째, 전혀 모르는 고객도 가망 고객화를 할 수 있다. 즉 친분관계도 없고 친분관계에 있는 지인이나 고객으로부터 소개를 받지 않은 고객도 어떤 마케팅 활동을 하느냐에 따라 가망 고객이 될 수 있다. 개척 활동(각종 모임 가입 등), 협업 활동(백화점 등), 세미나 활동 등을 통해 전혀 모르는 V고객을 가망 고객화 할 수 있는 것이다.

1. 친분관계에 있는 지인 고객 발굴

친분관계에 있는 가망 고객은 가장 가까이 있지만 가장 소홀하기 쉽다. 또한 가끔은 V고객으로 인식이 어려울 수도 있고, 스스로 접근 자체를 꺼려 할 수도 있다. 하지만 친분관계에 있는 지인은 가장 훌륭한 가망 고객이 될 수 있다.

　FP들은 다양한 고객에게 재무설계의 필요성에 대한 설득을 통해 획득하기 어려운 고객 정보를 수집하고 재무설계 서비스를 제공한다. 그로 인해 고객의 행복한 삶에 대한 길잡이가 되어준 것에 대해 자부심과 뿌듯함의 기쁨을 누린다. 그러나 정작 소중한 지인 고객에게는 체면, 자존심을 내세우며 재무설계가 무엇인지? 왜 필요한지? 안내도 하지 않으며 설득도 하지 않는 경우가 대다수이다. 얼마나 비겁하고 대단히 잘못된 행동인가?

　자신의 자존심으로 인해 누구보다 소중한 사람, 내 곁에 있는 가장 소중한 지인은 버려두고 있는 것이 현실이다. 진정한 친구이고 소중한 지인이라면 가장 먼저 재무설계를 해주어야 할 대상이 누구인지는 분명하다. 내가 지금까지 알고 지내온 모든 사람에게 책임감 있는 행동이 필요하다. 나의 잘못된 선택과 판단으로 지인 고객을 멀리했을 때 그들에게 불행이 닥친다면 그 책임은 어떻게 질 것인가? 따라서 전혀 모르는 사람에게 소중한 재무설계를 해주듯 똑같이 지인 고객에게도 재무설계를 반드시 해주어야 할 것이다.

　지금 당장 찾아가라. 이미 한발 늦였을 수도 있다. 하지만 늦었다고 주저하는 것은 가장 바보 같은 행동이다. 지금 당장 찾아가라. 그리고 당당하게 자신이 FP 직무를 수행하고 있음을 밝히고 재무설계의 중요성을 설파하라. 그것이 당신의 친분관계에 있는 사람에게 해줄 수 있는 최선의 길이다. 인생에 있어서 재무설계는 중요한 일이기 때문이다.

1) 지인 가망 고객 발굴 리스트

가만히 앉아서 머릿속으로 가망 고객 발굴을 하는 데는 한계가 있다. 아무리 머릿속으로 생각해도 떠오르지 않는 경우가 많다. 따라서 가망 고객 발굴 리스트를 활용하는 것이 좋다. 리스트를 구체적으로 세분화하면 지인 가망 고객 발굴이 쉬워진다.

먼저 구체적으로 지인 가망 고객 발굴을 위해 대분류, 중분류, 소분류를 작성하고 그 칸을 채워넣는 식으로 하면 훨씬 더 쉽게 발굴할 수 있다. 다만 V고객의 조건에 맞는 고객 위주로 작성하는 것을 반드시 유념하여야 한다.

〈표 1〉 지인 가망 고객 발굴 리스트

친인척 리스트					
친가	성 명	처가	성 명	기타 인척	성 명

친구

대학 동문	성 명	대학 선배	성 명	대학 후배	성 명

고교 동문	성 명	고교 선배	성 명	고교 후배	성 명

초중고 동문	성 명	초중교 선배	성 명	초중교 후배	성 명

고향 친구	성 명	고향 선배	성 명	고향 후배	성 명

각종 참여 모임

취미 모임	성 명	종교단체	성 명	학부모 모임	성 명

전 직장 관련

직장 동료	성 명	거래처 지인	성 명	전직장 고객	성 명

2) 친분관계 있는 지인 가망 고객 발굴의 효과

가장 손쉽게 접근할 수 있는 고객이 지인이다. 이미 알고 있는 사람이기에 거부감 없이 접근이 가능하다. 또한 고객의 재무 상태를 어느 정도 알고 있으며 그들의 니즈도 알 수 있어 효과적 상담 활동이 가능해진다. 지인에 대한 다양한 정보를 우리는 이미 가지고 있으며, 그들과 충분한 친밀관계가 형성되어 있고, 어떤 사적 대화까지 거리낌 없이 이야기할 수 있는 관계이기 때문이다. 결국 지인은 내가 어떻게 하느냐에 따라 나의 가장 좋은 가망 고객이며 협력자가 될 수 있다.

"나는 오늘 친구들을 찾아서 너무 행복하다.
그들은 내 머릿속에 있다."

- 커트 코베인 -

"우정은 풍요를 더 빛나게 하고,
풍요를 나누고 공유해 역경을 줄인다."

- 키케로 -

2. 소개에 의한 가망 고객 발굴

소개에 의한 가망 고객 발굴은 소개자의 영향력을 활용할 수 있는 가장 좋은 방법이며, FP로서 롱런할 수 있는 지름길이다. 당신이 누군가에게 음식점을 소개한다고 가정해보자. 당연히 맛집을 소개해 줄 것이다. 사람을 소개해주는 것도 마찬가지다. 누군가에게 사람을 소개할 때 좋은 사람을 소개해준다. 따라서 우리가 만난 V고객이 소개해주는 사람은 그와 비슷하거나 본인보다 자산가인 V고객일 확률이 높을 것이다. 소개를 통한 고객과는 만남이 성사될 확률 또한 높다.

누군가를 만날 수 있고 대화를 나눌 기회가 주어진다면 영업의 반은 성공한 것이다. 소개해준 사람과의 인연 때문에 소개받아 방문한 FP를 무시하지 못한다. 그러므로 소개에 의한 가망 고객 발굴은 FP로서는 반드시 실천해야 할 가장 중요한 일이다. 소개를 실천하다 보면 당신 앞에 계속 소개라는 선물이 주어질 것이다.

1) 누구로부터 소개받을 것인가?

① 재무설계에 만족한 경험을 가진 고객

우리는 많은 고객들과 상담을 진행한다. 소개받을 수 있는 가장 좋은 사람은 상담 고객 중 나의 재무설계와 제안에 만족감을 표시하는 사람이다. 여행지를 방문하였다고 가정해보자. 그 여행지가 멋있고 좋은 경험이었다면 누군가에게 자랑하고 싶고, 추천해주고 싶을 것이다. 마찬가지로 재무설계에 만족한 고객은 기꺼이 좋은 고객을 FP에게 소개해 줄 것이다. 그러므로 재무설계에 만족한 고객에게 주저 없이 "비슷한 고민을 가진 고객을 소개해 줄" 것을 반드시 요청해야 한다. 그것도 상담 직후 만족감을 표시하는 그때여야 한다.

반면 상담 후 고객에게 소개 요청을 했지만 머뭇거리는 고객을 종종 경험한다. 그 이유는 무엇일까? 그것은 FP와의 상담 및 재무설계에 만족하지 못했다는 무언의 방증일 수 있다. 자신의 상담에 대하여 되돌아 볼 필요가 있다. 소개는 고객의 만족도와 비례한다.

② 영향력 있는 고객

소개해준 사람의 영향력이 행사될 수 있는 고객이라면 가장 좋은 가망 고객이 될 수 있다. 소개자의 영향력으로 인해 나에게 충분한 시간을 배려해 줄 것이고, 나의 말을 기꺼이 들어줄 시간을 내줄 것이기 때문이다. 또한 자신에게 손실이 발생하지 않는다면 기꺼이 나의 제안을 일정 부분 받아들일 것이다. 나의 제안이 완벽하지 않아도 소개자의 영향력이 발휘될 수 있다면 양질의 가망 고객이 될 수 있다.

또한 우리는 종종 자산가가 아니며 전문직 종사자도 아닌데 소위 마당발인 고객을 보게 된다. 이러한 마당발 고객은 가망 고객 발굴의 좋은 Key Man이 될 수 있다. 즉 주변에 많은 V고객과 친분관계를 맺고 대인관계가 좋은 고객이 있다면 가망 고객 발굴의 Key man이 될 수 있기에 효과적으로 관리하고 소개 요청을 적극적으로 해야 한다. 소중한 Key man 한 명이 V마케팅의 성공을 좌지우지할 수 있다는 사실을 간과해서는 안 된다.

③ 소개는 내가 만나는 모든 사람에게 요청하여야 한다.

가장 손쉽게 만날 수 있는 친인척, 친구 등 지인 고객에게 적극적인 소개 요청이 필요하다. 또한 기계약자도 훌륭한 신규 고객 창출의 도구가 된다. FP에게 호의적으로 대하는 고객은 새로운 고객을 소개해 줄 확률이 높다.

FP 직업의 출발은 가망 고객이고 가망 고객의 발굴은 소개에서 시작한다는 것을 절대 잊어서는 안 된다. 따라서 만나는 모든 사람들에게 적극적으로 소개 요청이 이루어져야 한다. 소개 요청이 주저된다면 FP로서 자신의 직업에 대한 가치를 다시 한번 생각해 볼 필요가 있다.

FP는 재무설계를 통해 고객의 행복한 삶을 설계해주고 지켜주는 소중한 동반자이다. 우리는 많은 사람들의 행복을 설계해줘야 할 미션을 부여받은 것이다. 그 미션을 훌륭하게 수행함으로써 자연스런 반대급부가 발생되는 것이다. 만나는 모든 사람들에게 적극적으로 소개 요청을 하고, 소개받은 고객의 미래를 위한 행복한 재무설계의 의무가 있는 것이다.

2) 언제 소개를 받을 것인가?

소개는 FP의 적극적 요청이 있어야 한다. 소개 요청 시점은 재무상담을 마쳤을 때, 또는 계약 체결 후, 사후 서비스 단계, 감사 방문 시 등 특정한 시점을 별도로 정할 필요는 없다. 언제든 소개를 요청할 수 있는 시그널이 보이면 즉시 소개 요청을 하는 것이 효과적이다. 고객이 보험에 관심을 보이는 시그널을 잘 알아채 계약 체결을 하는 것도 중요하지만 더욱 중요한 것은 고객의 소개에 대한 시그널을 파악하고 적시에 소개 요청을 할 수 있는 능력이다.

소개해주길 기다리는 것은 절대 하지 말아야 할 행동 중하나다. 가장 바보 같은 행동이다. 소개에 대한 필요성을 자발적으로 느끼고 적극적으로 소개를 해주는 고객은 없다. 따라서 '언젠가는 소개해 주겠지'라고 기다리지 말고 적극적으로 소개 요청을 해야 한다. 고객이 나에게 감동하거나 고맙다는 시그널을 보내온다면 그 즉시 소개 부탁을 하는 것이 가장 효과적이다.

만나는 고객들에게 계약에만 몰두한다면 성공하는 FP가

될 수 없다. 계약에만 몰두하다 보면 소개 기회를 놓치게 되는 경우가 많다. 계약보다 더 중요한 것은 소개라는 것을 명심하고 지속적으로 소개받는 것이 습관화되어야 한다.

3) 어떻게 소개받을 것인가?

소개는 상담 고객의 의무가 아니다. 그런데 실패하는 많은 FP들의 행동을 보면 소개를 무턱대고 강요하는 경우가 있다. 그러한 행동은 오히려 고객에게 부담감만 안겨 줄 수 있다. 또한 FP의 방문을 꺼려하거나 만남을 회피하는 원인으로 작용하기도 한다. 소개는 최대한 고객과의 신뢰가 형성되었거나 고객이 FP에게 감동과 고마움을 표시하는 것이 명확하게 확인되었을 때 정중하게 요청해야 한다. 고객에게 부담으로 작용되지 않도록 진심으로 부탁해야 한다.

또한 소개 요청은 말로만 해서는 안 된다. 말은 말로 끝날 수 있기에 구체적 행동이 수반되도록 해야 한다. 상상해 보자. 여러분이 상담 후 "좋은 분, 한 분만 소개해주세요"라고 고객에게 요청하면 대부분의 고객들은 침묵에 잠길 것이다. 아마도 어색한 기운이 감도는 순간이 만들어질 것이다. 따라서 단순한 말보다는 구체적 행동이 함께 수반되는 게 효과적이다.

예를 들어 소개를 부탁하면서 소개용지와 함께 볼펜을 고객에게 내미는 게 효과적일 수 있다. 왜냐하면 고객은 소개용지와 볼펜을 받아드는 순간 소개를 해줘야 하는 약간의 부담감이 소개로 이어질 확률을 높여주기 때문이다.

소개의 기회는 고객이 FP에게 고마움과 감동을 받는 순간이 최적이다. 고객이 나에게 고마움을 느끼는 순간이 소개를 요청할 수 있는 최적의 타이밍이다. 그런 순간을 만들어야 하고 그것은 FP의 능력이다. 고객 입장에서 고마움과 감동은 상품에 대한 설명을 잘했다거나, 단순 정보를 전달 받는 것만으로 발생하지 않는다. 고마움과 감동은 고객이 꼭 필요로 하는 좋은 상품을 추천 받았을 때, 고객에게 필요한 정보와 도움을 지속적으로 받았을 때, 다른 FP와의 차별성을 강하게 느꼈을 때 등 다양하다.

특히 고마움과 감동은 감성의 영역이다. 그러므로 고객이 감성적으로 고마움을 느끼도록 해야 한다. 대부분 한국인은 고마움과 감동에 대하여 빚진 마음을 갖게 된다. 결국 진 빚은 갚아야 부담감이 해소된다. 따라서 그러한 순간을 만들고 그 순간을 잘 활용하여 소개 요청을 하는 것이 가장 효과적이다. 그 결과 고객은 빚진 마음을 덜게 되고 FP는 또 다른 고객 창출의 기회를 얻는 것이다.

고객의 마음에 감동을 줄 수 있도록 고객 상황에 대한 충분한 이해와 공감, 고마움의 표현 등을 통해 고객에게 감성적으로 어필하는 것이 중요하다. 작은 선물 하나도 의미와 가치 부여를 통해 고객에게 감동을 줄 수 있는 행동이어야 한다. 가격이 중요하지 않다. V고객은 부자다. 충분히 본인의 능력으로 구입할 수 있는 것들이다. 따라서 그 선물은 가격이 아닌 의미와 가치가 부여되어 있어야 한다.

예를 들어 봄날에 쌈 채소를 보낸다고 가정해보자. 보통의 경우에는 만 원도 하지 않는 쌈 채소가 V고객의 격에 맞지 않는다고 생각할 수도 있다. 그러나 쌈 채소를 보낼 때, FP가 "손수 주말농장에서 유기농으로 재배하였고, 아침에 채소를 수확하다가 고객님이 생각나 약소하지만 보내드립니다. 건강한 삶이 유지되길 기원합니다"는 내용의 손 편지와 함께 보낸다면 어떠할까?

미약하지만 잔잔한 감동으로 다가올 수 있을 것이다. 감동은 큰 액션에서 나오는 것이 아니라 잔잔하고 소소한 것에서 울림이 있을 수 있다. 결국 이러한 노력들을 통한 다른 FP와의 강력한 차별성을 보여줄 수 있다면 고객은 FP에게 감사하고 신뢰하게 될 것이다.

또한 고객과의 관계가 깊어질수록 신뢰관계가 형성될 것이고 서로에게 힘이 되는 관계로 발전하게 될 것이다. FP가 고객의 행복한 삶을 응원하듯 고객도 FP의 성공을 응원하는 관계로 발전하게 될 것이다. 서로를 응원하는 관계가 된다면, FP의 성공을 위해 기꺼이 고객은 누군가를 소개해주어 FP의 성공을 지원해주게 될 것이다.

고객에게 소개라는 숙제를 안기면 안 된다. 단순한 소개 요청은 소개해 줄 만한 고객을 선별하는데도 어려움을 겪을 수 있다. 고객과의 대화 중에 은연중 언급된 고객이 있다면 잘 메모해 두었다가 소개 요청 시 구체적으로 그 고객을 요청하는 것도 하나의 방법이다. 또는 더 적극적인 경우에는 실례가 되지 않는 범위에서 고객이 속한 단체의 회원명부를 함께 보면서 소개 요청을 하거나 휴대폰에 저장되어 있는 지인 중에서 2~3명을 소개 요청하는 것도 좋은 방법이다.

더불어 소개 요청은 아주 구체적으로 하는 것이 좋다. 예를 들어 의사고객의 경우 "가장 친한 친구 의사분 2~3명의 소개를 부탁드립니다" 혹은 "고객님과 같은 일을 하시거나 비슷한 고민을 하고 계신 고객님을 소개해 주세요"라고 구체적으로 요청하는 것이 소개 받는데 도움이 될 수 있다.

4) 소개 발굴 시 유의점

소개는 계약과 상관없이 이루어져야 한다. 계약 그 자체가 1순위 목적이 되면 소개 고객과 소개 받은 고객 모두에게 부담으로 작용할 수 있다. 소개는 계약과 상관없이 유익한 정보를 들려줄 정도의 고객을 요청하는 것이 서로에게 부담감을 해소하는 것이다. 소개해준 사람과 소개받은 사람을 절대로 불편하게 해서는 안 된다.

소개가 이루어졌다면 반드시 감사 표현을 하는 것이 좋다. 또한 소개 고객을 만났을 때는 소개자의 영향력을 은연중 언급하는 것도 좋은 방법이다. 1차 만남에서는 장시간 고객의 시간을 뺏는 것은 금물이다. 첫 상담부터 장시간 상담할 경우 고객 부담이 가중되어 소개자나 소개 고객이나 모두 불만족한 상황이 연출될 수 있기 때문이다.

소개는 우리가 필요할 때만 고객을 찾는 FP에게는 허락되지 않는 영역이다. V고객은 고수다. 필요할 때만 찾는 FP에게 결코 고객은 소개라는 선물을 허락하지 않는다. 따라서 고객이 만족할 만한 사후 서비스 및 정보 제공 등을 통한 고객과의 지속적인 관계 유지가 중요하다.

소개 고객을 만난 후에는 반드시 그 결과에 대해 소개자에게 연락해주는 것이 좋다. 그래야만 좋은 결과가 있거나 없거나 상관없이 또 다른 고객을 소개해 줄 가능성을 높일 수 있다.

V마케팅에서 소개는 한 명의 V고객으로부터 비슷한 부류의 V고객을 확보할 수 있는 가장 좋은 방법이다. FP는 재무 상담을 할 때뿐 아니라 일상생활에서 지속적으로 소개를 요청하는 좋은 습관을 기르고 체득화하는 것이 중요하다.

생각해 보기

① 나는 계약과 소개 요청 중 어느 것에 더욱 관심이 있는가?

② 고객에게 소개 요청을 월 몇 번 정도하는가?

③ 나는 월 몇 명의 소개 고객을 확보하는가?

④ 소개 고객 확보가 안 되는 이유와 대응 방안은 무엇인가?

3. 개척 활동을 통한 고객 발굴

개척 활동을 통한 가망 고객 발굴 방법은 다양하다. 각종 단체의 후원을 통한 고객 발굴, 다양한 V고객의 접촉을 늘릴 수 있는 문화센터나 골프 동호회 등 다양한 모임 가입을 통한 적극적 발굴, 나의 기계약자가 아닌 회사가 보유한 고객의 DB

활용 등이 있다.

V고객 발굴의 가장 보편적이고 대표적 방법인 세미나를 통한 발굴도 중요한다. 보편적이고 검증된 방법의 하나인 세미나에 대하여 더 구체적으로 알아보자.

1) 세미나 마케팅이란?

세미나는 대학에서 학생들을 가르치는 교수기법 중 하나이다. 교수와 학생이 하나의 주제를 가지고 의견을 교환하며 토론하고 결과를 도출해내는 연구방법 중 하나였다. 하지만 현재는 일반적으로 특정 분야의 지식과 경험을 가진 전문가가 다양한 주제를 놓고 행해지는 연수회, 강연회, 발표회, 토론회 등으로 의미가 확대되어 사용되고 있다. 이러한 세미나의 개념이 점차 마케팅으로 확대되어 고객을 발굴하거나 상품 판매, 고객 서비스 제고 등의 목적으로 활용되고 있다.

다양한 세미나의 개념을 보험영업 측면에서 정의하면 다음과 같다. 세미나 마케팅이란 불특정다수의 고객을 대상으로 실시되지만 동종의 관심사를 가진 특정 고객을 선별하여 차별화되고 특화된 장소에서, 참여자가 관심있는 공통의 주제를 가지고, 집단적으로 정보를 제공하고, 성과를 창출하는 계획적이고 정형화된 마케팅 기법이라 할 수 있다.

성과의 개념은 세미나 목적에 따라 다양한 형태로 귀결될 수 있다. 직접적인 보험 판매가 될 수도 있고, 고객의 충성도를 높이기 위한 것일 수도 있으며, 가망 고객 발굴을 의미할 수도 있다.

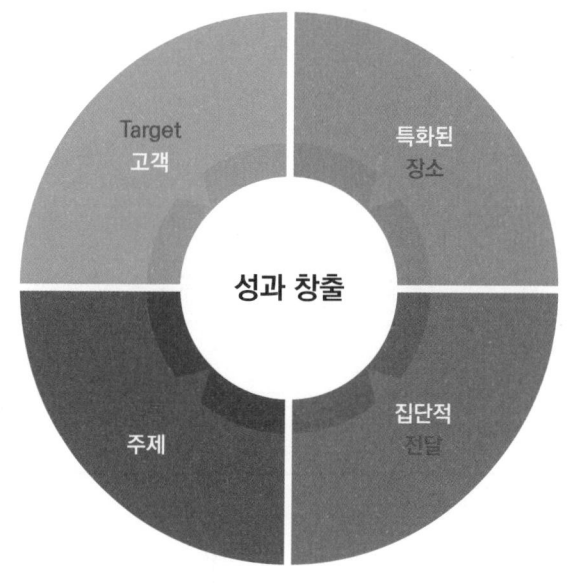

2) 세미나의 목적

세미나의 목적은 단순히 고객을 모아 개최하는 것 자체 또는 단기 보험 성과 창출만을 위한 것이라는 잘못된 생각을 없애야 한다. 세미나는 고객을 발굴하거나 고객과의 지속적 관계 형성과 유지를 위한 기회를 확보하는 것이다. 단기적 성과보다는 장기적 성과에 있음을 인식하여야 한다.

* 세미나의 주된 목적	
고객 발굴	신규 고객을 발굴하는 중요한 도구
성과 창출	참석자의 구매 의사 결정력 강화
고객충성도 제고	회사 및 FP에게 충성도를 높이는 기회
고객 서비스	고객과의 지속적인 관계 유지 및 서비스 제공기회

* 세미나의 부수적 목적	
이미지 제고	회사 및 세미나 개최자(FP)의 이미지 상승 효과
니즈 환기	재무설계 또는 보험에 대한 니즈 환기
입소문 마케팅	세미나 참석 고객에 의한 영향력 전파
홍보 효과	강사, 세미나 개최자(FP)의 홍보 효과

3) 세미나의 효과

기존의 일반적인 고객 발굴 방식인 개척 활동은 연고가 전혀 없는 고객을 대상으로 1:1 접촉 방식을 통하여 이루어졌다. 하지만 세미나는 기본적으로 동일한 니즈를 가진 고객을 대상으로 선별되어 진행됨으로써 고객과의 동질감 형성이 수월할 수 있다. 또한 다양한 기대효과를 가져올 수 있다.

① 가망 고객의 대량 발굴

기본적으로 세미나는 적게는 2~3명부터 많게는 수백 명까지 동시에 진행 할 수 있다. 또한 동일한 니즈를 가진 고객들이고, 비슷한 성향의 고객들이거나 동료들이 함께 참석하는 경우가 많다. 결국 한 명의 니즈 충족은 곧바로 옆 사람에게 전이될 수 있으며, 한 번의 세미나로 많은 가망 고객을 만날 수 있는 기회가 발생하는 것이며, 가망 고객 발굴도 대량으로 할 수 있는 이점이 있다.

멤버십을 활용하면 동종의 고객들에게 자연스럽게 니즈 환기가 가능하고 자연스럽게 "나도 저런 고민이 있는데 상담 한번 받아 볼까?" 하는 생각을 갖게 만들 수 있다.

② 가망고객의 사전 교육 효과

세미나의 두 번째 효과는 제공되는 내용을 통해 가망 고객의 니즈를 환기시키고 재무설계의 필요성에 대한 자연스러운 효과를 기대할 수 있다는 점이다. 많은 사람들이 모여 있기에 더 자연스러운 분위기에서 고객을 우리가 원하는 방향으로 교육을 통한 생각의 전환과 행동의 전환을 유도할 수 있는 장점이 있다. 즉 강요가 아닌 자유로운 분위기에서 스스로 재무설계의 필요성에 동의하고 1차 상담으로 전환하는 데 용이한 교육 효과를 누릴 수 있다.

③ 가망 고객 발굴 시간의 경제성

많은 사람을 한 곳에 모아서 하는 세미나는 고객을 한 사람씩 만날 때보다 엄청난 시간 절약이 가능하다. 예를 들어 3명의 고객을 발굴하기 위해 활동한다고 생각해보자. 여의도에 거주하는 고객 1명, 강남에 거주하는 고객 1명, 일산에 거주하는 고객 1명을 만난다면 아마도 하루의 시간으로 부족 할 수도 있다. 하지만 세미나라는 형태를 가지고 고객을 발굴한다면 3명의 고객을 동시에 한 곳에서 만나 내가 원하는 이야기를 전달할 수 있기에 시간적으로나 공간적으로 대단히 효율적인 마케팅 활동이 될 것이다.

④ 세미나 강사에 대한 신뢰도를 높인다

세미나를 통해 얻을 수 있는 효과 중 하나는 강사에 대한 신뢰도를 높일 수 있다는 것이다. 실제로 세미나를 진행하고 나면 많은 고객들의 상담 요청이 이어진다. 그런데 세미나에 참석한 고객들은 한결같이 세미나에서 강의를 진행했던 강사에게서 상담 받기를 희망한다. 1시간의 강의를 통해 고객들은 강사에 대한 믿음이 생긴 것이며, 강사와의 보이지 않는 친밀감이 형성된 것이다.

그러므로 가능하면 세미나 강사는 FP 본인이 진행하는 것이 가장 좋다. 그것이 불가능하다면 반드시 고객과 동반하여 세미나에 참석하고 강사의 교육 내용을 함께 듣고 피드백하는 것은 기본이 되어야 한다. 그래야만 고객에 대한 주도권을 가지고 계속적인 마케팅 활동이 가능해진다.

4) 세미나 고객 확보 방법

세미나에서 고객 확보가 가장 큰 어려움일 수 있다. 따라서 다양한 방법들을 동원한 고객 확보가 중요해진다. 고객을 확보하는 다양한 방법들을 소개하면 다음과 같다.

① 기존 고객을 활용한 세미나

세미나를 기획할 때 가장 어려운 것은 참석 고객을 확보하는 것이다. 그러나 세미나를 처음부터 신규 고객만을 발굴해서 진행하는 것은 대단히 어렵다. 기존 보유 고객 중에서 분류하여 세미나를 진행하는 것이 좋다. 기존 고객 중에서 동일한 재무 니즈가 필요한 고객군별로 분류하여 진행하면 효과적이다. 또한 기존 고객들만이 참석하는 세미나보다는 기존 고객이 신규 고객 한 분과 동반 참석하게 하면 신규 고객 창출 효과를 동시에 누릴 수 있다.

② 신규 시장 개척을 통한 세미나

연고가 전혀 없는 고객 모집을 통해 세미나를 실시하는 방법이 있다. 세미나 관련 내용을 SNS나 문자를 통해 안내하고 무작위 모집을 통해 개최하는 것이다. 세미나 안내장을 다양한 장소에 부착하여 모객하는 방법도 있을 수 있고, 많은 고객들이 모이는 곳에서 세미나 홍보를 통한 개별 모객도 가능할 수 있다.

주의할 점은 개인정보보호와 관련한 고객의 민원에 유의하여야 한다. 따라서 보유 고객에게 세미나 안내 문자를 전송하고, 안내를 받은 고객이 지인에게 전달하는 방법을 활용하는 것이 바람직하다.

③ 단체 시장을 통한 세미나

단체 시장은 세미나 활용에 최적화되어 있다고 할 수 있다. 각종 협회나 상공회의소, 직능단체, 개별 단체는 공동 기획 행사가 자주 있다. 이러한 단체들의 공동 행사에 FP가 스폰서로 참여할 수 있다면 세미나를 통한 고객 발굴이 아주 용이하다. 지인 중에서 단체의 총무나 회장 등을 하고 있는 고객이 있다면 적극적으로 협찬 의사를 피력하면 좋다. 그를 통해 자연스럽게 단체 회원들에게 재무설계 정보를 전달해 가망 고객화가 용이하다. 또한 직장 단체의 직장인을 위한 재무설계 등을 통해 대량의 고객 확보도 가능할 것이다.

④ 멤버십을 활용한 세미나

백화점 고급 피트니스센터, 각종 동호회를 활용한 고객 발굴을 위해 세미나를 운영하는 방법도 있다. 특히 V고객들이 회원으로 있는 멤버십 단체일 경우는 훨씬 효과적이다. 지인의 인맥을 활용하거나 내가 그 멤버십 회원일 경우는 금상첨화다.

구분	개념	내용
기존고객 활용세미나	보유 고객 중 V고객 재분류	기존 V고객 맴버쉽 활용 기존고객 1+1 소개
개척 세미나	연고가 전혀 없는 고객 대상 발굴	타겟군별 문자, 메일, 우편등을 활용한 대량 발굴 방법
단체 고객 세미나	특정 단체 중심 고객 발굴	각종 협회, 상공회의소 등 직역단체 대상 고객 발굴
맴버쉽 세미나	맴버쉽, 회원 대상 고객발굴 방법	백화점, 고급 휘트니스센터 동호회등을 활용한 고객발굴

5) 세미나 프로세스

세미나는 다양한 효과를 기대할 수 있고 고객 발굴 및 고객 교육의 중요한 도구이다. 하지만 모든 고객에게 동일한 주제와 방법을 가지고 천편일률적으로 진행하는 것은 좋지 않다. 경제 환경과 고객 니즈에 부합할 때 기대하는 효과를 누릴 수 있기 때문이다.

세미나는 성과 창출을 위한 고객 발굴의 첫 시작점으로 굉장히 중요한 의미를 가진다. 철저한 준비와 유의사항에 대한 검토가 필요하다. 즉 세미나를 기획하고 준비하고 진행하고 마무리 후 사후관리까지 일련의 프로세스를 명확히 이해하고 알아두는 것은 중요하다. 세미나 개최를 위한 프로세스는 한화생명에서 발간한 세미나 마케팅 프로세스를 참고하였다.

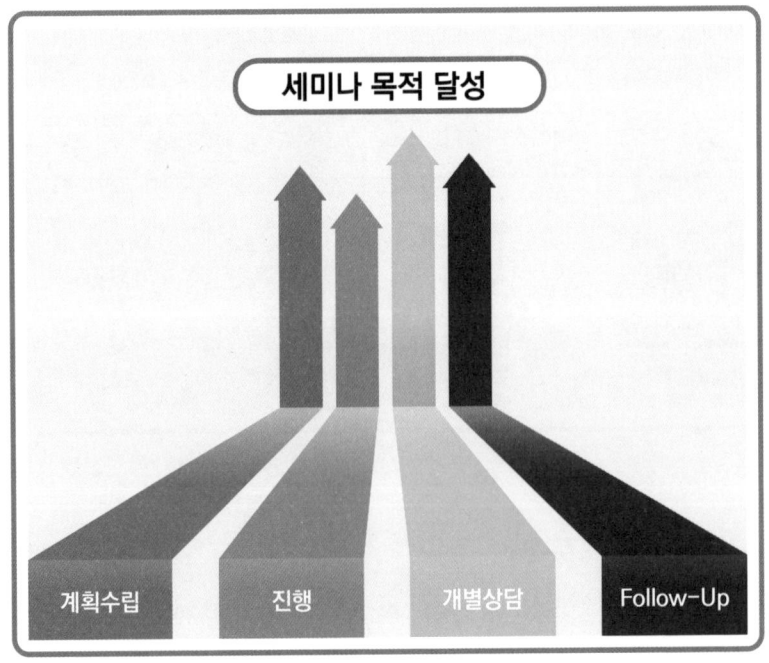

① 준비 단계(총괄)

세미나 준비 단계에서는 세미나 계획 수립 → 세미나 실시 공지 및 홍보 → 대상자 확정 및 초청장 발송의 단계로 세분화하여 철저한 준비가 필요하다. 준비 단계의 치밀함이 세미나 성공의 열쇠를 쥐고 있음을 명심하여야 한다.

특히 세미나의 목적과 주제를 명확히 할 필요가 있다. 목적과 주제에 맞는 고객을 참석시킬 때 효과를 극대화할 수 있다. 또한 기타 다양한 체크 사항은 아래 표를 참조하여 철저히 준비해야 한다.

〈계획 수립 단계 주요 확인 사항〉

내용	확인사항	비고
세미나 기획 의도 / 목적	• 고객을 유치하기 위함인가? • 계약체결 단계에서 진행되는가? • VIP에 대한 서비스 차원인가?	
주제 선정	• 주제는 목적에 부합한가? • 고객의 관심도가 높은 주제인가?	단일 or 복합주제
강사선정 (사내/외)	• 사내(외)강사로 할 것인가? • 강사는 몇 명이 좋은가?	사외강사 전공 및 강의 활동 점검
참석 범위 선정	• 고객은 몇 명으로 할 것인가? • 기존고객으로 할 것인가? • 고객 추천을 받을 것인가?	
날짜, 시간 선정	• 참석율이 높은 날짜와 시간은? • 고객 선호 시간대가 있는가?	고객선호도 파악

내용	확인사항	비고
장소 예약	• 주차시설 교통은 양호한가? • 인프라는 갖추어져 있는가?	교통, 주차시설, 인프라 확인
홍보자료 준비	• 어떤 자료를 준비해야 하나? • 온/오프 광고를 할 것인가? • 홍보의 비용은 얼마인가?	많은 홍보보다는 효율적인 홍보수단 마련

• 세미나 종류를 명확히 하여 목적에 부합하는 세미나 선정
• 완성도 있는 세미나를 위한 충분한 시간 확보
• 주제에 맞는 검증된 강사 선정(사전 강의교안 검토)
  – 외부강사를 섭외 시 사내강사보다 오랜 시간을 투여하여 완성도 확보
• 세미나 분위기에 맞는 장소 선택 (FA센터, 호텔, 전문 세미나실 등)

② 세미나 홍보(공지)

철저한 세미나 계획이 수립되었다면 그 다음에 해야 할 일
은 홍보와 공지에 관한 내용이다. 일정과 대상자를 명확히 공
지하거나 홍보하는 것은 최대한 많은 고객을 발굴할 수 있는
중요한 열쇠가 된다.

시기	내용	확인사항	비고
4週前	월간 일정 반영	• 영업일정상 시기는 알맞은가? • 영업적 이슈는 없는가?	
	예산확보	• 예산은 충분한가? • 추가 예산 발생의 위험은 없는가?	비용 점검
	세미나 확정 내용 공지	• 참여도는 충분할 것인가? • 주제는 적합한가?	추구하는 목적과 주제 일치 여부

시기	내용	확인사항	비고
4週前	세미나 기대 효과 설명	• 세미나 기대효과가 예상되는가? • 호응도 어떠한가?	
	참석 대상자 유형 선발 / 배부	• 대상자 선정 범위는 적합한가? • 고객 선발에 어려움은 없는가?	기존 or 단체 or 추천고객
	참석자 접수 방법 안내	• 어떤 안내방법을 이용할 것인가? • 고객의 참여도는 어떠한가?	유선 / 안내장 / 대면홍보
	세미나 참석 특전 안내	• 기념품은 무엇을 준비할 것인가? • 샘플은 확인하였는가?	고객 만족도 예상
	강사 선정 통보 (일시 안내)	• 강사는 효과적으로 설명하는가? • 강사료는 적당한가? • 자료 작성에 시간은 충분한가?	사외 강사의 경우
	세미나 안내장 배부	• 세미나 안내장은 효과가 있는가?	안내장 / TM / DM 병행
유의 사항	• 간결하고 호소력 있는 안내장 작성 필요 • 참석자 접수를 위한 담당자 지정현황파악 용이, 관리의 일원화 체계 확보) • 참석자 접수 방법 상세 설명 (필요정보) • 강사 준비를 위한 확정 통보 • 세미나 주제 및 내용에 맞는 고객 유형 안내로 타겟 공략		

③ 참가신청서 접수 및 초청장 전달

초청장 전달은 다양한 방법들을 동원하는 것이 좋다. 초청장 전달과 유선 확인, 직접 전달과 설명하는 방법 등을 사용할 수 있다. 초청장은 가능하면 간결하고 임팩트 있는 것이 좋다. 초청의 글, 날짜와 시간, 장소, 주제, 강사(주요 약력 포함)는 필수적으로 포함되어야 할 내용이다.

④ 운영 준비

세미나 시행일이 다가오면 필수적으로 하여야 할 것은 참석 여부를 수시로 체크하고 변동 사항을 점검하는 것이다. 행사 진행 준비물(현수막, 노트북, 빔, 포인터 등) 확인과 다과 간식, 기념품 준비 등에 대한 점검과 더불어 강사 교안을 최종적으로 잘 살펴봐야 한다. 파일이 잘 실행되는지 주제와 맞는지 꼼꼼한 체크가 필요하다.

⑤ 세미나 진행

세미나 당일 마지막으로 체크하여야 할 부분은 게시물 확인과 다과, 안내원 배치 등은 제대로 되었는지와 배경 음악, 사회자 멘트 등이다. 이 부분은 꼭 확인이 필요하다.

시기	내용	확인사항	비고

당일	시설/장비,
	안내문,
	게시물 확인
		• 전체 테스트 시 이상은 없는가?
		  - 30분전 최종테스트(이상
		    확인)
		• 현수막, 좌석, 명패는
		  정위치인가?
		  - 강의장, 복도, 엘리베이터 등
			현수막, 노트북,
			빔 프로젝트,
			마이크(2개
			이상), 포인터,
			카메라, 스크린,
			연결선 등

	다과 및 간식 준비	• 30분전 준비는 완료하였는가?	

	안내원 배치	• 안내데스크에서 자료 배부,
		  참석자 주차 안내 등이 확인
		  가능한가?	

	자료 배부 (설문지 포함)	• 테이블 별 메모지 및 필기도구는 준비되었는가?	
	배경 음악	• 분위기 연출 음악은 준비되는가?	행사 전 분위기
	사회자 진행	• 강사소개 멘트는 준비되었는가?	

또한 프레젠테이션에서는 다음 사항들을 유의해야 한다.

구분	주요 내용	비고

프리젠테이션
준비
	• 스크립트에 익숙해지도록 충분한
	  연습 필요
	• 최소 1시간 전에는 도착해서
	  현장을 점검
	• 고객 특성을 파악하고 효과적인
	  강의기법 연구
	• 명함 및 물품 준비
	  - 준비성 있는 강의자 인식
		내용전달에 충실
		유머나 주위 환기
		내용 별도준비

구분	주요 내용	비고

고객 응대	• 참가 고객 인사 및 명함 전달
	  – 강연자로만 세미나에 참여할
	   경우 제외	

오프닝	• 시작시간 엄수: 높은 시간관념은
	  고객에 대한 예의
	• 처음 2분간의 스크립트는
	  암기하는 것이 바람직
	• 위인이나 전문가 인용구 준비 :
	  고객 몰입 유도
	• 내용소개, 전달 메시지 언급
	  (중요성 각인)
		성공적인 오프닝이
		세미나 성패 좌우

프리젠테이션
진행
	• 자료를 보고 읽는 것을 지양 :
	  고객신뢰도 저하
	• 시간이 없다는 핑계로 빨리
	  진행하는 것은 금물
	• 목소리의 톤, 글자크기, 속도로
	  전달사항 강조
	• 음~, 에~ 등 불필요한 표현 자제
	• 전문용어보다는 쉬운 용어 사용
	• Eye Contact, 제스처 등 청중과
	  교류하는 것이 중요
	• 프로다운 외모에 청중은 호감도
	  느낌	

세미나 종료 시점에 설문서를 반드시 작성할 수 있는 시간을 가져야 한다. 설문에는 세미나 내용뿐 아니라 추가적으로 궁금한 부분에 대해 기재할 수 있는 항목을 넣는 것이 좋다. 그래야 추후 상담으로 연결될 수 있기 때문이다.

⑥ Follow-up 단계

세미나의 성과를 만들어내는 것은 Follow-up 단계가 된다. 세미나를 마친 후에는 반드시 감사 전화 후 방문이 필요하다. 감사 방문은 세미나 종료 후 최대한 빠른 날에 찾아가는 것이 좋다. 세미나 내용에 대한 리뷰와 공감을 통해 FP가 목적하는 다음 단계로 넘어가는 기회로 만들어야 한다.

6) 세미나 실패의 주요 원인

세미나 실패의 가장 주요한 원인은 잘못된 고객 선정으로부터 시작된다. V고객이 아닌 고객이 세미나에 참석한다면 원하는 V마케팅을 효율적으로 운영하는데 전혀 도움이 되지 않는다. 또한 시간과 장소 선정의 오류로 인해 효과를 저하시킬 수도 있다. 고객이 많이 쉽게 참석할 수 있는 시간과 장소를 정하는 것이 중요하다.

고객의 관심사와 거리가 먼 내용으로 주제 선정이 잘못될 경우에도 세미나 효과가 저하된다. 반면 주제에 맞지 않는 고객들이 참석해 효과가 떨어지는 경우도 있다. 만약 법인사업자의 절세 방안에 대한 주제로 세미나를 개최했는데 개인사업하는 고객들이 참석했다면 어떻겠는가? 따라서 주제에 맞는 고객을 참석시켜야 한다.

그리고 고객의 유형, 성향에 따른 세미나의 목적을 명확히 해야 한다. 세미나 목적에 맞게 정보 제공 중심으로 방향을 설정할 것인가? 상품 판매 중심으로 설정할 것인가? 무엇이 효과적 방법인가를 명확히 해야 한다.

마지막으로 강사의 강의 능력 부족에 기인할 수도 있다. 결국 FP 자신이 직접 강의를 진행한다면 철저한 리허설과 준비로 강의에 만전을 기해야 할 것이다.

* 세미나 체크 리스트

구분	스케쥴	체크리스트	확인내용
계획수립	세미나 계획 확정	✓ 세미나 목적 선정	
	주제/강사 선정	✓ 주제선정	
		✓ 강사선정 (사내, 사외)	
	참석자 예상 리스트 작성	✓ 참석자 범위 선정	
		✓ 참석자 예상 리스트 작성	
	시간/장소 선정	✓ 세미나 날짜, 시간	
		✓ 세미나 장소 예약	
	홍보 준비	✓ 홍보자료 발송	
	마케팅 보조자료 준비	✓ 마케팅 활용자료 준비	
		✓ 안내장 발송	

구분	스케줄	체크리스트	확인내용
세미나 공지	세미나 내용 공지	✔ 세미나 내용 공지 여부	
	기대효과, 필요성 공유	✔ FP/기관장 사전내용 확인	
	초청장	✔ 초청장 발송	
신청서 접수	신청서 접수	✔ 참가신청서 접수 현황	
	고객 분류	✔ 대기고객 확보여부	
	고객정보 파악	✔ 고객정보 확보	

7) 성공 세미나를 위한 차별화 방안

세미나를 통한 고객 유치는 수많은 금융기관에서도 일반화되어 있다. 좋은 정보를 주면서 자연스럽게 고객을 발굴할 수 있는 가장 좋은 방법이기 때문이다. 하지만 경쟁사 또는 경쟁 업종보다 차별화시키는 전략이 필요하다.

첫째, 고객이 당면한 문제 또는 관심있는 주제가 중요하고 문제 해결에도움이 되는 내용이 되어야 한다. 또한 세미나가 단순 지식 전달의 일방적 강의 형식으로 진행되는 것은 자제해야 한다. 이런 방식의 세미나는 고객과 FP에게 전혀 도움이 되지 않는다. V고객들이 안고 있는 문제들을 테마로 선정해 해결의 실마리를 줄 수 있는 유익한 세미나가 진행되어야 한다.

행복한 부의 이전, 법인 CEO의 재무관리, 개인사업자의 세무 및 노무, 저성장 시대의 재무관리 및 고객과 함께하는 문화 세미나 등 주제는 다양화되어야 하고, 참석하는 고객 성향에 맞춰진 세미나가 되어야 한다.

둘째, 쌍방향 소통이 가능하도록 참가 인원에 대한 고려가 되어야 한다.대규모 인원의 세미나는 고객 DB를 획득하고 차후에 지속적으로 DM 등을 보내 잠재고객으로 만들 수는 있다. 하지만 세미나를 통해 다음 단계 상담과 재무설계로 이어나가는 데는 한계를 보일 수 있다. 따라서 V고객 세미나는 밀착형 소규모를 통해 고객 한 분, 한 분과 교감을 나누고 공통 관심사를 공유하고 공감하는 세미나가 되어야 한다.

셋째, 세미나를 통한 영업 방법은 일반화 되어 있다. 따라서 세미나의 차별화가 경쟁력의 원천임을 인식해야 한다. 고객에게 "경쟁사 세미나를 참석해보고 비교해보라"라고 이야기할 수 있을 정도의 경쟁력과 차별화를 가져야 한다. 동종 업계에서 운영하는 다양한 세미나를 벤치마킹하는 것도 큰 도움이 될 수 있다.

넷째, 세미나도 변화되어야 한다. 환경이 변하고 시장의 이슈도 급격히 변화하는 시대에 살고 있다. 따라서 시장환경을 반영한 테마와 이슈를 적시에 제공하거나 앞서나가는 주제를 설정하는 것이 필요하다. 경제 전망, 세무 동향, 개정 세법, 금리 인상 등의 변화에 반영하여 적절힌 시기를 맞춰 좋은 정보를 전달해주어야 한다. 최근에는 부동산 시장의 급격한 변화로 부동산에 대한 관심이 많다.

다섯째, 개인 단위의 세미나를 통한 고객 발굴 방법을 적극 활용해야 한다. 회사 차원의 세미나 주제는 대부분 회사가 원하는 주제일 확률이 높다. 그러나 개인적으로 유치하는 세미나는 고객이 필요로 하는 주제를 마음대로 선정하여 할 수 있다.

창업 중소기업이나 초장기 기업의 CEO들에게는 그들이 가장 중요하게 생각하고 필요성을 느끼는 정부지원자금이나 자금조달 테마를 정해 세미나를 개최하는 것이 효과적이다. V고객 마케팅은 신뢰 형성에 의해 이루어진다는 것을, 신뢰는 고객이 필요로 하는 부분을 고려하면서 형성된다는 것을 잊지 말자.

마지막으로 세미나는 가망 고객을 발굴하는 통로로 활용할 것인가? 신계약 창출의 도구로 활용할 것인가? 명확한 목적이 설정되어야 한다. 신규 고객들을 대상으로 하는 세미나는 단순 정보 제공이 효과적이다. 상품판매 세미나는 고객을 모으는데 한계가 있기 때문이다. 반면 기존 고객 대상 세미나는 정보 제공과 함께 상품에 대한 정보 제공과 판매를 위한 내용을 적절하게 혼합하는 것도 효과적인 방법이다.

PART 4

V마케팅 프로세스의 이해

:

프로세스의 의미

프로세스의 필요성

프로세스의 소개

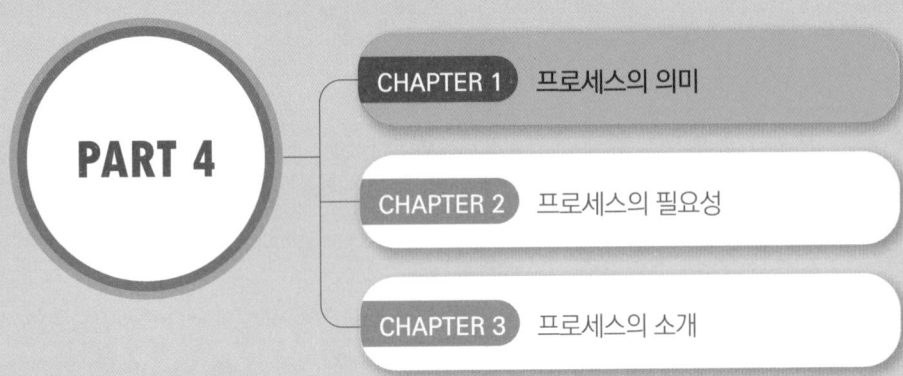

프로세스의 의미

재무설계란 고객 인생 전반에 걸친 삶의 목표(재무적, 비재무적)를 파악 분석하고, 그 목표 달성을 위해 개인이 소유한 자원(재무적, 비재무적)을 효율적이고 효과적으로 관리하는 일련의 과정(프로세스)이라 할 수 있다. 즉 재무설계는 인생을 살아가면서 삶의 목표를 달성하기 위해 재무목표별 자금의 필요 시기와 필요 자금을 미리 계산해보고, 목표 자금을 준비하기 위하여 현재 모아놓은 자산과 앞으로 발생하는 수입을 바탕으로 돈 모을 계획을 수립하고 실행하는 일련의 과정이다.

이러한 재무설계 범위는 어느 한 분야만을 다루는 개별 설계와 여러 재무 관심사를 종합적으로 설계하는 종합 재무설계로 나누어 볼 수 있다.

일반적으로 재무설계 서비스는 모든 사람들을 대상으로

한다. 그러나 V고객은 더욱 다양한 니즈와 문제점을 내포하고 있을 가능성이 크다. 고액 자산가의 경우 위험 분산을 위해 적절한 자산 배분과 관리가 중요할 수 있다. 또한 각종 절세 니즈와 자산 이전 니즈가 일반인보다 높을 수 있다. 따라서 우리의 주 타깃인 V고객에게 종합적 재무설계를 통해 자산 전반에 대한 관리는 굉장히 중요한 의미를 가지고 있다.

V고객 종합재무설계 서비스는 단순히 금융상품을 위한 도구가 아니며 방법만을 의미하지도 않는다. 고객의 라이프사이클 경과에 따라 변화하는 니즈와 목표를 점검하고 수정하는 과정을 거쳐 재무목표 달성이 가능하도록 하는 체계적인 과정이다. 고객의 니즈와 목표를 분석하고 목표 달성을 위한 적합한 솔루션을 만들려면 그에 맞는 시스템이 필요하다. 이 책에서는 'V마케팅 프로세스'라 명칭하였다. V마케팅 프로세스는 일반적 재무설계 프로세스를 준용하고 V고객 특성에 맞게 보완 수정하였다.

V마케팅 프로세스는 성공적 V마케팅 추진을 위한 FP의 행동 절차라 할 수 있다. 어떤 업무를 수행함에 있어 완벽성을 기하여 추진하려면 절차가 필요하다. 특히 다양한 니즈를 내포한 V고객의 경우 '상대방의 의견'이 충분히 반영되어야 하기 때문에 성과 추진의 행동 절차가 더욱 명확해야 한다. 많

은 사람들이 이러한 일련의 과정이 성과 창출까지의 시간만을 늘어나게 하거나 오히려 일을 더욱 어렵게 만들것이라 생각한다. 하지만 프로세는 성과 이상의 가치를 지닌다. 프로세스라는 원칙으 지켜 나갈 때 재무설계의 진정한 가치를 수행하는 FP로써의 자부심을 가질 수 있다.

CHAPTER 01

"나는 보험회사에 입사하고 지금까지 계속 한 직장에서 30년 가까이 회사생활을 하고 있다. 보험회사에 입사했을 때만 해도 보험회사 다닌다는 것을 그리 내세울 정도는 아니었다. 가장 큰 이유 중 하나는 보험의 순기능과 판매자에 대한 인식의 괴리에서 발생한 것이다. 현재도 마찬가지지만 그 시절에 보험 구매는 훨씬 더 비자발적이었다. 또한 현재와 달리 무모하리만큼 공격적인 보험상품 판매 중심의 영업 활동이 일반화되어 있었다. 그 결과 보험에 대한 전반적인 인식이 좋지 않았다.

이런저런 이유로 솔직히 입사 후 약 10년 동안의 지점장 생활을 할 때만 해도 보험회사 다닌다는 것을 그리 내세울 정도는 아니었다. 모임이나 친구를 만날 때도 명함 내미는 것도 주저할 정도였다. 그렇게 보험회사 직장생활에 회의를 느끼고 있을 즈음 은행의 PB센터, 증권회사의 WM센터 같은 기능을 하는 보험회사 V고객 컨설팅 전문조직이 신설되고 재무설계 상담

프로세스의 의미

업무를 진행하면서 보험에 대한 생각과 내 일에 대한 자부심이 달라지게 되었다.

　재무설계 상담 직무를 수행한 이후로 당당하게 내가 다니는 회사와 내가 하는 일에 대해 만나는 모든 사람들에게 자신있게 말할 수 있게 되었다. 그러한 변화의 핵심에는 재무설계 프로세스가 있었다. 프로세스를 준수하여 고객 니즈를 분석하고 고객과 함께 재무목표를 설정하고 재무상태 분석, 제안과 상품 판매, 지속적 모니터링이라는 과정을 통해 고객과 함께 하는 것은 대단히 가치 있는 일이었다. 고객의 절망과 희망, 눈물과 웃음을 함께할 수 있었기 때문이다.

　물론 이러한 프로세스의 결과는 보험계약이었다는 것은 빼놓을 수 없는 사실이다. 프로세스는 고객의 삶과 함께 하는 FP의 자존감과 보험계약이라는 두 마리 토끼를 완벽하게 잡을 수 있는 무기였다."

V마케팅을 통해 FP로서의 자존감 있는 성공을 위해서는 기존 FP와 차별화된 전략이 필요하다. V마케팅은 고객이 가지고 있는 재무적·비재무적 문제를 해결해주고 고객의 포트폴리오 재구성을 통한 다양한 상품 설계를 통해 최종 단계로 고액의 보험을 판매하는 것이다. 차별화된 V마케팅을 위해 일

정한 프로세스를 지키는 것이 무엇보다 중요하다.

가망 고객 발굴부터 상담, 상품 판매, 사후서비스까지 재무설계 프로세스를 준수해야 한다. 프로세스를 준수함으로써 고객을 성장시킬 수 있어야 하며, 인생의 재무 동반자로서의 역할을 성실히 수행할 수 있어야 한다. 프로세스(상품과 서비스)를 통해 어떤 가치를 제공해주는지가 명확하게 전달될 수 있어야 한다.

결론적으로 V마케팅은 'FP와 재무설계'라는 상품을 판매하는 것이다. FP, 즉 사람에 대한 만족도, 재무설계 프로세스를 통한 가치 만족도가 높아질 때 우리가 최종적으로 원하는 상품 판매가 가능함을 주지해야 한다. 고객의 발굴에서 컨설팅 제안 실행 그리고 사후관리까지 지속적 프로세스의 반복을 통한 체득화가 이루어져야 성공할 수 있다.

프로세스의 필요성

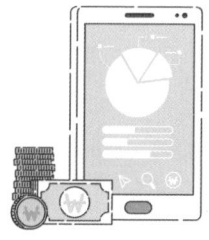

1. 프로세스는 고액 성과 창출의 주춧돌이다

"VIP 영업을 하고 싶은데 더 이상 고객이 없어 고민입니다."

"월 100만 원 보험료가 입금되는 고액 법인 사장님이신데 어떻게 해야 합니까?"

"돈이 많아 보험이 필요 없다고 해요."

이렇게 하소연하는 FP들이 많다. 참 안타까운 일들을 많이 경험한다. 더 큰 성과를 창출할 수 있음에도 100만 원에 만족했고, 행동의 순서와 절차를 몰라 불안해한다. 1회성 계약 1건에 만족하고 지속적 고객관리를 통한 추가 계약 창출은 생각지도 않는다. 그러면서 FP들은 V마케팅이 어렵고 힘들다고 생각한다.

그러나 프로세스 각 단계별 가치를 완전히 이해하고 체득이 되면 모든 것이 해결될 수 있다. 기회는 분명히 온다. 새로운 가망 고객도 쉽게 만날 수 있으며, 제대로 된 컨설팅으로보다 높은 성과 창출을 가능하게 할 것이다. 어떤 고객을 만나더라도 자신감이 생길 것이다. 프로세스를 바꾸면 성과가 달라지고, 성과가 달라지면 FP들의 인생도 달라질 수 있다. 우리가 믿어야 할 절대 가치이다.

2. 프로세스는 고객 니즈를 정확히 반영하는 도구다

재무설계는 금융상품을 판매하는 단순한 수단이 아니다. 고객의 라이프사이클 변화와 시간 경과에 따라 고객의 니즈와 목표는 변할 것이다. 이러한 변화하는 고객 니즈와 목표를 지속적으로 점검하고 보완해가는 것이 재무설계 프로세스다.

고객 니즈를 정확하게 파악하고, 고객 상황의 변화에 따른 니즈 변화를 지속적으로 관찰하기 위해 고객과 만나는 횟수를 증대시키는 것이 필요하다. 프로세스는 일반적으로 몇 가지 단계로 구조화되어 있으므로 체계적 만남이 지속될 수 있다. 이를 통해 고객 니즈를 정확히 파악하는데 적합한 시스템이다. 단계별 프로세스는 일의 순서를 단순히 나열한 것이 아니다. 프로세스를 최대한 준수하여 재무설계를 진행하면 고객의 정확한 니즈 파악을 통해 고객 맞춤형 재무설계가 완성된다.

3. 프로세스는 고객과 함께하는 여정이다

우리는 고객의 재무 목표 달성을 통한 행복한 미래를 설계한다는 마음으로 고객과의 상담에 임한다. 하지만 대부분의 고객은 "단순히 보험상품 판매를 위한 것이다"라고 생각한다. 따라서 상담에 적극적 자세를 보이지 않는다. 우리에게 제공하는 정보의 오류도 있고, 지속적이고 단계적인 상담 진행이 어려운 경우가 많다. 아직까지 우리나라에 재무설계라는 것이 일반화되어 있지 않고, 재무설계 경험이 있는 고객이 많지 않기 때문이다.

그러나 우리가 고객 니즈에 충실하고 있고, 그러한 행동을 고객도 동시에 느끼게 된다면 어떠할까? 고객 니즈에 충실하고 고객을 위한 재무 상담임을 느끼게 할 수 있는 도구가 프로세스다. FP 중심의 일방적 설계가 아니라 단계별 프로세스에 따라 고객이 참여할 수 있게 설계된 것이 프로세스다. 따라서 단계별 프로세스가 원칙적으로 잘 지켜지고 있을 때 고객은 그 프로세스에 동참하면서 만족감을 느끼게 된다. 고객이 동참한 재무설계의 결과는 어떻게 될지 상상은 여러분에게 맡긴다.

4. 프로세스는 FP 상담의 질을 높이는 도구이다

머리가 아픈데 배 아픈데 먹는 약을 처방하는 의사를 만나다면 어떤 생각이 들까? 아마도 그 의사 선생님의 진료 수준 점수는 0점 일 것이다. 만약 우리가 고객 니즈와 목표가 반영되지 않은 재무계획을 제안한다면 고객의 생각은 어떨까? 고객이 평가하는 상담의 질 수준은 생각하고 싶지 않을 것이다.

프로세스 단계에서 1단계 상담을 충실하게 하는 이유는 2단계 상담의 질을 높이기 위함이다. 따라서 다음 단계 상담 준비를 위한 전 단계 상담에 최선을 다하지 않을 수 없다. 만약 2단계인 '재무목표 설정 및 자료 수집 단계' 상담이 제대로 진행되지 않았으면 3단계 '분석 및 평가' 상담에는 많은 오류가 있을 수 있다.

단계별 프로세스를 원칙적으로 잘 지키면 고객 니즈와 생각을 파악할 수 있다. 고객은 자기의 생각과 니즈가 반영되는 상담에 적극적 자세를 보이기 때문에 상담 내용과 질은 좋아질 것이다. 결과적으로 고객 만족도가 극대화되는 최고의 컨설팅은 고객 니즈와 목표가 제대로 반영된 솔루션임을 잊지 말자.

5. 프로세스는 고객을 설득하는 힘이다

단순 보험영업은 보장의 필요성을 설득하고, 상품의 이점을 설명해서 제반 절차에 따라 계약을 체결한다. 하지만 단순히 상품의 이점을 설명하는 것으로는 계약에 한계가 있다. 그러나 프로세스는 많은 단계를 이루고 있다. 따라서 프로세스에 충실하면서 고객과 충분한 시간을 갖고 고객을 이해하고 니즈를 파악하는 단계를 갖는다. 그리고 때론 고객의 재무 목표 달성을 위한 분산투자의 중요성에 대해 교육하는 시간도 갖는다.

결국 프로세스 단계를 진행하면서 고객과 충분히 공감하고 함께하는 시간 확보를 통해 고객의 이해도를 높일 수 있다. 또한 고객이 재무설계 프로세스에 자연스럽게 동참함으로써 고객 스스로 합리적 소비자가 될 수 있는 기회를 갖게 된다. 고객 스스로 FP가 제안한 사항에 대하여 공감하고 실행하게 되는 동기가 부여된다. 이처럼 프로세스는 고객 스스로 재무설계의 필요성을 깨닫고, 스스로 실천하는 힘을 제공하게 된다.

6. 프로세스는 방향제를 뛰어 넘는 향수다

나는 즉석에서 구워서 조리하는 주꾸미 요리를 좋아한다. 정말 내가 좋아하는 핫플이 있다. 한 달에 두세 번 간 적도 많다. 15년 단골집으로 지금도 자주 가는 곳의 한 곳이다. 그러나 한 가지 고민이 있다. 그곳에만 갔다오면 온 옷과 몸에 연탄불로 요리된 주꾸미 향이 찐하게 묻어있어 그 다음 날까지 없어지지 않는다. 정말 엄청난 고민이었다. 내가 좋아하는 많은 사람들을 초대하지만 냄새로 인해 머뭇거리게 된다.

그러면서 늘 아쉽게 생각하는 것이 있었다. "가게 사장님이 방향제를 비치해 놓았다가 식사 후 돌아가는 고객들에게 뿌려주면 좋을텐데"라는 생각이다. 그러나 사장님은 그럴 의도가 없는 것 같았다. 결국 맛집을 포기하느냐의 갈림길에서 나는 차에 방향제를 가지고 다니기로 결정하였다. 맛있는 음식을 계속 먹고 싶기 때문이다.

재무설계 프로세스라는 것도 마찬가지다. 아니 그 이상이다. 냄새를 제거하는 방향제 역할을 넘어 향수와 같은 역할을 한다. 보험영업에서 보험이라는 영업 냄새를 풍기지 않고 자기의 의지를 점진적으로 펼 수 있는 향기를 내뿜을 수 있다. 프로세스는 서두르지 않는 것이다. 좋은 향이 은은하게 지속되는 것처럼 첫 만남에서 고객과 관계 정립을 하고 고객의 니즈와 기본 정보를 입수하고, 그 다음에 고객의 재무상태 분석과 평가 상담을 진행하고, 제안을 하고, 실행과 지속적 모니터링이라는 과정을 밟아갈 때 보험영업 냄새를 풍기지 않으면서 고객을 나의 프로세스 안으로 끌어들여 좋은 성과를 창출할 수 있다.

인간이 환경 변화에 적응하며 자연스럽게 순응하며 살아가듯이 프로세는 고객을 FP의 제안을 자연스럽게 받아들이고 순응시키는 도구가 될것이고, FP는 프로세스를 통해 고객을 행복의 미래로 이끄는 길잡이가 될 것이다.

프로세스를 지키면 좋은 향기가 고객의 코끝을 자극하고 여러분의 제안에 공감하게 될 것이다. 프로세스라는 기본기에 충실한 FP로부터 고객은 도망가지 않는다. 오히려 좋은 향을 내뿜는 여러분 곁으로 몰려들게 될 것이며, 많은 고객들을 소개 받게 될 것이다. 마치 내가 좋아하는 사람들을 초대하고 "나와 함께 그곳에 한번 가보지 않았다면 친한 사람이 아니다"라고 말하는 것처럼 고객은 늘어갈 것이다.

변하지 않는 좋을 향을 가지기를 바란다. 그것이 바로 재무설계 프로세스다.

7. 프로세스는 보험영업에 대한 지식보다
   더 중요한 스킬이다

열매를 얻기 위해서는 일정한 과정이 필요하다. 밭을 일구고 씨를 뿌린 다음에 잡초를 제거하고 거름을 주는 등 일련의 과정들이 체계적으로 잘 관리되고 진행되어야 한다. 뿌리고 가꾸지 않으면 열매가 없듯, 과정이 없으면 결과도 없다. 보험은 고객이 자발적으로 가치를 느껴서 가입하는 경우가 드물다. 따라서 프로세스를 통해 고객의 니즈를 불러 일으키고, 거절을 제거하고, 보험의 가치를 공유하는 다양한 단계를 거치는 과정이 중요하다. 프로세스를 지키지 않고 서두르는 것보다는 조금 늦더라도 프로세를 지켜가는 것이, 고객으로 하여금 보험에 대한 인식을 전환시키는 도구가 될 것 이다.

또한 프로세스는 FP에게는 자신의 정체성과 근본 가치를 알게 하며, 일의 순서를 찾게 하고, 스스로에게는 다양한 동기 부여를 통해 고난을 이길 힘을 준다. 따라서 우리 FP에게는 어떠한 지식보다 프로세스가 더 중요하다.

8. 프로세스는 교통 신호등이다

고객이 원하면 모든 절차를 무시하고 결과만을 추구하는 영업 스타일은 실패의 수렁으로 우릴 빠뜨리게 한다. 프로세스를 무시한 섣부른 상품 판매는 결국엔 고객의 불만족으로 귀결되고 불완전 판매라는 불명예를 가져온다. 프로세스는 판매 절차를 수행하는 도구이다. 프로세스는 서두르지 않고 인내하면서 상대방의 말을 들어주고, 상대방이 요구하는 것을 명확히 반영하여 상품을 판매하고 모니터링하는 일련의 과정이라 하였다. 이런 과정을 수행하는 것은 고객으로 하여금 상품 가입에 대한 충분한 숙고의 시간을 배려하는 것이다

　프로세스를 거부하고 무시하는 것은 운전자가 교통 경찰의 신호를 무시하는 것과 같다. 하지만 프로세스는 도로 상황에 맞춰 속도를 조절하고 신호등과 교통 경찰의 신호를 준수하며 도로를 운전하는 것과같다. 프로세스라는 원칙을 잘 지켜가는 보험 영업만이 고객과 FP의 만족이라는 목적지에 잘 도착 할 수 있을 것이다.

03 VIP Marketing Hub

프로세스의 소개

지금까지의 보험영업은 일반적으로 고객 발굴, 니즈 환기, 상품 제안, 체결과 증권 전달의 과정을 거친다. 이 과정은 단일 상품의 보장보험이나 연금상품 등을 판매하는 세일즈 절차에 적합하다. 그러나 고객과 관계 정립을 새롭게 하고 복잡한 니즈를 유기적이고 복합적으로 연결하여 솔루션을 만들어 내는 부유층 재무설계 프로세스에는 맞지 않는다는 것을 알 수 있다.

한국FP협회와 많은 보험회사들이 재무설계 단계를 6단계로 설명하고 있다. 그것을 준용하여 V마케팅 프로세스를 살펴보면 다음과 같다.

▣ V마케팅 6단계 프로세스

구분	프로세스	실행 포인트
1단계	고객과의 관계 정립	① 고객의 속성 이해 – 가치관, 돈에 대한 신념 등 ② 신뢰 구축 – 전문가 이미지 연출(자기소개 등) ③ 종합재무설계 필요성 및 프로세스 안내 ④ 2단계 목표 안내 및 일정 수립
2단계	재무목표 설정 및 자료 수집	① 리뷰 ② 재무목표 우선순위 설정 ③ 재무적/비재무적 정보 수집
3단계	재무상태 분석 및 평가	① 리뷰 ② 재무상태표 및 현금흐름표 작성 분석 ③ 재무 안정성과 성장성 분석 및 평가 ④ 추가적인 니즈 확인 및 정보 오류 수정
4단계	재무설계안 수립 및 제시	① 리뷰 ② 제안서 요약 및 설명 ③ 재무목표(영역별) 재무설계안 제시 – 자산배분안, 금융자산 포트폴리오 조정안 – 위험설계와 은퇴설계, 사업자 설계 등 ④ 실행안 협의 및 실행 일정 확인
5단계	설계안 실행	① 목표별 설계안 요약 ② 구체적인 상품 확인 및 상품 재설명 ③ 상품 가입서류 서명
6단계	정기 점검	① 모니터링 중요성 안내 및 일정 수립 ② 지속적인 관계관리

6단계 프로세스를 통해 한국FP협회와 CFP 등 관련 각종 서적에서는 FP의 역할과 재무설계를 이렇게 정의한다.

"Financial Planning이란 단순 금융상품 판매를 의미하거나 금융상품을 판매하기 위한 전략 수립이 아니라 고객의

라이프사이클 변화에 따라 변화하는 고객의 니즈와 재무목
표를 지속적으로 점검, 수정하고 보완해가는 프로세스이다."

이러한 프로세스를 통해 선진국의 경험있는 재무설계사들
은 지속적인 성공 역사를 만들어왔다. 따라서 진정한 FP는 변
화하는 고객 니즈를 끊임없이 관리하고 점검하는 과정을 되
풀이해야 된다는 것이다.

V마케팅은, 상품판매만을 목적으로 하는 것이 아니라, 고
객을 평생의 동반자로 여기고 끊임없이 변화하는 고객 니즈
를 해결해주는 것이다. 이를 위해 V마케팅에서는 재무설계 6
단계의 적용이 필수적이다.

✳ 참고: V마케팅 프로세스 세부 실행 매뉴얼

한국FP협회, 한국FPSB, 재무설계 학술단체인 한국FP학회
등은 우리나라 재무설계 프로세스 도입과 적용을 통한 재무설
계 활성화에 기여한 단체들이다. 위 단체에서 발간한 재무설
계 서적들의 기본적 개념과 자료들을 참고 하였다. 또한 개인
적으로 재무설계 프로세스를 적용하면서 검증한 부분들을 적
용하여 세부 실행 매뉴얼을 정리해 본다.

1단계 : 고객 관계 정립(첫 상담)

1. 관계 정립의 의의

평상시 알고 지내던 V고객에게 제대로 도움을 주기 위하여 재무설계를 권유하다 보면 그들은 우리를 단순 보험상품을 판매하기 위해 접근하는 것으로 오해하고 그냥 보험판매원으로 인식한다. 그리고 대부분 고객들은 재무설계에 대한 이해가 부족할 뿐 아니라 재무설계가 무엇이고 얼마나 중요한 것인지를 잘 알고 있지 못한다.

따라서 V고객을 위한 재무설계를 제대로 하기 위해서는 V마케팅의 첫 번째 프로세스인 고객과의 관계 정립 단계에서 재무설계에 대한 내용을 개략적으로 설명해주는 것이 매우 중요하다. 즉 종합재무설계는 무엇이고, 왜 필요하며, 고객이 재무계획을 세움으로써 얻는 이익은 무엇이고 어떤 과정을 거쳐 진행되는지 등을 설명하고 이해시킨다.

이를 위해 무엇보다 중요한 것은 V마케팅을 하는 우리가 일반 보험설계사와는 다르다는 것을 충분히 알려야 한다. 그럼으로써 고객 신뢰를 얻는 것이 매우 중요하다. 즉 V마케팅 FP가 되기 위해 어떤 교육을 이수하였으며, 어떤 전문가 그룹들과 협업하여 어떤 재무설계 서비스를 제공하는지 등 자신을 알릴 수 있는 자기소개서를 만들어 상담 시에 고객에게 보여주고 설명함으로써 단순 보험판매원이 아닌 재무 파트너 역할을 한다는 이미지를 만들어주는 것이 중요하다.

고객관계 정립에서 또 하나 중요한 것은 고객 속성을 파악하고 이해하는 것이다. 돈에 대한 가치관과 신념, 자녀에 대한 생각과 재산상속에 대한 계획 등을 포함한 고객의 전반적인 생각을 파악하고 이해해야 재무설계 필요성을 설득하고 제안하는데 많은 도움이 된다.

V마케팅 프로세스 1단계인 고객과의 관계 정립은 고객을 이해하고, 우리의 전문성과 차별성을 인정받아 신뢰를 얻는 것이다. 재산의 많고 적음을 떠나 재무설계는 꼭 필요하다는 설득을 통해 재무설계를 판매해야 하는 6단계 프로세스 중 가장 중요한 단계이며, 비즈니스 시작 단계인 것이다.

2. 관계 정립의 핵심 사항

재무설계의 단계를 수행하는 것은 단순 상품 세일즈 방법과 생각, 행동의 변화와 전환을 의미한다. 따라서 고객과의 첫 만남인 관계 정립 단계에서는 다음과 같은 사항을 유념해야 한다.

첫째, 첫인상이 가장 중요한 순간이다. 첫인상으로 모든 것이 결정될 수 있다는 것을 반드시 유념해야 한다. 관계 정립을 위한 첫 상담은 FP 본인과 재무설계 프로세스를 고객에게 판매하는 첫 순간이라는 것을 잊어서는 안 된다. 따라서 프로세스를 판매하는 단계로 고도의 비즈니스맨십이 요구된다. 즉 무엇을 말할 것인가보다 중요한 것은 당당한 태도와 자세, 나에게 있는 상품(V마케팅 프로세스)의 효용에 대한 완벽한 신뢰와 자신감이다.

둘째, 단순 친숙과 친교의 시간으로 낭비해서는 안 된다. 첫 만남, 즉 관계 정립 단계에서 비즈니스는 시작된다. 상품 판매는 5단계에서 결정되는 것이 아니라 고객 상담의 첫 번째 단계인 관계 정립 단계에서 상당수 결정된다. 따라서 재무설계에 대한 이해가 부족한 고객이라면 재무설계가 무엇이고 왜 필요한지에 대한 설명이 진행되어야 한다. 또한 어떤 프로세스를 통해 재무설계가 진행되는지와 재무설계를 통해 고객이 얻을 수 있는 이익은 무엇인지 등 구체적인 설득과 공감을 이루어내야 한다.

셋째, 첫 상담인 관계 정립에서부터 재무설계 비즈니스가 시작되기 때문에 자기소개가 핵심이다. V마케팅 프로세스는 FP로부터 시작되기 때문이다. 반드시 프로파일을 준비해야 한다. 그리고 당당하고 멋지게, 구체적으로 자신을 소개해야 한다. 그래야 고객의 신뢰를 얻을 수 있다. 이것이 고객과의 관계 정립의 초석이 된다.

넷째, FP는 단순 세일즈맨이 아닌, 솔루션을 제공하는 컨설턴트라는 것을 명확히 할 수 있어야 한다. 또한 FP의 업무 영역을 명확히 하는 것이다. V마케팅 프로세스는 FP 혼자 할 수도 있지만 대부분 전문가와 협업을 통해 이루어지기 때문에 FP와 각 영역별 전문가 중에서 각각 담당하는 역할과 재무설계 영역 중 어느 부분까지 포함할 것인지도 명확하게 해야 한다.

다섯째, V마케팅 프로세스를 판매한 결과물은 고객의 정보와 자료를 받아내는 것이다. 재무설계를 시작하게 되는 경우, 자료 수집이 왜 중요하고 어떻게 자료를 수집하며 또 어떤 서류를 FP에게 제출해야 하는지 고객에게 자세히 설명한다. 뿐만 아니라 자료 수집이 충분히 확보되지 못할 경우 업무 수행에 어떤 문제점이 있고 전체적으로 어떤 영향을 미칠 수 있는지 알려준다. 고객 사정으로 충분한 자료가 확보되지 못할 때 서비스 범위가 제한될 수도 있고, 프로세스가 더 이상 진행되지 못할 수도 있음을 설명한다.

3. 상담 전 준비 사항과 상담 자료 준비
1) 상담 전 준비 사항
상담 전 고객의 재무 정보는 부족하더라도 고객의 직업 등은 사전에 알 수 있도록 충분히 수집해야 한다. 비슷한 유형의 고객 상담 경험을 살려 고객 입장에서 무엇이 필요할 것인가? 사전에 생각하고 이미지 트레이닝을 통해 가상의 로드맵을 구성해 보는 것도 좋다.

또한 관계 정립 상담은 대부분 출장 방문 상담인 경우가 많다. 따라서 약속시간보다 무조건 일찍 도착하는 것이 좋다. 조금 일찍 도착하여 여유를 가지는 것이 좋으며, 특히 고객 사업장을 방문할 때는 주변 지역 파악, 사업장 환경 및 분위기 등을 미리 느껴보면 상담 초기에 매우 유용한 인사 소재로 활용할 수 있다.

2) 상담 자료 준비

항상 가방에 지참할 수 있는 클리어 파일 또는 바인더 등 그 어떤 형태든 본인을 위해 맞춤형으로 준비해야 한다. 기본적으로 재무설계 흐름과 재무설계 관련 자료는 반드시 준비되어야 한다. 또한 고객이 관심 가질 만한 주제에 대한 교육용 자료나 니즈 환기 자료는 반드시 지참하는 것이 좋다.

첫인사로 어떤 대화로 시작할 것인가도 확실히 준비하고 화법을 만들어 설명하는 연습을 해야 한다. 사전에 준비된 자료도 고객에게 단순 전달만 하는 것은 무의미하다. 꼭 읽어 보라고 고객에게 전달만하는 것은 바람직하지 않다. 상담 자리에서 설명하고 공감하는 시간을 가져야 한다.

■ 관계 정립 상담(첫 상담) 시 필요 자료

구분	내용
소개 자료	① 명함, 개인 프로파일 ② 재무설계 프로세스표
설득 자료	①재무설계 안내와 니즈 환기 자료 ②상담 고객 유형에 맞는 참고 자료
기타 자료	①메모지 ②인터뷰 양식 ③고정적으로 사용하는 설문지 또는 질문지

4. 관계 정립 상담(1차 상담) Flow

| 01 첫인사(Relex) | 02 자기소개 | 03 재무설계 니드 환기 | 04 재무설계와 프로세스 소개 | 05 정보수집 안내 및 2차 상담 약속 |

1) 관계 정립 상담 시 유의사항

관계 정립 상담을 진행할 때는 자신의 전문성을 적극 부각해야 한다. 평상시와는 다른 자세와 어투로 진행하는 것이 좋으며, 유의사항은 다음과 같다.

① 친절하고 겸손하되 굽신거리는 저자세나 교만한 언행

은 삼가라. 최대한 절제된 언행으로 전문가다운 모습을 보이되 교만해 보이거나 경직된 모습을 보여주기보다는 겸손한 전문가, 당당해 보이되 친근한 전문가의 모습을 보여주는 것이 좋다.

② 항상 반듯한 자세를 유지하고, 명확한 언어와 단어를 사용하는 대화를 나누어야 한다. 고객이 알아듣기 힘든 말투와 꼬이는 발음은 전문가적 이미지에 도움이 되지 않는다. 눈빛, 표정, 자세, 제스처 모든 것이 상담 언어임을 유념해야 한다. 상담은 말 언어로만 하는 것이 아니라 FP의 언어와 표정, 손짓, 눈빛 등 모든 것으로 이루어진다는 것을 명심하자.

③ 쉽게 설명하라. V고객은 사회적 명망가와 상류층 고객이 많을 것이고 연세가 높은 고객들도 많다. 그들의 눈높이에 맞추고 FP의 격을 드러내 보이기 위해 전문용어를 사용한 상담은 금하는 것이 좋다. 전체적으로는 전문가의 아우라를 나타낼 수 있게 품위 있고, 고급스러운 단어를 사용하는 것은 필요하나 쉬운 용어를 사용하여 상담에 임하는 것이 좋다. 고객이 이해하고 FP의 말에 공감도를 높일 수 있을 것이다.

50대 후반의 대학병원 교수이고 배우자 역시 내과 전문의인 고객을 상담한 적이 있다. 그 고객에 대한 첫인상을 아직도 잊지 못한다. 첫 상담을 할 때 그의 성향에 맞을 만한 V고객 상담룸을 사전 예약해놓고 기다렸다. 고객이 도착했다는 안내 직원의 통보와 함께 그 뒤에 들려주는 말에 적잖이 당황했다. "예약된 상담룸으로 고객을 모셨으나 그곳이 맘에 들지 않는다고 다른 상담실로 바꾸고 싶다 해서 다른 상담실로 모셨다"는 것이었다. 대단히 까다롭고 어려운 상담이 진행될 것이란 예측이 가능한 상황이었다.

예측은 빗나가지 않았다. 문을 열고 들어가자 고객은 소파에 등을 기대고, 반쯤 누워있는 듯한 자세로 앉아 있었다. 그래도 나에게 주어진 미션이기에 성심성의껏 상담을 진행하였다. 종합적인 재무설계의 필요성과 절차에 대해 안내하고 고객의 관심사에 대해 질문하면서 상담은 계속되었다. 굉장히 도도했던 고객도 종합재무설계의 필요성에 공감한 이후에는 자세가 바뀌었다. 상담이 끝나갈 즈음 고객의 몸과 자세가 내 앞으로 다가와 있었다. 그러면서 나에게 잊지 못할 말을 하였다.

"마치 학교 선생님처럼 자세한 설명이 아주 유익했다."

우리는 2차 상담을 진행하기로 합의하였다. 그 뒤로도 그 고객은 일주일에 1회씩 총 6회의 상담을 진행하였고 지금까지도 계속적으로 관계를 이어가고 있다. 대학교수였지만 쉬운 용어로 고객과 공감을 나눌 수 있었던 상담이었기에 좋은 결과를 가져올 수 있었다.

2) 관계 정립 상담별 주요 포인트

① 첫인사 (Relex Time)

관계 형성의 키는 첫인상이고 첫인상의 키는 첫 번째 마주하게 되는 얼굴의 밝은 표정이고 목소리의 밝은 톤이다. 자연스런 미소가 담긴 얼굴 표정과 밝은 목소리는 첫인상으로 고객에게 다가가는 최고의 무기가 된다. 고객과의 관계를 정립하는 1차 상담은 비즈니스의 시작임을 명심하자.

첫인사와 Relex Time을 위한 주요 질문 키워드

키워드	주요 내용
인사	- 간단한 자기 소개와 인사
사업장 분위기	- 사업장 환경, 분위기에 대한 언급과 칭찬
사업장 소개 요청	- 제조업체 또는 사업장 규모가 있는 곳은 사업장 소개 요청을 통해 고객과의 어색한 관계가 해소될 수 있다.
소개자 관계	- 소개자가 있을 경우 소개자 관련 사항을 매개로 대화함으로써 소개자의 영향력을 통한 원만한 상담으로의 진행이 가능
비즈니스 질문	- 상담자인 FP에 대하여 알고 있는 부분이 있는지? - 상담자인 FP 방문 목적 또는 재무설계 질문을 통해 자연스럽게 다음 단계로 연결 - 디테일하게 본인과 본인 직무에 대한 설명의 시간으로 전환

② 자기소개

　디테일한 자기소개에 앞서 간단하지만 임팩트 있게 회사에 대한 소개도 필요하다. 회사 소개를 통해 신뢰감을 높일 수 있기 때문이다.

▣ 자기소개 시 유의사항

① 반드시 정형화된 프로필을 사용하라.

② 자기소개서를 통해 전문가적 이미지와 다른 FP와의 차별성을 보여줘야 한다.

③ 자기소개를 통해 고객에게 신뢰를 주고 도움을 받을 수 있겠다는 인식을 심어 줄 수 있다면 2차 상담으로 연결될 수 있다.

■ **자기소개서 샘플**

저는 이런 일을 하고 있습니다.

(사진)

□ **이름** : ○○○
□ **소속** :
□ **직책** :
□ **경력** : ○○○○년 ○월 입사 (○ Y ○ M)

1. 제공하는 서비스

□ 종합재무설계 서비스   □ 투자설계와 자산배분
□ 은퇴 및 노후 설계   □ 세금설계(소득세 양도세 등)
□ 위험관리와 보험설계(생명보험, 손해보험)
□ 상속 증여 설계를 통한 자산 이전   □ 부동산투자
□ 개인사업자 자산관리   □ 법인사업자 자산관리
□ 가업 승계 상담 서비스

2. 컨설팅 전문 분야

□ 법인사업자 컨설팅 (법인자금을 활용한 은퇴 및 보장설계)
□ 개인사업자 컨설팅 (관리소득 운용 방안과 노무 및 절세 컨설팅)
□ 부유층 고객 자산 이전 컨설팅 (증여와 절세, 상속 준비와 절세)

3. 컨설팅을 위한 협업 전문가 그룹

□ 세무 전문가 : ○○○ 세무사
□ 투자 전문가 : ○○○ 애널리스트
□ 부동산 전문가 : ○○○ 부동산 투자 분석가
□ 노무 전문가 : ○○○ 노무사
□ 법률 전문가 : ○○○ 변호사

4. 과거 또는 현재 주요 경력

□
□

저는 고객의 정보보호와 고객 이익을 최우선으로 서비스를 제공하겠습니다.

회사 연락처 : _____   **핸드폰** : _____

3) 재무설계를 위한 니즈 환기

고객이 기본적인 궁금증을 가지고 상담에 임했다면 상담은 굉장히 자연스럽고 순탄하게 진행될 수 있을 것이다. 기본적 상담에 대한 니즈가 있다면 고객 니즈를 우선적으로 해결해주는 것에 대한 질문을 중심으로 상담을 진행하면 된다. 다만 추가적으로 종합재무설계에 대한 니즈 환기를 통해 고객의 기본 니즈 외에도 다양한 재무 목표 달성을 위한 상담을 진행할 필요가 있다.

고객이 재무설계 상담에 대한 니즈가 없다면 다양한 질문을 통해 고객의 니즈를 환기시킨 후 재무설계 서비스를 진행하면 된다.

▣ 니즈 환기를 위한 재무적 질문

> ▶ 자산관리 상담이나 재무설계 상담 서비스를 받아보신 적 있으신가요?
> → 주로 어떤 분야의 상담을 받아보았나요?
> → 도움은 되셨습니까? 왜 그렇게 생각하십니까?
>
> ---
>
> ▶ 상담 후 재무목표 변화에 따라 정기적인 상담을 진행하셨습니까?
>
> ---
>
> ▶ 고객님! 고객님의 앞으로의 꿈, 희망사항은 무엇입니까?
>
> ---
>
> ▶ 고객님의 행복한 미래를 위한 재무목표와 달성 방안에 대하여 생각해보신 적 있으십니까?

> ▶ 고객님의 장단기 재무목표 달성을 위한 인생계획을 세워보신 적은 있으십니까? 인생 계획과 관련하여 지금 가장 고민되는 것이 있나요?
>
> ----
>
> ▶ 금융자산과 부동산 투자 관련하여 관심 있는 부분이 있으신가요?
>
> ----
>
> ▶ 소득 및 지출관리에 고민이 있거나 목적자금 마련에 관심이 있지 않으신지요?
>
> ----
>
> ▶ 정기적 수입과 소득이 발생함에도 자산 규모가 상대적으로 작아서 고민하신 적은 없으신지요? 그 이유는 무엇이라 생각하십니까?

▣ 사업자 상담 시 니즈 환기를 위한 다양한 질문들

현재 고객의 사업 형태(개인, 법인) 또는 사업의 종류(판매, 서비스, 제조 등)와 현재 재무구조(자산 규모, 순이익 등)에 따라 발생 가능한 질문을 통해 니즈를 환기시킨다. 다양한 사례를 들어가면서 상담을 진행하고, 현재 고객이 가지고 있는 문제점과 희망하는 부분을 중심으로 질문해가면서 상담하는 것이 상담 욕구를 자극하는데 도움이 된다.

일반 개인 재무설계와 달리 사업자 상담 시에는 사전에 만든 질문지를 활용하는 것이 효과적이다. 사업자 상담 경험이 많지 않은 FP는 반드시 사전 질문지를 작성해보는 것도 필요하고 질문의 내용과 고객의 반응에 따른 대응 화법도 준비하는 것이 좋다.

▶ 사업을 시작하게 된 특별한 계기가 있으셨습니까?

▶ 사업하면서 어려웠던 적은 없으셨는지요? 어떻게 극복하셨는지요?

▶ 지금 하고 계시는 사업은 언제까지 하실 생각이신지요?

▶ 사업 하시면서 지금 가장 고민 되는 게 있으십니까?

▶ 사업장은 어떻게 처리하실 계획(처분 or 자녀 승계)이십니까?

▶ 사업장은 자녀에게 승계 계획이 있으신지요?

▶ 사장님의 은퇴 준비는 별도로 준비하고 계시는 것이 있으십니까?

▶ 성공적인 사업만큼 사장님 삶은 행복한가요?

▣ 니즈 환기와 FP의 역할

　FP 주도의 니즈 환기는 큰 오류를 범할 수 있음에 유의해야 한다. 자칫 잘못하면 질문을 통한 고객 니즈를 파악하는 것이 아닌 FP의 일방적인 설득 시간이 될 개연성이 있다. 따라서 FP는 질문 중심의 대화를 통해 고객의 재무적 문제를 이끌어내는 것에 초점을 맞춰야 한다. 또한 대화 중 고객이 언급하는 재무적 문제와 관심에 대해 적극적으로 메모하는 습관을 들여야 한다.

　메모한 것을 바탕으로 고객의 재무적 관심사를 요약 정리하고 피드백을 통해 그 문제점을 해결할 방법과 계획이 수립되어 있는지 질문하는 것이 좋다. 또한 이러한 문제 해결을 위해 종합적 재무설계가 왜 필요한지에 대한 공감대 형성이 있어야 한다.

> ▶ FP: 고객님, 고객님과의 대화가 저에게는 대단히 유익했습니다. 고객님 삶에서 겪으신 일과 가지고 계신 생각들을 들으며 많은 것을 배우게 되는 좋은 시간이었습니다. 다만, 다음과 같은 몇 가지 고민과 문제점을 파악하게 되었습니다. 고객님께서는 현재 하고 계신 일을 통해 많은 일을 이루셨지만 노후 삶에 약간의 불안감을 가지고 계시다는 것을 느꼈습니다. 다음으로는 현재 운영하는 사업을 자녀에게 승계하는 것이 좋을 건지, 아니면 청산하는 것이 좋을 건지에 대해 고민하고 계시고, 셋째는 상속에 대한 약간의 고민도 있으신 것 같습니다. 제가 고객님과 대화하면서 느낀 것인데 어떠신지요?
>
> ▶ 고객: 네, 큰 문제라고는 여겨지지 않으나 가끔 생각하는 부분이 있습니다.
>
> ▶ FP: 그런데 고객님, 이러한 고민에 대해 누군가와 진지하게 이야기를 나눠봤거나 구체적 해결 방안을 찾기 위해 전문가들과 상의해보신 적 있으십니까?
>
> ▶ 고객: 사업에 바쁘다보니 심각하게 생각해보거나 논의한 적은 없습니다.
>
> ▶ FP: 고객님, 지금 시점에서는 단편적이고 직면한 문제 해결도 필요하지만 남은 인생 전반에 걸친 재무적 목표에 따른 종합적인 검토를 해보실 시기가 된 것 같습니다.

④ 종합재무설계 서비스와 프로세스 안내

V고객들의 최고의 관심사는 무엇이라 생각하는가? 인간이 살면서 피할 수 없는 2가지는 바로 죽음과 세금이라 한다. 그래서 많은 V고객들이 관심을 보이는 것이 세금 문제이고 그중에서도 가장 큰 관심 분야가 상속세, 증여세와 관련된 부분이다. 상속/증여세는 무려 50%의 세율뿐 아니라 가장 강도 높은 세무 당국의 조사가 필연적으로 뒤따르기 때문이다.

그런데 상속/증여 설계에서 간과되어서는 안 되는 것이 있다. 그것은 바로 상속설계의 핵심인 상속세 절세를 위해서는 사전 증여가 필수적이라는 것과 부부 중 한 명은 상속 후 노후생활을 보내야 한다는 것이다. 상속세 절세를 위한 사전 증여는 필연코 노후생활에 영향을 미칠 수밖에 없다. 따라서 상속설계 이전에 반드시 해결해야 할 것은 본인들의 은퇴소득의 안정성부터 확인하기 위해 은퇴설계를 먼저 해야 한다. 풍요로운 은퇴생활을 위한 은퇴소득의 안정성을 확보하기 위해서는 현재 부동산의 보유와 처분에 대해서도 검토해야 한다는 점이다.

이처럼 V고객들의 재무설계는 반드시 종합적으로 전략을 짜고 실행을 해야 한다. 이러한 고민을 하는 V고객들의 재무목표 달성을 위해서는 단편적 상속설계가 아닌 종합적이고 다

양하게 발생할 수 있는 문제 해결을 위한 최고의 무기가 종합

재무설계임을 인식시키고, 종합재무설계를 소개한다.

▣ 종합재무설계 개념 설명 화법

> ▶ FP: 고객님, 종합재무설계에 대해 들어보신 적 있으신가요?

> ▶ 고객: 들어본 것 같기도 한데 구체적인 것은 들어보지 못했습니다.

> ▶ FP: 사장님 사업체를 운영하시면서 매출 신장이라는 목표 달성을 위해 시설설비 계획을 세우시고 시설 자금 마련 계획을 수립하시지요?
> 예를 들면, 새로운 사업 진출을 위해 어느 시기에 얼마의 자금이 필요할지를 예측하고 그 자금을 조달하기 위해 현재 확보된 자금 상태와 향후 유입되는 자금을 고려하여 필요한 자금을 확보하기 위한 계획을 세우고 실행하시잖아요?

> ▶ 고객: 사업하는 사람은 자금 조달 계획을 세우는 것이 가장 중요하지요.

> ▶ FP: 마찬가지로 개인도 인생을 살아가면서 라이프사이클 단계에 따라 어느 시기에 어떤 자금이 필요한지를 미리 예측해보고, 그 자금에 대한 준비가 제대로 되었는지를 파악합니다. 그리고 현재 확보되어 있는 자산과 앞으로 발생할 수입과 지출을 통해 목표 자금 준비를 위한 계획과 실행을 하는 일련의 과정을 재무설계라 합니다. 어느 특정 재무목표를 달성하기 위한 것을 개별 재무설계라 하고, 발생 가능한 여러 재무목표를 종합적으로 검토하고 실행하는 것을 종합재무설계라 합니다.

> ▶ 고객: 네 어느 정도 이해는 되는 것 같습니다.

▶ 고객: 네 어느 정도 이해는 되는 것 같습니다.

▶ FP: 고객님, 재테크에 대하여 관심이 많으시죠? 재테크는 어떻게 하고 계십니까?

▶ 고객: 최근에는 부동산과 주식시장이 정체기에 접어들어서 요즘은 정기예금과 채권에 관심이 많습니다.

▶ FP: 네, 고객님 최근에 만나는 V고객들이 대부분 투자 방향은 일치하는 것 같습니다. 그럼 고객님 재테크에 관심을 갖고 열심히 투자하는 이유를 여쭤봐도 되겠습니까?

▶ 고객: 뭐 돈 많으면 좋은 것 아닙니까? 기회 있을 때 열심히 늘려야죠. 그래야 불투명한 미래에 대비할 수 있지 않겠어요?

▶ FP: 네 맞습니다. 대부분 그리 말씀들 하십니다. 그러나 제가 고객님께 제안하는 재무설계는 단순히 자산을 늘리는 재테크와는 완전히 다른 개념입니다.
고객님의 행복한 삶의 재무목표를 먼저 설정하고 재무목표 달성 여부를 종합적으로 검토하고, 달성을 위한 다양한 해결방안을 찾아드리는 것이 바로 재무설계라 할 수 있습니다. 지금은 재테크 시대가 아니라 재무설계 시대라 할 만큼 최근에 많은 V고객분들의 패러다임이 변화되고 있습니다.

▶ 고객: 재테크와 재무설계는 어떤 부분이 다르나요?

▶ FP: 과거 우리 부모 세대의 가장 현명한 자산 증식 수단은 열심히 일해서 은행에 적금 들고, 목돈이 되면 부동산에 투자하고 그 부동산 가치가 상승하여 부를 축적하고 증식시키는 단순한 과정을 겪었습니다. 하지만 이젠 단순한 저축에 의한 목돈 마련도 힘들뿐 아니라 과거처럼 부동산에 투자하고 시간이 지나면 가치가 상승하는 시대는 지나가고 있습니다. 우리

보다 앞서 인구 고령화와 저성장, 저금리를 경험한 일본 도쿄의 경우 10집 중 한 집이 빈집이며 집값은 25년 전의 3분의 1 수준이라 합니다.

이제는 맹목적이고 대박을 기대하며, 단기간에 자산 늘리기를 추구하는 것은 멈춰야 합니다. 대신 인생의 재무목표를 먼저 확인하고 그 재무목표 달성을 위한 구체적 실행 계획에 맞추어 자산을 관리하고 증식시키는 중장기적 재무설계가 필요한 시기에 도달하였습니다. 마치 과거에는 설계도 없이 집을 지을 수 있었을지 모르나 이제는 시대가 변하여 주택을 지을 때 가장 중요한 것이 주택설계도이듯 자산관리에도 재무설계가 필수인 시대입니다.

* 참고

재무설계를 라이프사이클의 변화에 따라 구체적으로 말씀 드리면 다음과 같습니다.

고객님의 미래 재무목표가 있으실 것입니다. 예를 들어 자녀 교육비, 결혼자금 마련, 가장과 가족의 만일의 사고에 대비한 보장 자산 마련, 노후 행복한 삶을 위한 은퇴계획, 인생의 마지막 단계에 발생할 상속 준비 등 다양한 재무목표들이 있습니다. 이러한 재무목표들을 구체적으로 생각해본 적 있으신가요?

재무목표 달성은 막연히 돈만 모아간다고 해결되지 않습니다. 구체적으로 몇 년 후 재무목표 달성을 위해 얼마만큼의 자산이 필요하고, 현재처럼 경제 활동 시 가능한 여부를 체크하고 대안을 마련해야 합니다.

* 보장설계

가족의 행복과 재산보호를 위한 보장설계도 마찬가지입니다. 이미 가입되어 있는 보험의 적정성을 검토하여 드리고, 세무적 문제도 체

크하여 향후 발생할 문제들을 사전에 제거하여 드립니다. 보장 준비
도 점검을 통해 부족한 부분도 설계하여 마음의 평화를 만들어 드립
니다.

* 은퇴설계

고객님께서 노후에 경제적으로 만족스런 은퇴생활을 위해 재무적 준
비와 비재무적 준비에 대해 목표와 계획을 세우고 준비하는 과정들
을 은퇴 설계라 합니다. 재무적 준비에서는 은퇴 희망 시기, 은퇴 후
필요자금, 은퇴 후 활용 자산 등을 점검하고 구체적 계획을 세우는 것
을 말합니다. 비재무적 부분에서는 행복한 노후생활을 위한 은퇴 후
시간관리, 취미생활, 건강관리, 친구 관계 등에 대하여 계획하고 준
비하는 일련의 과정입니다.

* 상속증여설계

자녀들에게 언제 재산을 넘겨주는 것이 효과적일 것인지 계획하고 준
비하는 것을 상속증여설계라 합니다. 특히 제가 만난 V고객들이 가장
관심을 갖는 분야입니다. 왜냐하면 주변의 고연령 자산가들에게 상
속이 발생하면서 겪는 다양한 문제들을 경험했기 때문입니다. 남겨
진 자산 분배를 둘러싼 가족 분쟁, 과도한 상속세로 인한 유가족들이
재원 마련의 어려움 등을 겪고 있습니다. 또한 과거에 상속증여는 고
액 자산가들만의 문제였지만 지금은 부동산 가격 상승 등으로 인해
중산층 이상 대부분이 준비해야 할 재무목표 중 하나입니다.

* 투자설계

V고객님들은 다양한 자산을 보유하고 있습니다. 따라서 보유자산의
분석을 통해 위험을 최소화하면서 적정 수익을 실현할 수 있도록 포
트폴리오를 점검하고 최적의 금융 및 부동산 자산 배분 전략을 수립

하여 실행하는 것을 투자설계라 합니다.

* 세금설계

이러한 전략을 수립하고 실행할 때 탈세가 아닌 법의 허용 범위 안에서 세금을 아낄 수 있는 계획을 세우고 실행하는 것을 세금설계라 할 수 있습니다.

삶에서 마주치는 중요한 재무 목표들, 또한 인생의 여러 길목에서 발생 가능한 다양한 문제점 해결을 위해 분명한 전략을 가지고 시스템을 갖추어 실행하셔야 자산관리의 진정한 승자가 됩니다. 경험과 노하우가 있는 전문가들과 상의하여 실행하는 것이 도움이 될 것입니다. 이것이 종합재무설계 서비스가 필요한 이유입니다.

▣ 종합재무설계 프로세스 안내

종합재무설계에 대한 고객의 이해를 이끌어낸 다음 고객 니즈를 확인한다. 그리고 구체적으로 어떻게 진행되는지 안내한다. 어떤 고객이든 재무설계 서비스를 받아 보겠다고 쉽게 의사 결정을 내리지 못한다. 그래서 어느 정도 고객의 이해가 보이면 다음 단계로 대화를 진행하는 것이 좋다.

고객 입장에서 보면, 종합재무설계가 매우 복잡하다는 생각을 하게 되는 데 이를 체계적으로 해결해나갈 수 있다는 확신을 주어야 한다. 그것을 위해 프로세스가 있음을 안내하고 체계적으로 관리한다는 인식을 심어주는 것이 중요하다.

효과적으로 프로세스를 안내하기 위해서는 프로세스 안내서를 가지고 설명한다. 프로세스 6단계를 간단하지만 이해하기 쉽게 설명해야 한다. 우리의 입장이 아닌 고객 입장에서 설명하고, 편안하게 참여할 수 있게 한다. 그리고 고객이 자신의 고민을 해결하는데 참여한다는 즐거운 과정임을 이해시키는 것이 중요하다. 끝까지 책임감을 가지고 관리한다는 신뢰도 심어 주어야 하며, 프로세스의 마지막 단계는 정기적 점검임을 강조한다. 프로세스 안내를 하면서 자연스럽게 다음 단계가 정보 수집 면담임을 설명하면서 다음 단계로 진입한다.

▣ 종합재무설계 프로세스 안내 화법

▶ FP: 고객님 어떠세요? 고객님처럼 자산 규모가 크신 분들께서는 특히 치밀한 전략과 관리시스템이 필요하시지 않겠습니까?

▶ 고객: 네 그럴 수도 있겠네요.

▶ FP: 이미 선진국에서는 개인적으로 재무관리 전문 집사를 두고 종합적인 재무설계 시스템에 기반한 재무설계 서비스가 일반화되어 있습니다. 고객님께서도 이번 기회에 종합재무설계 서비스를 받아보실 것을 권유 드립니다. 개인정보보호 때문에 실명을 말씀드릴 수 없으나 이름만 들어도 알 수 있는 많은 분들께서 재무설계 서비스를 받으시고 대단히 만족해하셨습니다. 고객님께서도 이번 기회에 종합재무설계 시스템을 경험해 보시면 매우 만족하실 것입니다.
재무설계를 성공적으로 추진하기 위해 상담이 어떻게 진행

되는지, 어떤 과정을 통해 결과가 도출되는지 궁금하시지 않으세요? 지금부터 재무설계 프로세스 6단계에 대해 설명 드리겠습니다.

▶ 1단계는 이미 시작되었습니다. 지금 고객님과 이렇게 대화를 나누는 것으로 1단계가 시작되었습니다. 고객님의 관심 사항이나 문제점에 대하여 대화를 나누었고, 재무설계에 대하여 고객님과 공감대를 형성하기 위해 재무설계에 대해 대략적 안내를 하는 시간입니다. 고객님께서 재무설계 필요성에 공감하셨고 재무설계 의향이 있다면 본격적인 2단계 재무설계 과정이 진행됩니다.

▶ 2단계는 재무목표를 설정하고, 고객님의 정보와 자료를 수집하는 단계입니다. 대략 3대 정보를 수집합니다.
(기본정보 수집) 첫 번째는 고객님의 기본정보에 대한 내용입니다. 가족 사항부터 고객님께서 평소에 가지고 계시는 자산관리에 대한 철학과 신념 등을 듣는 것입니다.
(재무정보 수집) 두 번째는 고객님의 재무정보를 파악하는 것입니다. 보유자산과 수입/지출 확인이 가능한 현금흐름을 파악하게 됩니다. 현재의 보유 자산은 과거 고객님의 자산관리 성적표라 할 수 있습니다. 또한 현금흐름은 소비/지출 현황 파악을 통해 현재와 미래저축 가능액 산출을 할 수 있는 성적표라 할 수 있습니다. 두 가지 정보를 통해 미래 자산 규모를 예측해 볼 수 있고 은퇴 전 재무목표와 은퇴 후 생활수준 및 자산 이전 설계 필요성 등을 예측해 볼 수 있습니다.
(재무목표 설정) 세 번째는 고객님의 라이프사이클에 따른 재무적 계획과 목표를 확인하는 것입니다. 재무목표는 여행 계획에서 목적지(여행지)를 설정하는 것과 같습니다. 여행 계획을 세울 때 목적지를 먼저 정하고, 가는 방법과 여행지에서 할 일 등에 대한 구체적 계획을 세우게 됩니다. 마찬가지로 재무목표가 설정되어야 제대로 된 재무설계가 가능합니다.

▶ 3단계는 2단계에서 수집된 정보를 가지고 재무분석과 평가보고

서가 고객님께 전달되는 단계입니다. 2단계 상담 때 고객님께서 주신 소중한 정보를 가지고 전문가들과 협의를 통해 재무 상태의 강점과 약점, 기회요인과 위협요인 분석을 통한 안정성, 성장성을 안내해 드립니다. 또한 소득 대비 지출과 저축은 적당한 수준인지를 평가하게 됩니다. 전체적인 보유자산과 현금흐름 분석을 통해 고객님의 미래 재무목표와 현 상태와의 차이가 어느 정도 나는지를 분석합니다.

이 단계에서 저의 분석자료를 보시고 고객님의 재무목표를 수정해야 할지, 재무활동의 변화를 가져야 할지, 자산 구성의 변화를 줄지 조정하는 시간을 갖게 됩니다.

▶ 4단계는 3단계에서 고객님과 함께 수정한 재무계획에 따라 재무설계보고서를 작성하고 안내해 드리는 단계입니다. 이 단계에서는 고객님께서 원하시는 재무목표 달성을 위해 소득지출의 조정, 자산 포트폴리오의 재구성, 투자 포트폴리오 수정 등 재무목표 달성을 위한 구체적 전략과 방안들을 제시하게 됩니다. 모든 구체적 전략은 고객님께서 가지고 계신 자산관리 철학과 신념을 반영하여 제시될 것입니다. 고객님의 생각과 차이가 발생하면 수정하여 다시 제안드릴 수 있습니다.

▶ 다음은 5단계 실행 단계입니다. 최상의 재무목표 달성 전략과 실행방안이 계획되더라도 실천되지 않으면 무의미할 것입니다. 4단계까지의 과정과 시간이 헛되게 되는 단계입니다. 실행하지 않으면 지금의 문제는 그대로 진행될 것이고 고객님이 원하는 재무목표 달성은 불가능하게 됩니다. 실행에 있어서도 제가 계속적으로 도움을 드리겠습니다.

▶ 마지막 6단계는 정기점검 단계입니다. 5단계 실행은 일회성이 아니고 장기적 과정입니다. 따라서 5단계 실행을 결정하고 진행하시더라도 정기적 점검과 조정은 필요하게 될 것입니다. 제가 일정 기간을 두고 정기적 점검을 통해 문제점이 발생하면 조정 작업도 도와 드리겠습니다. 정기 점검 단계는 고객님의 재무설계가

완성될 수 있도록 계속 함께하겠다는 의지이기도 합니다. 고객님의 니즈를 수시로 확인하고, 또 다른 재무 의사 결정 단계에서 지속적인 자문과 조언을 통해 고객님과 소중한 인연을 지속해가는 단계입니다. 이 점이 다른 FP들과 다르게 제가 가진 철학이기도 합니다.

정기 점검은 다음과 같이 3가지 측면에서 도움을 드리도록 하겠습니다.

첫 번째는 라이프사이클의 변화와 경제 환경 변화에 따라 고객님의 니즈 변화와 재무목표 변화에 따라 제반 사항들을 지속적으로 보완하거나 수정을 통해 변경된 재무목표 달성을 도와드리게 됩니다. 고객님의 재무적인 의사결정 과정에 제가 지속적으로 도움을 드리겠습니다.

두 번째는 투자시장의 변화에 따라 투자 포트폴리오의 지속적 점검을 도와드리겠습니다. 최초 세웠던 투자전략 달성을 위해 세부 실행 방안들을 변경해야 할 경우 투자 전문가들과 협업하여 조언을 드리게 됩니다. 그를 통해 투자 리스크 최소화를 진행하게 됩니다.

세 번째는 정기 점검을 통해 다양한 정보들을 제공해 드리겠습니다. 특히 V고객님들의 가장 큰 관심은 세금이시죠? 최근에는 수시로 세법이 변하고 투자 환경의 변화 주기가 짧아져 신속하게 대응하는 것이 반드시 필요합니다. 고객님께서도 제대로 판단하시고 합리적인 재무적 의사결정을 내리실 수 있도록 최신 정보들을 지속적으로 제공해 드리겠습니다. 또한 다양한 이슈가 발생할 때마다 즉시 알려드려서 고객님께 도움을 드리도록 하겠습니다.

▶ 지금까지 재무설계 프로세스 6단계를 설명 드렸는데 고객님께서는 어느 단계가 가장 중요하다고 생각하시나요?

▶ 이러한 재무설계 프로세스를 처음 접하시는 분들은 '복잡하다, 어렵다, 골치 아프다'고 생각하실 수도 있습니다. 하지만 저와 함께한 많은 분들은 호기심으로 시작하셨지만 각 단계가 진행되면서 호기심이 관심과 적극적인 참여로 바뀌었습니다. 재무설계가

진행될수록 각 단계에 참여하시면서 즐거움과 만족감을 표하셨습니다. 고객님도 분명 많은 분들과 같은 경험을 하게 되실 것이라 확신합니다.

▣ 재무설계 이점 설명 및 프로세스 진행 합의

프로세스 6단계를 제대로 설명하고 고객이 어느 정도 공감하고 있다는 생각이 들면 프로세스를 계속 진행하는 것에 대한 합의와 마무리가 이어져야 한다. 프로세스 1단계인 관계 정립에서 가장 중요한 것은 재무 프로세스를 판매하는 것이다. 따라서 마무리는 재무설계 프로세스를 진행함으로써 고객이 얻을 수 있는 이점을 구체적으로 설명하며 합의를 끌어내야 한다.

① 체계적인 자산관리를 할 수 있으므로 지금 하는 일에 더욱 충실할 수 있다.

-----

② 절세를 통해 효율적 자산증식이 가능하다.

-----

③ 은퇴 이후 계획적인 삶, 합리적 재무관리를 통해 더 여유로운 생활이 가능해져 삶이 질적으로 향상된다. 재산이 많다 해서 행복한 삶이 가능한 것은 아니기 때문이다.

-----

④ 보유자산이 합리적인 수익률을 실현하여 안정적으로 증대되어 있을 것이다.

⑤ 정보수집 면담 준비 사항 및 2차 상담 약속

2단계 프로세스인 재무목표 설정과 정보수집 면담에 대한 안내를 하고 일정을 잡는다.

일정은 1주일 이내로 하는 것이 효과적이며 최대 2주를 넘기지 않는 것을 철칙으로 해야 한다. 간격이 길어지면 재무설계에 대한 필요성이 줄어들고 원활한 2차 상담이 불가능한 경험을 많이 하게 된다. 2단계 상담은 장소와 소요 시간에 대한 준비가 철저해야 한다. 가장 중요한 재무목표 설정과 재무정보를 수집하는 단계이므로 충분한 상담 시간이 확보되어야 하고 장소도 조용하고 안정적인 공간이 좋다.

고객과 일정 합의에 성공하면 2단계 진행을 위한 준비 사항과 서류를 안내한다. 이때도 필요 서류를 안내문으로 미리 만들어 제공하는 것이 효과적이다. 또한 고객이 충분히 신뢰할 만한 시그널을 보인다면 조심스럽게 소개 요청을 고려해볼 수 있다. 하지만 고객에게 부담을 줘서는 절대 안 된다.

▣ 2단계 면담 시 필요 서류

① 고객 자산 리스트
 - 부동산 자산 주소, 금융자산 잔고 내역, 펀드 통장, 보험증권
 - 법인 사업자일 경우 법인 재무제표(3년간)
---
② 부채 관련 정보

③ 월간 현금흐름표 (소득, 지출 주요 항목)
  – 종합소득세 확정 신고서류, 개인사업자 재무제표, 사업장 현황
    표 등

2단계 : 정보 수집

1. 1단계 리뷰

1) 자산관리와 재무설계 필요성 리마인드

고객들은 재무설계와 재테크의 개념을 동일시하여 재무설계를 자산의 증식이나 절세 방안 상담, 단순한 상품 판매와 권유 행위 등 정도로 알고 있는 경우가 대부분이다. FP들 역시 재무설계보다는 단순 보험 판매에 중점을 둔 상담으로 인해 재무설계의 중요성이 무시되고 있는 것이 현실이다. 하지만 재무설계와 자산관리는 단순한 재테크도 아니고 금융상품 판매만을 목적으로 하는 것이 아니다.

따라서 1단계 관계 정립에서 이야기한 자산관리를 성공적으로 이어지게 하기 위해서는 재무설계 프로세스가 왜 중요한지? 재무계획을 수립함으로써 얻는 이익은 무엇이고 어떤 과정을 거쳐 진행되는지? 기존의 보험설계사의 역할과 어떻게 다른지? 등을 다시 한번 설명하고 고객에게 인지시킴으로써 다음 단계의 프로세스로 이어질 수 있도록 해야 한다.

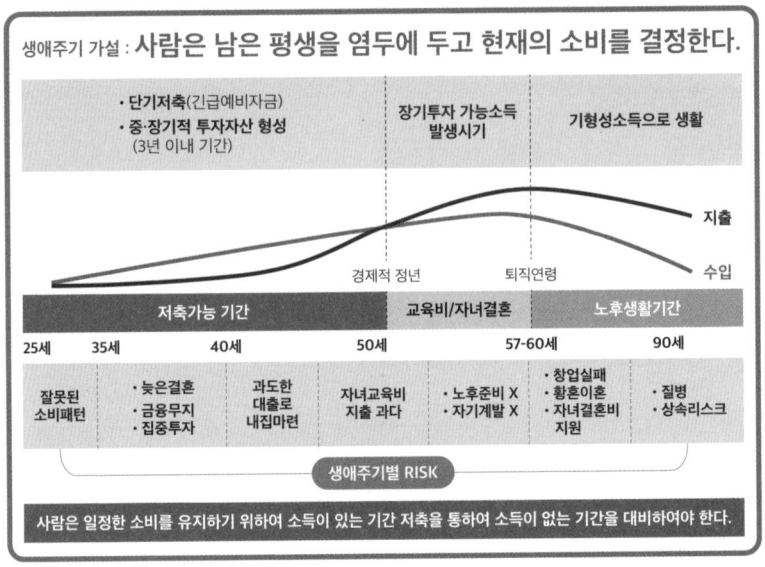

* 참고: 재무설계를 위한 라이프사이클과 리스크

생애주기 가설 : **사람은 남은 평생을 염두에 두고 현재의 소비를 결정한다.**

• 단기저축(긴급예비자금) • 중·장기적 투자자산 형성 (3년 이내 기간)	장기투자 가능소득 발생시기	기형성소득으로 생활

지출

수입

경제적 정년   퇴직연령

저축가능 기간	교육비/자녀결혼	노후생활기간

25세   35세   40세   50세   57-60세   90세

잘못된 소비패턴	• 늦은결혼 • 금융무지 • 집중투자	과도한 대출로 내집마련	자녀교육비 지출 과다	• 노후준비 X • 자기계발 X	• 창업실패 • 황혼이혼 • 자녀결혼비 지원	• 질병 • 상속리스크

생애주기별 RISK

사람은 일정한 소비를 유지하기 위하여 소득이 있는 기간 저축을 통하여 소득이 없는 기간을 대비하여야 한다.

2) 2차 상담에 대한 목적 공유

재무설계에서 가장 중요한 일은 고객에 대해 이해하는 것이다. 고객을 알고 그가 좋아하는 것을 이해하고 나면, 그의 개인적 상황에 대한 사실들을 알 수 있다. 이러한 이해는 재무설계안을 수립하고, 고객의 재무목표를 수립하는데 중요한 정보가 된다.

우선 고객 상황을 정확하게 평가할 수 있도록 충분한 정보를 수집해야 한다. 고객의 재무적 정보는 물론 비재무적 정보도 수집해야 한다. 만일 비재무적 니즈가 충분히 반영되지 않은 경우 이후의 과정들은 사실상 무의미해지기 쉽다. 비재무

적 질문을 통해 고객 신뢰를 더 강화하고, 인생 중심 재무설계를 실현할 수 있는 토대가 된다.

2차 상담에서는 크게 3가지 정보를 파악해야 한다. 첫째, 고객의 삶의 목표를 파악하고 우선순위를 설정할 수 있도록 해야 한다. 둘째, 금융자산, 부동산 자산 등 자산 현황과 부채 현황을 파악해 재무상태표 상에 나타나는 항목들에 대하여 체크하는 것이다. 셋째, 현금흐름표에 나타나는 항목들을 수집하는 것으로 수입과 지출을 확인하는 것이다.

2. 정보 수집

재무설계사는 먼저 고객의 목표가 무엇인지 파악하고 목표에 따라 자료를 수집해야 한다. 목표는 구체적이고 명확해야 하며 목표 설정에서 재무설계사의 역할은 고객으로 하여금 자신의 인생 목적이 무엇인지에 대하여 구체적으로 생각하고 그것을 표현할 수 있도록 도와주는 것이다.

1) 재무목표 설정

① 재무목표 설정

고객들은 자신이 살아온 경험을 통해 축적된 가치에 따라 삶의 목표가 형성될 것이다. 그러나 대부분의 사람들은 왜 사는지? 무엇을 위해 사는지? 어떤 미래를 희망하는지? 등에 대한 진짜 목표가 무엇인지를 질문했을 때 구체적으로 자신있게 대답하는 고객이 많지 않다.

"건강하고 자녀들 잘 키우는 것입니다" 또는 "행복하게 사는 것이지요"라거나 "여유롭고, 돈 걱정 없이 사는 것입니다" 등으로 막연하게 답하는 경우가 많다.

'자녀를 잘 키우는 것, 행복하게 사는 것, 돈 걱정 없이 사는 것'이라는 답변은 고객마다 다른 너무도 주관적이고 측정이 불가능하기에 재무설계를 진행할 때 적절치 못한 답변이다. 삶의 목표가 구체적이지 못하고 측정 불가능하기 때문이다.

어떻게 사는 것이 행복인지, 어느 정도의 수준을 누리는 것이 여유로운 삶인지, 어느 정도의 자산을 모아야 걱정이 없는 것인지에 대한 대답은 개인마다 다르며, FP가 고객의 재무목표를 임의로 설정할 수도 없다. 따라서 목표 설정은 아주 구체적이고 명확해야 한다. FP는 고객의 막연한 인생 목표를 구체적으로 설정하는데 도움을 줘야 한다.

고객의 인생 목표를 파악한 후에는 구체적 재무목표를 설정한다. 인생의 목표가 막연한 것처럼 고객들은 재무목표 역시 막연하다. 따라서 명확하지 않은 삶의 목표만큼이나 고객이 막연하게 생각하는 재무목표를 명확하게 설정할 수 있도록 해야 한다. 재무목표가 없는 고객도 마찬가지로 재무목표가 설정될 수 있도록 도와주어야 한다. 명확한 재무목표는 단순한 설정을 넘어 구체적이고 수치화되어 재무목표 설정 및 달성 기간이 명시되어야 한다.

개인의 재무목표는 개인의 재무 상태와 니즈 그리고 가치관에 따라 다양하고 각기 다르다. 또한 고객들의 다양한 목표는 그가 살아온 삶의 이력과 경험을 통해 축적된 가치관이나 타고난 성향 그리고 현재의 자산규모 및 소득 수준에 따라 달라진다. 그러므로 고객마다 다른 다양한 재무목표를 파악하고 설정하기 위해서는 고객과 FP의 충분한 대화와 공감대 형성이 필요하다.

▣ 고객의 재무목표를 파악하는 방법

고객이 가지고 있는 막연한 목표를 구제척이고 정확하게 설정할 수 있도록 도와주어야 한다. 고객의 재무목표를 파악하는 방법은 다음과 같다.

> ① 일반적인 재무 관심 리스트를 통한 정보 파악
> ----
> 현재의 경제 상황, 가치, 재무설계에 관한 생각들을 고려하여 일반적인 재무 관심사 리스트를 작성해보는 것은 고객의 재무 관심사 파악

을 통해 재무목표를 설정하는데 도움이 된다. 고객의 다양한 재무 관심사에 대한 대화를 통해 고객이 생각하는 우선순위와 중요도를 파악할 수 있다.

재무 관심사	관심 (○, △, ×)	중요도
계획적인 지출 및 저축 관리		
자녀 교육 및 결혼 자금 준비		
은퇴 후 경제적인 독립		
주택 등 부동산 구입		
효율적인 자산관리를 위한 자녀 증여		
상속세 절세를 위한 방법 마련		
가족 구성원을 위한 보험 가입의 적정성		
소득세 및 양도세 절세 방안		
사업장 관련 다양한 문제 해결		
인생에서 가장 중요한 사항		
충분한 돈과 시간이 있다면 가장 하고 싶은 일		

② 기간별 재무목표 파악을 통한 목표 설정

고객들은 라이프사이클의 변화에 따라 기간별로 다양한 재무목표를 가지고 있다. 기간에 따라 재무목표를 최단기(1년), 단기(3년), 중기(5년), 장기(10년) 최장기(10년 이상)로 구분하여 재무목표와 기간을 구분하면 고객의 재무목표 파악이 쉽다.

재무목표	최단기 (1년↓)	단기 (3년↓)	중장기 (5년↓)	장기 (10년↓)	최장기 (10년↑)
자녀 대학 자금					
자녀 결혼 자금					
주택 마련(확장)					
부채 상환					
차 구입					
회원권 구입					
은퇴 계획					
노후생활 자금					
사전 증여 계획					
상속 준비					
기타( )					

* 참고: 재무정보 수집 양식

▣ 인적 사항

관계	이름	성별	나이	학년(직업)	기타

▣ 일반적 재무목표

재무목표 정보 수집을 위한 기본 질문을 바탕으로 구체적 재무목표를 설정한다. 필요 시점은 셋으로 나누어 어느 시점에 필요한지와 현재 가치로 필요 금액을 파악한다.

(연간)

재무목표	필요 시점	필요 금액	비교
	00년 후(0 세)	현재가치	

▣ 자녀 양육 관련 재무목표 수립

자녀 양육 관련 비용은 항목별로 구체적으로 파악하는 것이 좋다. 자녀의 학자금 지원에 대한 생각 묻기, 학자금 마련을 위한 구체적 계획이 있는지 확인하기와 결혼에 대한 지원 의사와 금액 등을 파악한다.

(연간)

주요 내용	자녀(1)	자녀(2)	비교
초중고 학비	백만원	백만원	
대학 교육비			
결혼 비용			

■ 은퇴 생활 관련 재무 목표

주요 내용	본인	배우자	비교
은퇴 예상 연령	세	세	
기대 수명	세	세	배우자 단독
연간 필요생활비		십만원	생활비 ( )
간병 필요자금	세 십만원	세 십만원	
공적연금 수령 예상액	세 십만원	세 십만원	
개인연금 수령 예상액	세 십만원	세 십만원	

■ 수입 현황

종류	본인			배우자		
	월간소득	연간소득	소득기간	월간소득	연간소득	소득기간
근로소득						
사업소득						
금융소득						

*월간소득은 정기적 소득, 연간소득은 비정기적 소득의 세후금액 기재

■ 저축과 투자 현황

종류	본인			배우자		
	월간	연간	예상 기간	월간	연간	예상 기간
적금						
펀드						
주식						
저축보험						
기타						
계						

▣ 소비성 지출 현황

주요 내용	월/연간	주요 내용	월/연간
의식주 생활비		부채상환비	
교통비		자동차/재산세	
통신비		기타	
여가 생활비			
기타		소비지출 계	

▣ 부동산 및 기타 자산 현황

용도	소재지	소유자	구입가	현재가	대출잔액
	00년 후(0 세)				

*대출액에 임대 보증금 있을 경우 기재

▣ 금융자산

상품명	기관명	보유자	가입연월	월납입 OR 예금액	현재금액	이율	만기	보유목적

▣ 은퇴 목적 자산 (연금, 퇴직연금 등)

상품명	기관명	보유자	가입 연월	월납입 OR 예금액	현재 금액	이율	만기	보유 목적

▣ 부채

상품명	기관명	보유자	대출액	잔액	이율	만기	연간 상환액 (기타)

② 비재무정보 수집(가치관, 성향, 태도 등)

고객이 가지고 있는 다양한 삶의 가치관이나 꿈, 비재무적 삶의 목표, 희망사항 등과 고객 개인에 관한 비재무적 정보, 고객의 성격이나 취향, 위험 수용 성향과 같은 내용은 제안서 작성과 제안에 직접적 영향을 미치지는 않는다. 그러나 고객 니즈를 만족시키는 데는 중요한 요인이 될 수 있다. 또

한 비재무적 정보 수집을 위한 대화를 통해 고객의 삶과 가치
관을 깊게 알 수 있고 공감대를 높일 수 있어 재무 상담의 신
뢰를 높여준다.

▣ **고객과의 공감대 형성을 위한 질문**

> ▶ 고객님의 출생지 또는 어렸을 때 성장하신 곳은 어디신가요?
> – 출생지는 민감한 문제일 수 있으나 FP와 연관성이 있는 지역이
>   라면 고객과 연결 고리를 찾아 대화를 이끄는데 유용하다. 또한
>   고객 내면의 가치관을 알아보는데 도움이 된다.
>
> ----
>
> ▶ 현재 일을 언제부터 하셨습니까? 다른 일도 하신 적이 있으십니
> 까?
> – 고객의 히스토리 파악을 통한 가치관과 삶의 여정을 알아 볼 수
>   있고, 그를 통해 깊이있는 대화가 가능하다. 또한 고객에 대한
>   존중의 모습을 드러냄으로 호감도 상승효과 가능
>
> ----
>
> ▶ 고객님은 자산관리에 성공적인 것 같습니다. 성공과 실패 경험을
> 공유해 주시면 저에게도 큰 도움이 될 것 같습니다.
> – 현재 성공한 위치에 있는 사람이 성공과 실패의 얘기를 한다는
>   것은 좋은 기억을 되살리는 것이다. 또한 자산관리의 원칙을 알
>   수 있는 기회이기에 반드시 공유할 필요가 있다.
>
> ----
>
> ▶ 누군가에게 또는 자녀들에게 자산관리의 원칙을 한가지만 얘기
> 해 주신다면 무엇이 있을까요?
> – 고객의 현재 상황을 인정해준다는 의미이고, 타인에게 본인
>   의 경험을 통해 도움을 줄 수 있다는 것에 뿌듯함을 느낄 수 있
>   게 해준다. 결국 공감과 인정을 통한 관계 형성에 도움이 된다.

▶ 자산이 얼마나 있으면 충분하시겠어요?
  - 고객의 돈에 대한 욕망과 욕심, 성향을 알 수 있는 중요한 질문이다. 이를 통해 컨설팅 방향을 설정할 수 있다.

▶ 돈으로 무엇을 하고 싶으세요?
  - 고객의 미래에 대한 청사진을 들을 수 있는 기회다. 그를 통해 고객에게 진정한 도움을 줄 수 있는 길을 찾을 수 있다.

▶ 혹시 FP인 저에게 원하는 것이 있을까요?
  - 고객의 얘기를 충분히 듣고 질문을 통해 고객이 진정으로 원하는 것이 무엇인지를 파악할 수 있다.

③ 우선순위 결정과 유의 사항

고객의 재무목표를 파악하고 나면 반드시 재무목표의 우선순위를 결정해야 한다. 앞에서 설명한 것과 같이 재무목표는 기간이 설정되어야 하며, 목표 금액이 수치화되어 목표 달성 여부를 판단할 수 있어야 한다. 이렇게 기간별 목표를 구체화하고 각 기간별로 목표의 우선순위를 결정하는 것이 필요하다. 때로는 재무목표의 파악과 우선순위 결정이 동시에 이루어지기도 한다.

자산 현황은 1단계에서 요청하여 메일로 미리 받거나 자료 수집 때 리스트를 가지고 오게 하여야 한다. 자료 수집은 최대한 자세하고 꼼꼼하게 받아야 한다. 정확한 자료 수집은 고객에게 가장 적합한 재무설계 제안에 필수적이다. 금융상품 및 부동산 자산 정보 수집 시 가입 및 부동산 구입에 대한 목적을 질문함으로써 그 자체가 니즈 환기임을 잊지 말자.

3. 3차 상담 안내

1) 일정 수립 및 제안 내용 사전 안내

재무설계를 위한 정보 수집이 이루어졌다면 고객으로부터 제공받은 정보를 어떻게 분석하고 다음 상담 시 어떠한 내용에 대해 제안할 것인가를 이야기할 수 있어야 한다. 또한 수집된 정보 중에 누락된 것이 있다면 유선을 통해 필요한 정보를 수집할 것을 미리 이야기하는 것이 좋다.

3단계 : 재무 분석 및 평가

FP는 고객이 제공한 정보를 바탕으로 재무 상태 분석 및 진단을 통해 도출된 사항을 중심으로 고객 니즈와 관련한 고객 맞춤형 교육을 실시하여야 한다. 그 이유는 재무설계 및 재무관리에 대해 이해하지 못한 고객에게 재무설계 제안을 하면 이해도가 떨어질 것이고 제안을 받아들이기 어려워 할 수 있기 때문이다.

고객 맞춤형 교육을 통해 고객의 가치관을 수정하고 합리적 판단을 할 수 있게 한다. FP로서 맞춤형 교육 콘텐츠를 미리 준비하는 것은 필수적이다.

1. 재무 분석

1) 고객정보 확인

FP는 고객으로부터 수집한 모든 정보를 사전 점검하고, 수집된 정보 중 변경이 필요한 사항이 있을 경우 보완 후 분석 및 평가를 진행하여야 한다. 또한 사전 정보가 불충분하고 오류가 있으면 분석과 향후 제안에 문제가 발생할 수 있음을 안내한다.

2) 자산관리 리스트 작성(자산, 부채)

자산관리 리스트는 고객으로부터 수집한 재무정보를 일목요연하게 나타내 고객 자산을 정리한 것이다. 향후 고객이 자산관리를 쉽게 할 수 있도록 하고 재무 컨설팅을 위해 수집한 정보를 다시 한번 확인하는 역할을 한다.

부동산 구분	지번	용도	면적	시세	대출/임대
공장					
상가					
아파트					
투자부동산					
나대지					
금융자산	가입 금액	가입 일자	만기일	수익률	용도
정기예금					
보통예금					
주식형펀드					
채권형펀드					
상장주식					
비상장주식					
보험자산	가입 금액	가입 일자	만기일	총 불입금	용도
보장성 보험					
저축성 보험					
종신 보험					
연금 보험					
실손 보험					
화재 보험					
공적 연금					

재산관리 리스트 작성 시 자산 평가는 현재 가격으로 평가하는 것이 원칙이다. 주의할 점은 FP가 임의로 평가한다거나 주관이 개입되어서는 안 된다. 최대한 고객 의사를 반영하고 정확한 자료와 평가 기준에 의거해 공정성을 가져야 한다. 그래야 고객도 FP에 대해 신뢰할 수 있다.

3) 재무상태표 및 현금흐름표 작성

(1) 재무상태표

재무상태표는 현재 고객이 보유하고 있는 자산과 부채 현황을 작성하는 것이다. 과거로부터 현재까지의 재무적 성적표라 할 수 있다. 재무상태표 작성은 고객이 보유하고 있는 자산을 종류별로 정리하는 것이 바람직하다. 사업자산, 부동산자산, 금융자산, 기타자산(국민연금 및 공적연금, 금 또는 실물투자 자산)으로 구분하여 작성하고, 부채는 부동산, 신용, 기타 채무 등으로 구분하여 작성한다.

재무상태 요약표

[사업 자산]		[사업 부채]	
[부동산 자산]		[담보 대출]	
[금융 자산]		[신용 대출]	
[기타 자산]		[기타 채무]	
총 자산 계		총 부채 계	

　　재무상태표 작성을 통해 고객의 총자산 규모 및 부채 규모를 파악하고 현재까지의 순자산을 확인할 수 있다. 순자산 규모에 따라 재무설계 방향을 설정할 수 있다. 자산의 형성기, 증식기, 이전기로 나눈다. V고객의 경우 자산 증식과 이전에 관심이 많을 것이다. 따라서 세금 관리의 중요성을 이야기해야 한다.

재무 상태표(상세)

자산		총 자산 계	
항목	금액	항목	부채
현금성자산(계)		**단기 부채(계)**	
CMA		신용카드	
수시입출금 통장		신용대출 등	
저축성 자산(계)			
적금		**장기부채(계)**	
예금		부동산담보대출	
주택청약종합저축		전세자금대출	
금융 투자자산(계)			
주식형 펀드			
채권형 펀드			
주식 평가금			
변액보험 (저축성보험)			
부동산 자산(계)			
주거용 부동산			
투자용 부동산			
사용자산(계)			
전세보증금			
자동차			
기타자산(계)			
퇴직연금자산		**총부채(계)**	
은퇴자산(연금 등)		**순자산(계)**	
총자산 (합계)		**부채 및 순자산 (합계)**	

(2) 현금흐름표

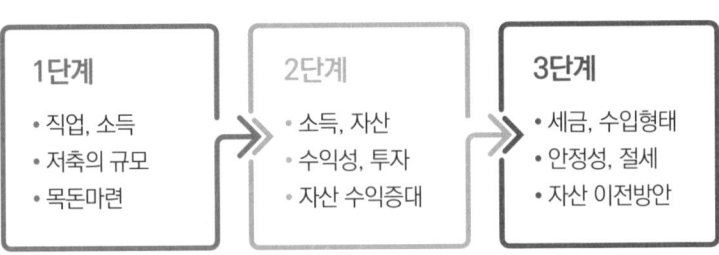

1단계	2단계	3단계
• 직업, 소득 • 저축의 규모 • 목돈마련	• 소득, 자산 • 수익성, 투자 • 자산 수익증대	• 세금, 수입형태 • 안정성, 절세 • 자산 이전방안

현금흐름표는 현재의 소득 규모와 지출 규모를 파악하는 것이다. 재무설계의 목적을 자산 증식에 둔다면 현재의 현금흐름표가 미래의 재무상태표를 결정하는 요인이 된다. 따라서 현재의 현금흐름이 미래의 자산 규모를 결정하고 재무목표 달성에도 중요하다는 것을 고객에게 인식시켜야 한다.

현금흐름표는 수입과 지출을 구분하여 작성하고 수입에서 지출을 제외한 수지차를 정리한다. 수입에는 사업소득, 근로소득, 임대소득, 금융소득 등 형태로 정리하고, 지출에는 생활비, 교육비, 대출이자, 월 저축액, 보험 불입 금액 및 기타 수지차로 정리한다. 소비성 지출과 저축성 지출을 구분하거나 고정성 지출을 별도로 구분하는 것이 좋다. 고정성 지출 외의 부분은 저축여력이 될 수 있기 때문이다. 또한 소득금액은 세후 소득을 파악하는 것이 분석과 평가 시 편리하다.

현금흐름표 작성의 가장 큰 목적은 고객의 소비 수준 및 저축 수준 파악을 통해 재무적 문제점을 확인할 수 있고 저축 여력을 파악할 수 있다는 점이다.

현금흐름표 요약

수입	지출
사업(임대)소득	생활비 등 소비성지출
근로소득	교육비
금융소득	
기타소득	은행저축
	펀드적립
	저축성 보험
	보장성 보험
	대출이자 및 원금상환
	기타
총소득	총지출
미확인 지출(총소득-총지출)	

　재무설계에서 재무상태표와 현금흐름표 작성은 고객 재무
상태 전반에 대한 장점과 약점을 분석할 수 있다. 그리하여 고
객으로 하여금 재무설계를 통해 재무적 약점을 보완할 수 있
고 현 재무관리가 잘되고 있는지를 확인할 수 있다. 또한 재무
상태표와 현금흐름표 분석을 통해 고객이 재무목표를 달성하
기 위한 방향을 설정하는데 기초가 된다.

현금 흐름표(상세)

수입		지출	
항 목	금 액	항 목	금 액
근로소득 (계)		**저축성 지출(계)**	
본인		정기 적금	
배우자		적립식 펀드	
금융소득(계)		저축성(변액) 보험	
이자,배당		연금펀드 (저축,보험)	
		대출 원금 상환	
		고정 지출(계)	
사업(임대)소득 (계)		가족 생활비	
사업소득		사회 생활비(용돈)	
임대소득		대출이자	
		양육및 교육비	
		보장성 보험료	
기타소득 (계)		**변동 지출(계)**	
기타 수입(계)			
일회성 수입			
총수입		**총지출**	
	미확인 지출 (총수입-총지출)		

주) 미확인 지출 발생 시 원인 파악 필요(소비 절감 통한 저축 여력으로 활용 가능)
　　총소득은 세후 소득 기준으로 작성(4대보험 포함)

2. 재무분석(비율) 및 평가(SWOT)

재무분석을 통해 FP는 고객에게 객관적인 재무관리의 방안을 제시할 수 있고, 분석자료를 통해 전문가적 면모를 보여줄 있는 기회가 된다. 현재 재무설계 분석 및 평가에 사용되고 있는 재무비율 분석 방법과 재무비율 분석을 통해 고객 재무를 평가하는 SWOT 분석 방법에 대해 살펴보자.

1) 재무비율 분석

재무를 평가할 때 기준이 되는 근거는 안정성, 유동성, 성장성 측면 등이다. 이처럼 다양한 재무비율 분석을 통해 확인해 볼 수 있다. 재무비율은 한국FP학회에 발표된 논문 〈한국형 가계재무비율 도출 및 가이드라인 제안〉을 참조하였다. 연령, 소득, 자산 규모 등에서 차이가 있는 고객들에게 일률적으로 적용하기는 어려울 수 있으나 일정 부분 참고 가능하다.

① 수지차 분석(안정성)

수지차 분석은 소득에서 지출의 비중을 통해 분석해 볼 수 있다. 지출 분석을 통해 과소비 여부를 파악할 수도 있다. 총소득에서 차지하는 총지출비율은 70% 이하로 권고한다. 물론 연령이 높아질수록 지출이 차지하는 비율은 높아진다.

② 자산비율 분석(안정성)

자산비율 분석은 고객이 보유하고 있는 유동자산(금융자산)과 비유동자산(부동산, 사업 자산)을 분석하는 것이다. 자산비율 분석은 나이에 따라 자산 규모에 따라 달리 평가해야 하며, 나이가 낮을수록, 자산 규모가 적을수록 부동산 비중이 높게 나타날 것이다. 일반적으로 총자산에서 금융자산이 차지하는 비율은 40% 이상이 적절하다고 평가한다.

고액 자산가일수록 자산 이전에서 금융자산의 역할은 커진다. 자산 이전과 관련한 상속세 등 비용을 충당할 수 있는 것은 금융자산이기 때문이다.

③ 저축비율 분석(성장성)

저축비율은 총소득 대비 저축 총액을 의미하며, 생활을 유지하는데 필요한 지출을 제외하고 자산을 증가시킬 수 있는 중요한 요소이다. 총소득 대비 총저축 비율을 30% 이상으로 권고하고 있다. 물론 연령에 따라 저축비율은 다르다. 20대는 50% 이상, 30대는 30% 이상을 권고하며 연령이 높아질수록 저축비율은 낮아진다.

저축비율, 저축 규모를 파악하는 것은 재무목표의 달성 가능성을 측정할 수 있는 중요한 요소이다. 따라서 고객에게 현재 생활을 유지하기 위한 지출이 필수일지라도 미래 재무 목표를 위하여 저축의 중요성에 대한 공감대 형성이 중요하다.

④ 보장성 보험비율 분석(안정성)

보장성 보험은 리스크 발생 시 현재 수준을 유지할 수 있고, 노후에 증가하는 의료비를 준비하는 것이 목적이다. 너무 많은 지출은 순자산의 증가에 방해 요인으로 작용하고, 너무 적은 지출은 리스크 발생 시 불충분한 준비로 인해 다른 자산에서 리스크 발생 비용을 충당해야 하는 일이 발생할 수도 있다. 순수 보장성 보험료를 기준으로 총소득에서 차지하는 비율은 8~10%가 적정할 것으로 판단하고 있으며 일반적으로 보장과 저축 기능을 가진 보장성 보험을 포함하면 15% 수준까지를 적정하다고 보고 있다.

⑤ 유동성비율 분석(유동성)

유동성비율은 비상자금, 즉 가계소득이 갑작스런 이유로 중단될 비상사태 발생 시에 대비하여 유동성이 큰 자산을 생활비로 확보하는 것을 의미한다. 유동성비율은 총지출 대비 유동성 자산의 비율(유동성자산/총소득)이다. 유동성 자산은

입출금이 자유로운 저축, 적립식 저축, 예치식 저축 등을 말하고 총지출은 고정지출(비소비지출 제외)과 변동지출의 합계액을 말한다.

〈한국형 가계재무비율 도출 및 가이드라인 제안〉에 의하면 총지출 대비 유동성자산의 비중으로 계산할 때 4~6배를 제안하고 있다. 연령을 감안하여 20대는 2배, 30대는 3배 등 연령 증가에 따라 유동성 자산 비중을 늘릴 것을 권고한다. 다만 비상자금이 6배가 넘는 경우 투자에 대한 기회비용이 발생할 수 있어 유념해야 된다고 권고한다.

⑥ 부채비율 분석(안정성)

부채는 레버리지 효과를 누릴 수 있어 자산 증대의 중요한 역할을 하기도 한다. 다만 과도한 부채는 심각한 문제를 발생시킬 수 있다. 따라서 적절한 부채관리가 필요하다. 일반적으로 총자산에서 차지하는 총부채 규모를 40% 이하로 관리할 필요가 있다. 부채지표와 관련하여 자세한 내용은 〈한국형 가계재무비율 도출 및 가이드라인 제안〉을 참고하면 좋을 것이다. 위 논문에서 제시된 가계 재무비율 가이드라인을 참고하면 다음과 같다.

한국형 재무비율 가이드라인 제안

지표		재무비율	재무비율 가이드라인	연령대별 제안
가계수지지표		$\dfrac{총지출}{총소득금 액}$	70% 이하	20대 : 50% 30대 : 70% 40대 : 80% 50대 : 90% 65세 이상 : 95%
비상자금지표		$\dfrac{유동성자산}{총지출}$	4~6배	20대 2배 30대 3배 40대 : 4배 50대 5배 65세 이상 : 6배
부채지표				
현금 흐름	총부채상환 지표	$\dfrac{총부채상환액}{총소득}$	30% 이하	3-40대 : 25% 미만 65세 이상 : 0%
	소비생활부채 상환지표	$\dfrac{소비생활부채상환액}{총소득}$	10% 이하	20대 : 5% 30대 : 8% 40-50 : 10%
	거주주택마련 부채상환지표	$\dfrac{거주주택마련부채상환액}{총소득}$	20% 이하	
자산 부채 상태	총부채 부담지표	$\dfrac{총부채}{총자산}$	40% 이하	
	거주주택마련 부채부담지표	$\dfrac{거주주택마련부채잔액}{총자산}$	30% 이하	
보장성보험준비지표		$\dfrac{보장성보험료}{총소득}$	8-10%	
저축및투자성향지표				
현금 흐름	총저축성향지표	$\dfrac{총저축}{총소득}$	30% 이상	20대 : 50% 30대 : 30% 40대 : 20% 50대 : 10% 65세 이상 : 5%
	금융투자성향 지표	$\dfrac{금융투자저축}{총저축}$	30% 이상	20대 : 50% 30대 : 40% 40대 : 30% 50대 : 20%
	노후대비저축	$\dfrac{노후대비저축}{총저축}$	50% 이상	
부채 지표 상태	금융자산비중 지표	$\dfrac{금융자산}{총자산}$	40% 이상	

2) SWOT분석

SWOT분석은 강점(strength), 약점(weakness), 기회 (opportunity), 위협(threat) 요인 분석을 통해 고객 재무의 강점과 약점을 찾아내고 합리적인 재무관리 방안을 제안하는 데 유용한 도구이다. 고객의 재무적 사항을 중심으로 비재무 적 사항까지 고려하여 작성한다.

고객의 재무적 강점과 약점 및 여러 요인을 객관성에 기반 하여 작성해야하는데 재무상태표와 현금흐름표 및 재무비율 에 근거한 분석이 필수적이다.

① 강약점 분석

재무상태표의 자산 규모와 자산의 종류, 현금흐름표의 소득 현황과 수지차, 재무 비율 분석표에 나타난 강점과 약점을 분석한다. 다만 유의해야 할 점은 약점보다는 강점을 먼저 보아야 한다. 장점을 강조하고 잘한 일에 초점을 맞춰야 한다.

② 기회와 위협요인

사업자의 경우 사업장 매출 및 신장률, 가치관, 재무관리에 대한 비재무적 요인 중에서 향후 순자산 및 소득을 증가시킬 수 있는 기회 요인을 분석한다. 반대로 향후 재무상태를 악화시킬 수 있는 위협요인 작성을 통해 위협요인이 무엇인지를 고객에게 인식시키고 개선 방법을 찾는데 활용할 수 있다.

재무상태에 대한 SWOT 분석 (예시)

강점(Strength)	약점(Weakness)
• 안정적인 소득 흐름 발생 기대됨 – 맞벌이 소득 구조가 안정적 • 은퇴 후 안정적인 연금 확보 • 동 연령 대비 높은 자산 보유	• 부채 비율이 높음 • 과다한 보험료 지출 • 소득 대비 지출 규모가 큼
기회(Opportunity)	위협(Threat)
• 부모 부양 비용 부담 없음 • 부모 자산 승계 가능성	• 주택가격 및 거주 비용 증가 • 거주주택 비용 부담 증가 가능성 • 물가 상승에 따른 생활비 부담 • 투자 자산 증가에 따른 위험 부담

3. 재무목표에 따른 필요자금 분석과 제안 방향 설정

① 필요자금 분석

재무 상태와 수지차, 재무비율 분석 후에는 고객의 재무목표와 필요자금을 분석한다. 주택 마련의 재무목표의 경우 일정 시점, 즉 미래 시점에 필요한 자금과 자금 마련을 위한 필요 적립액을 계산한다. 은퇴자금의 경우 은퇴 시점, 은퇴 필요자금 분석과 적립액 등이 해당된다. 미래 필요자금을 현가화해서 현재 시점의 필요자금도 분석한다.

이러한 필요자금 분석에는 기대 수익률, 물가 상승률을 반영하여야 하는데 고객과 협의 과정이 반드시 필요하다. 기대 수익률은 보수적으로 접근하는 것이 미래 불확실성에 의한 리스크를 줄일 수 있는 방법이라는 것도 잊지 말자.

② 재무 제안 방향 설정

마지막으로 재무분석과 필요자금 분석 결과를 바탕으로 어떤 방향으로 재무 제안을 할 것인지 안내한다. 이 부분에서 한 가지 더 고려해야 할 사항은 FP는 안내와 더불어 고객의 최종 의견을 파악해야 한다는 점이다. 재무설계 방향에 대한 의견 공감을 통해 고객 의사가 적극 반영되어야 최종 제안에 긍정적 반응을 이끌어낼 수 있다. 결국 재무설계의 모든 단계에서 고객과의 적극적 소통을 통해 합리적 소비자로 만들어야 한다.

4단계 : 제안서 작성과 제시

1. 재무설계 제안서 작성 시 고려사항

V고객 재무설계 시 일반적으로 6단계의 모든 단계가 중요하다. 하지만 FP의 가장 많은 고민과 시간, 노력이 필요한 단계는 고객에게 브리핑할 보고서, 즉 재무설계 제안서를 작성하고 브리핑하는 단계이다.

가장 중요한 포인트 첫 번째는 고객의 재무목표와 니즈를 정확히 반영하는 것이다. 두 번째는 고객의 재무목표의 우선순위와 달성 가능성을 고려한 제안서가 작성되고 제시되어야 한다는 것이다.

1) FP 중심이 아닌 고객 중심 제안서를 작성해야 한다.

PT를 위해 제안서를 작성하는 FP들로부터 가장 많이 받는 질문은 "고객에게 종신보험을 제안하려 하는데 어떻게 하면 될까요?", "의사 고객에게 정기보험 판매 콘셉트를 어떻게 설정하면 될까요?" 등 상품에 관한 질문이 대부분이다. 제안을 통해 고객에게 상품을 판매하는 것은 분명 FP로서 중요한 일이다. 그러나 선후가 바뀌어서는 안 된다.

상품 판매에 앞서 고객의 재무목표 달성을 위해 어떤 부분들이 준비되어야 하고, 그를 위한 상품 포트폴리오를 어떻게 가져가야 하는지가 중요하다. 그런데 상품 판매에 치중한 제안서를 작성하는 오류를 범한다.

FP들이 범하는 가장 큰 잘못 중 하나는 고객 중심 제안서가 아닌 FP 중심 제안서다. FP 중심 제안서라는 것은 고객의 재무목표가 아닌 FP의 주관적 평가와 의사가 과도하게 반영된 제안서이다. 이러한 FP 중심 제안서는 FP의 계약에 대한 과도한 욕심에서 시작된다. 상품 판매를 목적으로 과도한 니즈 환기와 상품 제안에서 발생하는 것이다. FP 중심 제안서는 상담 실패로 가는 지름길이다.

누구나 젊은 날에 연애 경험들이 한 번씩은 있을 것이다. 좋은 관계를 지속할 수 있는 것은 이기적인 나 중심의 관계가 아닌 상대의 관심사와 취미 등에 공감하고 함께할 때였을 것이다. 내 방식대로, 내가 원하는 것만, 내가 좋아하는 것만을 추구하고 상대를 이끌려는 연애는 분명 오래 가지 못했을 것이다. 누군가가 관계를 주도적으로 이끌어 갈지언정 '서로의 다름은 인정하고 배려'하는 좋은 관계가 좋은 결실을 맺는다.

제안서 작성은 FP가 주도하되 고객의 심각한 오류가 발견될 경우 합의하에 수정하거나 동의를 구해가며 해야 한다. 재무목표 달성을 위한 고객 중심 제안서를 작성해야 하는 것이다.

고객의 재무목표 달성을 통해 행복한 미래의 꿈을 이뤄 줄 수 있는 제안서 작성이 고객과 FP 모두 성공하는 길임을 명심하자.

2) 고객의 현실이 반영되어 실행 가능해야 한다

제안서는 고객이 실행할 수 있는 수준을 넘어서면 제안서로서 무의미해진다. 그러한 제안서는 허상이고 뜬구름이고 이상에 그칠 수밖에 없다. 따라서 고객이 실행 가능한 제안서가 작성되어야 한다. 실행이 불가능한 제안서는 위에서 설명한 FP 중심이어서 그럴 수 있다. 고객 상황을 배려하지 않았을 수도 있고, 고객이 설정한 무리한 재무목표만을 반영한 결과일 수도 있다.

예를 들어보자. 행복한 노후생활을 희망하는 월 500만 원 수입의 50대 직장인이 있다. 은퇴 필요자금을 형성하기 위해서는 매월 500만 원씩 10년 동안 납입할 수 있는 상품에 가입해야 한다는 객관적 결론에 도달하였다. 그러면 고객이 희망하는 은퇴 자금을 모을 수 있고 65세 이후 본인이 희망하는 은퇴소득이 발생할 수 있다. FP의 이 제안을 고객은 실행할 수 있을까? 절대 불가능하다. 월수입 전체를 은퇴를 위해 저축할 수는 없기 때문이다. 그는 재무 상담을 통해 행복한 미래를 꿈꿨을 텐데 반대로 낙담과 실망의 순간이 될 수 있다.

따라서 고객이 실행 가능한 제안을 위해 재무목표를 수정하거나 다른 은퇴 소득원이 없는지 확인해주고 찾아주는 일이 필요했을 것이다. 또는 저축 가능 기간을 늘려 현재 고객이 불입할 수 있는 금액을 낮춰 실행 가능한 제안을 했어야 한다.

결국 고객과 FP가 Win-Win 할 수 있는 재무설계는 고객이 실행 가능한 제안서이어야 한다.

3) 객관적 근거에 기반한 논리적 제안서가 되어야 한다

고객 중심 제안서를 통해 고객의 실행력을 높이려면 객관적인 데이터와 분석에 기반한 논리적 제안서가 되어야 한다. 그래야 고객 설득력이 높아진다. 다만 유의할 점은 데이터 중심의 객관성을 확보하려다 보면 복잡한 숫자 중심의 제안서가 작성될 수 있다. 따라서 고객의 피로도를 줄일 수 있는 가독성 높은 자료가 작성되어야 한다.

설득력을 높이고 실행력을 증가시키기 위해서는 객관적 자료에 근거하고 논리적이되 고객의 공감을 이끌어내야 한다. 공감을 이끌어내는 가장 좋은 방법은 논리를 기반으로 하되 결국은 감성적 부분을 터치해야 한다는 것이다. 논리에 기반하되 감성을 자극할 수 있다면 최고의 제안서가 될 것이다.

4) 고객이 쉽게 이해할 수 있는 제안서를 작성해야 한다

제안서는 상담을 통해 고객에게 자세하게 설명된다. 고객은 제안서에 대해 궁금증이 생기면 상담 시 즉시 질문을 통해 해소할 수 있다. 대부분의 고객들은 상담이 끝나고 귀가 후 자택에 가서 상세하게 다시 한번 정독하는 시간을 갖는다. 고객은 상담을 통해 충분히 이해하는 시간을 가졌음에도 분명 궁금증이 있을 것이다. FP로부터 설명 들을 때는 다 이해했던 것 같은데 막상 본인이 다시 정독할 때 이해가 불충분함을 깨닫게 될 수 있다.

그러면 다시 FP에게 연락해 재설명을 받을 수도 있으나 일부는 자존심 때문에 다시 묻는 것을 주저한다. 이해되지 않는 그 부분을 이해하기 위해 스스로 상당 시간을 들여 고민하는 시간을 갖게 될 것이다. 그러므로 고객이 혼자 제안서를 정독할 때도 충분히 이해될 수 있는 쉬운 제안서가 작성되어야 한다.

어려운 용어, 전문적 용어는 최대한 자제하고 꼭 사용해야 할 경우에는 주석을 달아 주거나 상세 설명이 필요하다. 고객이 실행 가능한 현실적인 제안서 작성이 되려면 고객이 이해하기 쉬운 제안서여야 한다. 고객의 수준을 고려하고 배려하는 제안서, 고객의 눈높이를 고려한 제안서가 훌륭한 제안서라는 것을 잊지 말자.

재무제안서는 결국 실행이 담보되는 제안서가 되어야 한다. 실행력을 높이는 제안서가 되려면 고객이 실행 가능할 수준의 현실적 제안서 작성이 이루어져야 한다. 아무리 훌륭한 제안서라도 실행이 불가능하다면 무의미한 제안서가 되고 말 것이다.

따라서 고객의 재무목표에 대한 이해와 공감, 고객이 실행할 수 있는 현실적 제안을 하는 것이 가장 중요하다. 현실적인 제안은 고객의 재무목표에 대한 충분한 공감과 충분한 수정이 이루어지고, 고객이 감당 가능한 수준의 현실적 재무 현황을 충실히 반영할 때 가능하다. 너무 애매모호한 결론이나 제안보다는 복수의 제안을 제시하거나 여러 제안 중에서 우선순위를 제시함으로써 선택을 쉽게 하는 것도 고객의 결정과 실행력을 높일 수 있는 제안서가 될 것이다.

고객 수준을 고려하고 배려하는 제안서, 고객의 눈높이를 고려한 제안서가 훌륭한 제안서라는 것을 잊지 말자.

5) 제안서는 고객에게 선택의 기회를 제공해야 한다

재무설계 컨설팅의 결과물을 고객은 선택하고 결정할 수 있어야 한다. 재무목표 달성은 하나의 길만 있는 것은 아니다. 따라서 재무목표 달성을 위한 하나의 제안이 아닌 복수의 제안이 이루어져야 한다. 그래야 고객은 한 가지를 강요받는 것이 아니라 복수의 제안 중 선택을 통해 자신의 자유의지에 의한 의사결정임을 인식할 수 있다. 그래서 자신의 선택을 존중할 수밖에 없고 실행력이 높아질 수 있다.

유의해야 할 점은 복수의 제안은 오히려 고객이 선택하는데 머뭇거림을 가져오게 할 수 있다는 점이다. 의외로 많은 사람들이 "과도하게 많은 선택 상황에서 어느 한 가지를 결정하지 못하는 소비자 심리"를 일컫는 '햄릿증후군'에 빠져있다. 그러므로 복수의 제안 중에서 우선순위 설명 또는 장단점 설명을 통해 고객의 결정을 도와줄 필요가 있다.

2. 재무설계 제안서 구성과 유의점

제안서 구성은 일반적으로 서론, 제안서 요약, 재무목표와 재무현황 분석, 재무목표 달성을 위한 대안 제시, 제안 전후 비교와 제안서 핵심 요약 등으로 구성된다.

1) 서론

서론은 재무설계의 필요성과 목적에 대한 니즈를 다시 한 번 환기하고 재무설계를 통해 이루고자 하는 목적에 대해 공감하는 부분이다. 또한 고객이 제공한 정보 범위 내에서 작성된 제안서임을 안내하고 고객만을 위한 맞춤형 제안서라는 것을 인식시키는 것이 되어야 한다.

2) 제안서 요약

고객의 재무목표와 현황 분석, 달성 방안의 핵심적 부분만 요약 작성한다. 고객이 직관적으로 이해할 수 있도록 압축하는 것이 필요하다. 디테일한 부분은 뒷부분에서 상세 설명할 것이기에 고객이 희망하는 재무목표 달성을 위한 방안을 간략하게 요약 설명할 수 있도록 작성하면 된다.

3) 재무목표와 재무 현황 분석

요약 단계에서 작성된 요약안을 상세하게 해설해놓은 것이라 생각하면 된다. 요약 단계에서 인식시킨 부분을 더 디테일하게 제시함으로써 이해를 높일 수 있도록 작성되어야 한다.

앞에서 설명했듯 많은 양의 데이터가 담겨있고 분석되기 때문에 상당히 난해하게 작성될 수도 있다. 하지만 최대한 쉽게, 가독성을 높여 작성되어야 고객이 이해하는데 도움이 된다.

4) 재무목표 달성을 위한 대안 제시

재무 상태 분석을 통한 재무목표 달성도를 검토한 후에는 재무목표 달성을 위한 대안을 제시하게 된다. 재무목표 수정이 이루어질 수도 있고, 포트폴리오 재구성이 필요할 수도 있으며, 소득 지출의 구조조정이 필요할 수도 있다. 다양한 대안을 객관적으로 제시할 수 있어야 하며 복수의 제안을 통해 고객 선택권을 높여줘야 한다. 또한 다양한 재무 목표 중 우선순위를 정해줌으로써 최우선으로 해결할 부분과 중장기적으로 준비해야 할 부분을 정할 수 있도록 해야 한다.

5) 제안 전후 비교와 제안서 핵심 요약

제안 전후 비교와 핵심 요약 부분은 제안서의 가장 중요한 부분이라 할 수 있다. 제안 전후 소득흐름 분석과 재무상태 비교를 통해 고객이 얻을 수 있는 이익 부분을 명확하게 안내한다. 그래야 고객은 자신이 얻을 수 있는 구체적 이익을 통해 실행 욕구가 증가할 수 있다. 끝으로 재무설계의 목적 안내와 실행 시 고객의 이점을 중심으로 요약하고 마무리한다.

3. 주요 재무목표별 제안서 작성과 제시 핵심 포인트

이 절에서는 재무목표에 따른 제안서를 작성하고 고객에게 제시할 때 중요 포인트를 제공한다. 위험설계는 한국FPSB의 〈재무설계원론〉 등을 참고하였으며, 투자와 세무 관련 분야는 전문가의 일부 도움을 받아 작성되었다

1) 위험관리와 보험설계 방안

누구나 행복을 꿈꾼다. 행복한 현재와 미래를 위해 우리는 일하고 저축과 투자를 통해 자산 증식에 온 힘을 쏟는다. 하지만 간과하는 한 가지가 있다. 살아가는 동안 다양한 위험에 노출되어 있다는 사실이다. 그러나 우리는 위험을 회피하며 인정하기 싫어한다. 한 가지 분명한 것은 어느 누구나 위험에 직면할 수 있고 발생할 수 있다는 사실이다.

나에게 교통사고는 절대 일어나지 않을 것이라고 확신할 수 있는가? 나는 암에 걸릴 확률이 전혀 없을 것이라고 확신할 수 있는가? 아마도 확신할 수 있는 사람은 한 명도 없을 것이다. 다만 상상하기 싫을 뿐이고 나에게 일어나지 않기를 바랄 뿐이다. 그러나 이러한 희망사항이 누구나 발생할 수 있는 위

험에 대한 관리와 준비까지도 꺼리게 만들어 버린다.

또한 건강하고 젊은 고객일수록 각종 질병과 사고라는 위험으로부터 둔감하다. 질병과 사고를 경험하거나 나이가 들수록 위험관리의 필요성을 인식하게 된다. 하지만 위험관리의 중요한 수단인 보험을 통한 위험관리는 불가능해진다.

리스크 관리는 투자에서만 해당하는 것이 아니다. 재무설계는 위험관리, 즉 보험설계에서 시작한다는 것을 인식시켜 주어야 한다. 그러므로 FP는 위험관리가 재무설계에서 중요하다는 것을 강조하고 위험관리에 소홀할 경우 재무설계를 통한 재무목표 달성이 불가능하다는 것을 고객에게 인식시킬 필요가 있다.

FP는 재무설계 과정에서 고객에게 발생할 수 있는 위험을 파악하고, 위험을 최소화할 수 있는 방안을 제시하여야 한다. 또한 고객이 위험관리뿐 아니라 준비를 제대로 할 수 있도록 적극 도와야 한다.

① 위험관리 프로세스

위험관리의 기본은 보험을 통해 위험을 축소하거나 이전하는 것이다. 그러나 대부분의 고객은 보험을 통한 적극적 위험관리에 공감하고 실행하는 것을 주저한다. 그러므로 위험관리는 감성적 공감을 통한 설득과 이해도 필요하지만 프로세스를 통한 객관적이고 이성적 접근이 유효하다. 객관적 데이터를 기반으로 체계적인 설득을 통해 고객을 위험관리에 동참하도록 하는 것이 효율적이다.

체계적 위험관리를 위한 프로세스는 첫째, 고객과의 관계 정립을 통한 위험의 중요성에 대한 공감대 형성이다. 위험의 빈도와 규모에 따른 위험을 어떻게 처리하는 것이 효율적인지 이론을 기반으로 설명하는 것이 효과적이다.

둘째, 재무목표와 그에 따른 위험관리에 대한 정보 수집을 한다. 가장 중요한 것은 고객의 위험에 대한 인식과 준비에 대한 정확한 정보를 수집하는 것이다. 기본적 정보는 보험 가입 현황과 목적에 대한 정확한 정보가 핵심이다.

셋째, 위험 요인과 발생 가능성에 따른 위험관리 분석 및 평가다. 객관적 분석과 평가를 통한 대안 마련을 하기 위한 전단계이다. 이를 통해 위험을 줄이고 이전하기 위한 적절한 대안을 제안하고 실행할 수 있도록 적극 지원해야 한다. 나아가 실행한 것이 제대로 유지되고 진행될 수 있도록 주기적 모니터링을 통해 지속적인 점검이 필요하다.

위험관리 프로세스 요약

② 위험의 처리 방법

위험의 손실 규모와 발생 빈도를 고려하여 위험을 처리하는 방법을 요약하면 다음과 같다. 도표를 활용하여 고객에게 설명하고 이해시키는 것이 위험관리에 대한 공감을 이끌어내는 데 효율적이다.

전략	주요 내용
위험 보유	- 발생 빈도와 발생 확률이 낮고 손실 규모가 작은 위험 - 발생 가능성도 적고 손실도 적기에 위험 보유가 일반적
위험 회피	- 발생 빈도와 발생 확률이 높고 손실 규모가 큰 위험 - 보험 인수가 어렵고 보험료 부담이 많음 - 음주운전 등으로 위험을 회피하는 것이 효과적
위험 축소	- 발생 빈도와 발생 확률은 높으나 손실 규모가 작은 위험 - 생활 중에 일어날 수 있는 일반적인 위험 - 실손보험 또는 보유 자산(유동자산)으로 해결이 효율적
위험 이전	- 발생 빈도와 발생 확률은 낮으나 손실 규모가 큰 위험 - 치명적 질병(암, 뇌졸증 등), 교통사고 등 - 가정경제에 치명적인 위험, 보험으로 위험 이전 필요

손실규모와 발생빈도에 따른 위험 처리 방법

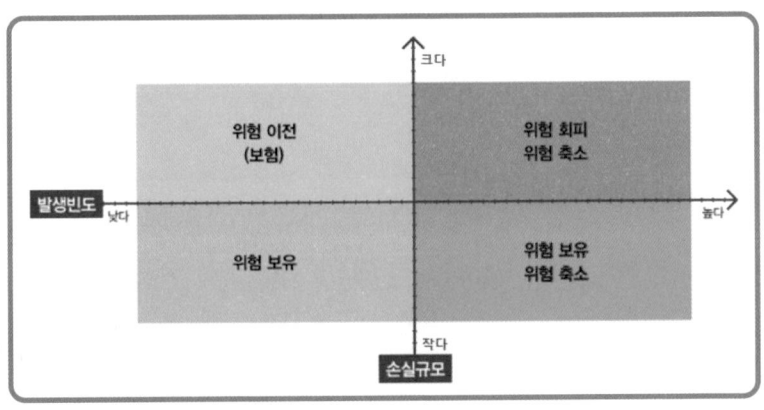

③ 위험과 보험설계

위험의 이전을 통한 최소 비용으로 경제적 손실을 복구하는 가장 효과적인 방법은 보험이다. 보험은 한 가정이 경제적 파탄에 빠지지 않도록 보호해주는 역할을 한다. 재무설계에서 가장 필수적이면서도 중요한 금융상품이다. 다만 보험 가입은 필연적으로 비용을 수반하게 된다.

보험이 가정경제를 보호하는 중요한 역할을 하지만 비용의 적정성과 부담 가능성도 면밀히 고려해야 한다. 따라서 합리적 보험설계를 통해 비용을 최소화하면서 위험을 보험에 이전하는 효율적 전략을 마련해야 한다.

보험으로 해결할 수 있는 위험의 종류에는 인적위험, 재산위험 그리고 배상책임 위험이 있다. 인적위험은 일반적으로 사람의 생로병사와 관련된 것으로 조기 사망, 질병 및 상해, 실업 및 장기 생존 위험을 일컫는다. 재산위험은 가계가 보유한 재산상의 손해를 일컫는 것으로 화재로 인한 부동산 및 소유물의 손해 등이 있다. 배상책임 위험은 가계 구성원의 잘못으로 인해 타인에게 피해를 입히는 것으로 대표적으로 자동차 사고에 대한 배상 등이 있다.

위험을 평가하는 방법에 따라 치명적 위험, 중요한 위험, 일반적 위험으로 구분한다. 치명적 위험은 가족을 파산에까지

이르게 할 수 있는 심각한 위험이다. 중요한 위험은 위험으로 인해 발생한 손실 회복을 위해 자신이 세웠던 계획을 포기하거나 대출을 통해 위험을 보전할 수 있는 것을 말한다. 마지막으로 일반적 위험은 현재 자신의 소득이나 소유한 자금으로 해결 가능한 것을 일컫는다.

이 중에서 인적위험 및 치명적 위험은 반드시 보험으로 이전하는 것이 바람직하며, 재산위험과 중요한 위험도 보험으로 준비하는 것이 좋다.

위험관리 원칙

1. 나에게 직면한 위험이 뭐가 있는지 **위험요소를 파악**한다

인적 위험	조기사망, 장기생존, 질병 및 상해, 실업 등
재산 위험	화재, 자동차 사고 등의 손실
배상책임 위험	재산소유·사업·자동차 사고 등의 손해배상책임

2. **위험을 평가**하여 적절한 보험료 내에서 우선 순위를 정한다

치명적 위험	나와 가족을 파산으로 이끌 수 있는 위험
중요한 위험	손실회복을 위해 다른 계획을 포기하거나 대출이 필요할 정도의 위험
일반적 위험	현재 소득이나 준비된 자금으로 해결 가능한 위험

3. 위험을 어떻게 처리할 것인지 **위험처리방법을 선택**한다.

위험 통제	위험의 발생빈도를 줄이거나 위험의 심각성을 줄이는 방법으로 위험 회피와 위험 축소가 있다
위험 재무	위험 보유와 위험 이전의 방법이 있다 위험 보유의 대표적인 예 〉 기업의 '자가보험'과 가계의 '비상예비자금' 위험 이전의 대표적인 예 〉 보험

④ 보험설계 시 유의 사항

첫째, 기존 고객이 보유한 보험의 보장 내용, 보장 금액, 보장 범위에 대한 꼼꼼한 체크가 우선되어야 한다. 대부분의 고객들은 보험 한두 건은 가입한 경우가 많다. 중복 가입에 의한 보험료 낭비 요소를 막아주어야 다른 재무목표 달성에 유리해질 수 있다. 따라서 보험상품 설계 전 기존 가입한 보험에 대한 꼼꼼한 확인을 한 후에 필요한 부분이 있을 경우에만 추가 추천하는 것이 필요하다.

둘째, 갱신형과 비갱신형에 대한 차이를 명확히 설명해야 한다. 요즈음 대부분의 보험사에서는 역마진을 해소하기 위해 위험률이 오르면 보험료를 올릴 수 있는 갱신형 상품들을 많이 출시한다. 갱신형은 대부분 초기에는 보험료가 적게 책정되어 있다. 가입자 입장에서는 가입 당시에는 부담이 적게 느껴지나 연령이 증가할수록 지속적으로 보험료가 오르는 구조로 되어 있어 기간이 경과하면 훨씬 더 많은 보험료를 납부하게 된다.

또한 보험 만기 시까지 계속적으로 보험료를 납부함에 따라 소득이 없는 기간에 납부하게 되는 보험료는 상당한 부담으로 작용할 수 있고, 진짜 보장이 필요한 시기에는 보험료 부담 때문에 보험을 해지해야 하는 경우가 발생할 수도 있다. 똑같은 보장이라면 갱신형보다는 소득 발생 기간에 납입을 완료하고 보장은 지속적으로 받을 수 있는 비갱신형이 유리할 수 있다.

셋째, 특약을 잘 활용하라. 많은 사람들이 다양한 보장을 희망하기 때문에 여러 건의 상품에 가입하는 경우가 많다. 그러다 보니 중복 보장에 의한 낭비성 보험료를 납부하는 경우가 종종 발생한다. 하지만 최근 출시되는 대부분의 상품은 하나의 상품에 다양한 특약을 옵션으로 부가할 수 있다. 따라서 여러 건의 상품에 가입하는 것보다 하나의 상품에 필요한 특약만을 부가하여 가입한다면 저렴한 보험료로 원하는 혜택을 누릴 수 있다. 또한 여러 건 가입에 의한 관리의 어려움도 해소할 수 있다.

현대인에게 보험은 필수다. 그러나 이유 없이 무턱대고 보험 가입을 권유하는 것은 금물이다. 여러 건을 중복하여 가입하는 것도 낭비일 수 있다. 가입 전 반드시 꼼꼼한 체크를 통해 가족의 미래를 안전하게 지켜주는 좋은 도우미가 될 수 있어야 한다.

넷째, 보험 계약 관계자에 대해 정확히 안내하라. 보험 가입 시 가장 중요한 것 중 하나는 계약 관계자를 명확히 하는 것이다. 고객들은 의외로 계약 관계자에 대하여 명확히 알지 못하는 경우가 많다. 따라서 보험계약자의 권리와 의무를 명확히 안내해 줄 필요가 있다. 계약자는 보험료 납부 의무를 가지고 있기에 계약자 마음대로 해지, 대출 등을 할 수 있다.

피보험자는 보험금 지급 원인과 관련되어 있다. 즉 피보험자가 질병, 상해, 사망 등의 경우에 보험금이 지급된다. 계약자나 수익자가 질병, 상해, 사망의 경우는 보험금이 지급되지 않는다는 것을 명확히 해야 한다. 고객 불만의 대다수는 피보험자와 관련되어 있다. 수익자는 보험금을 수령하는 사람으로 이해하면 된다.

요약하면 보험계약자는 보험료 납입 의무가 있고 보험에 관한 권리를 가지고 있으며, 피보험자는 사고나 질병 시 보험금 지급 사유가 되는 대상이며, 수익자는 보험금을 수령할 권리가 있는 사람이라는 것이 정확히 안내되어야 한다.

2) 투자설계

투자설계는 고객의 재무목표 달성을 위한 최적의 방안을 마련하는 가장 중요한 부분이지만 보험회사 FP들이 가장 어려워하는 부분이기도 하다. 그러나 보험회사의 단순 보험설계사가 아니라 금융인으로 성장하고 싶다면 투자에 대한 관심과 투자설계 능력을 키워야 한다. 그래야 진정한 FP로서 고객의 자산관리 조언자로서의 역할을 할 수 있다.

고객이 원하는 재무목표 달성을 위한 최적의 금융상품 포트폴리오를 구성하고 제안하는데 필수적인 능력이다. 고객의 다양한 재무 목표에 맞는 상품을 설계하는데 반드시 고려해야 할 점은 고객의 위험 수용 성향이다. 위험 수용 성향은 일반적으로 매우 공격형, 공격형, 중립형, 안정형, 매우 안정형 등으로 분류한다. 매우 공격형은 원금 손실이 있더라도 높은 수익률을 추구하는 형태이고, 매우 안정형은 반대로 원금 손실을 전혀 바라지 않는 투자 형태이다.

고객의 위험 성향을 고려하지 않은 투자 제안은 고객이 받아들이기 어려울 뿐 아니라 향후 분쟁 소지가 있기에 고객 니즈와 위험 성향을 최대한 반영하는 것이 필요하다. 또한 재무 목표에 따른 최적의 포트폴리오 구성을 통한 중장기 재무 목표 달성이 가능하도록 해야 한다.

투자설계 프로세스 요약

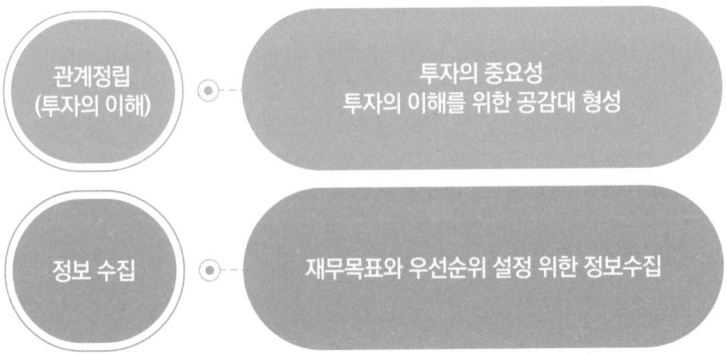

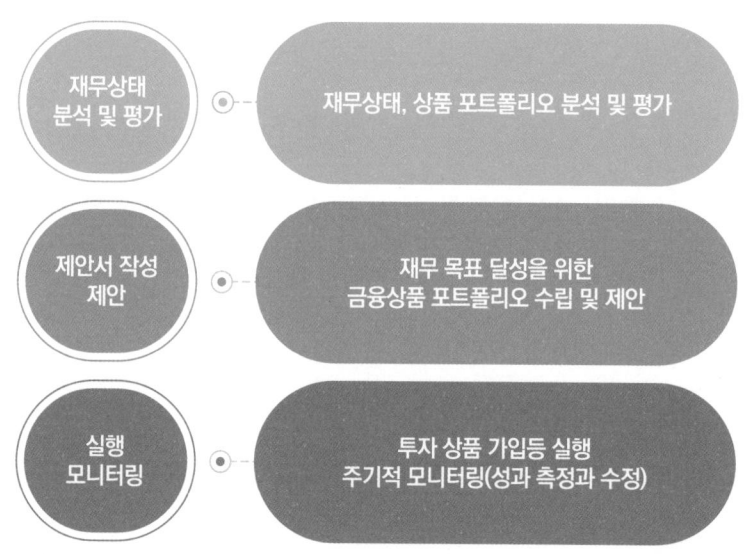

주요 재무목표와 투자 상품 예시

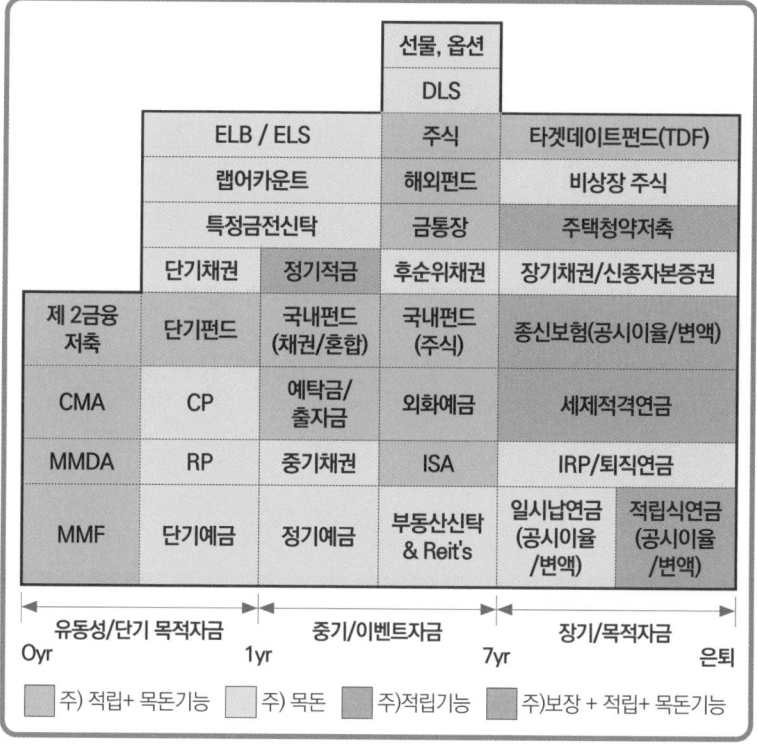

			선물, 옵션	
			DLS	
	ELB / ELS		주식	타겟데이트펀드(TDF)
	랩어카운트		해외펀드	비상장 주식
	특정금전신탁		금통장	주택청약저축
	단기채권	정기적금	후순위채권	장기채권/신종자본증권
제2금융 저축	단기펀드	국내펀드 (채권/혼합)	국내펀드 (주식)	종신보험(공시이율/변액)
CMA	CP	예탁금/ 출자금	외화예금	세제적격연금
MMDA	RP	중기채권	ISA	IRP/퇴직연금
MMF	단기예금	정기예금	부동산신탁 & Reit's	일시납연금 (공시이율 /변액) · 적립식연금 (공시이율 /변액)

유동성/단기 목적자금   중기/이벤트자금   장기/목적자금

0yr   1yr   7yr   은퇴

■ 주) 적립+ 목돈기능   ■ 주) 목돈   ■ 주)적립기능   ■ 주)보장 + 적립+ 목돈기능

① 좋은 펀드 고르는 법

일반적으로 펀드는 3년 이상을 내다보고 투자하는 중장기 상품인 만큼 어떤 펀드를 선택하느냐에 따라 수익률이 상당한 차이 날 수 있다. 펀드를 선택할 때는 다섯 가지를 체크하면 도움이 된다.

첫째, 설정액이 과하게 적거나 많은 펀드는 주의해야 한다. 펀드 설정액은 효과적인 자산 운용에 중요한 요인이다. 설정액이 50억 원 미만인 자투리 펀드는 규모가 적어 분산투자가 어렵고 관리도 소홀해져 효율적 자산운용이 어려워질 우려가 있다. 1~2조 원을 크게 상회하는 펀드도 발 빠른 대응을 할 수 없어 운신 폭이 좁아질 수 있다. 특히 갑작스럽게 투자자금이 급증한 펀드는 불어난 자금을 효율적으로 운용하지 못해 이전만큼 좋은 수익을 낼 수 없는 경우가 많다.

둘째, 펀드 수익률은 벤치마크 수익률과 비교해야 한다. 비교 기준이 되는 벤치마크는 흔히 시장 수익률인 경우가 많은데, 특정 기간의 펀드 수익률을 시장 수익률과 비교해야만 펀드의 성과를 정확히 판단할 수 있다. 펀드 수익률이 10%라 해도 시장 수익률이 20%라면 펀드 성과는 부진한 것이고, 펀드 수익률이 -10%라 해도 시장 수익률이 -20%라면 펀드 성과는 우수한 편인 것이다.

셋째, 위험지표도 살펴봐야 한다. 펀드의 장단기 수익률이 벤치마크에 비해 일관되게 양호한지를 점검할 필요가 있는 것이다. 펀드는 주가가 오를 때 시장에 비해 비교적 높은 수익을 내는 것도 중요하지만, 주가가 하락할 때 비교적 낮은 손실을 기록해 하락 방어력을 확보하는 것도 매우 중요하다. 이를 위해 수익률과 더불어 표준편차와 같은 위험지표를 함께 보아야 한다.

넷째, 펀드매니저가 빈번하게 교체되는 펀드는 피하는 것이 좋다. 펀드매니저가 자주 교체된다는 것은 펀드 운용에 문제가 있다는 신호로 볼 수 있다. 펀드매니저가 교체되면 보통 포트폴리오 교체가 뒤따르기 때문에 매매 수수료가 증가하고 운용 전략이 이어지지 못하는 경향이 있다. 펀드매니저 교체 여부는 해당 펀드의 투자설명서에서도 확인할 수 있고, 한국금융투자협회 통합공시 시스템의 펀드매니저 검색을 통해 매니저의 이력을 알아볼 수 있다.

다섯째, 내게 맞는, 내가 관심있는 펀드를 선택해야 한다. 투자자 성향과 시장 환경에 따라 펀드 선택도 달리할 필요가 있다. 주식형 펀드라 하더라도 장기적으로 안정적 투자를 선호하는 투자자라면 인덱스펀드나 배당주펀드가 적합하고, 보다 공격적 투자를 선호한다면 성장형이나 압축형펀드가 적절할 수 있다. 펀드에 가입한 이후라도 지속적으로 점검하고 적절하게 조정해야 한다는 사실도 명심해야 한다.

* 참고: 연령별 자산관리 키워드와 주요 금융상품

② 절세 금융상품 현황

투자설계에서 유용하게 활용할 수 있도록 절세 금융상품을 살펴보자. 이 참고자료는 금융감독원 자료를 인용한 것으로 실제 투자 실행 시에는 면밀히 검토해야 한다. 상품별로 절세와 비과세 혜택에 대한 조건이 상이하고 특히 보험의 비과세 조건은 아주 복잡하기 때문에 FP의 주의가 필요하다.

절세금융상품 현황

설명

- 금융감독원은 금융소비자의 합리적인 금융상품 선택을 돕기 위해 절세금융상품을 종합적으로 비교 확인할 수 있는 정보를 제공하고 있습니다.
- 금융상품에서 발생하는 이자소득 등 금융소득의 비과세, 세금우대, 연말정산시 세액공제 등 각종 세제혜택을 받을 수 있는 상품의 종류와 가입시 유의할 사항을 반드시 확인하신 후 본인의 재무상황에 적합한 금융상품을 선택하시기 바랍니다.

주요 내용

금융상품	주요 판매 회사	구분	세제혜택	가입대상	가입한도	근거법령
ISA	은행 증권사 보험사	비과세	계좌에서 발생한 금융소득 2백만원까지 비과세 (초과 분은 9% 분리과세)	만19세 이상 거주자 또는 근로소득이 있는 만 15~19세 미만 (직전 3개 과세기간 중 1회 이상 금융 소득종합과세자 제외)	연간 2천만원 (5년간 최대 1억)	조세특례 제한법 제91조의 18
비과세 해외주식 투자전용 펀드	은행 증권사 보험사	비과세	해외상장주식에 직간접으로 60% 이상 투자하는 펀드에 가입하는 경우 매매평가차익, 환차익에 대해 과세 제외	제한없음	총 3천만원	조세특례 제한법 제91조의 17
연금저축 (보험/펀드)	은행 증권사 보험사	세액 공제	납입금액(퇴직연금과 합산, 최대 700만원 한도)의 13.2%를 연말정산시 세액공제 - 단, 종합소득금액이 4000만원 이하인 자(근로소득 만있는 경우 총급여액 5,500만원 이하인 자)는 16.5% 세액공제	(가입대상) 제한 없음	(납입한도) 연 1,800만원 (+ISA계좌만기 전환금액)) (세액공제 한도) 1. 50세 미만 최대 400 만원 (최대 700만원) 2. 50세 이상 최대 600만원 (최대 900만원)	소득세법 제59조의 3
퇴직연금	은행 증권사 보험사 근로 복지 공단	세액 공제	개인형 IRP 또는 확정기여형(DC형) 계좌에 본인이 부담하여 납입한 금액 (연금저축과 합산, 최대 700만원 한도)의 13.2%를 연말정산시 세액공제 - 단, 종합소득금액이 4000만원 이하인 자(근로소득 만있는 경우 총급여액 5,500만원 이하인 자)는 16.5% 세액공제	1) 퇴직연금(DB형, DC형) 가입된 직 장근로자로서 추가적인 퇴직연금을 준비하려는 자 2) 직장이동 등으로 퇴직금을 수령하여 IRP 계좌로 운용하려는 자 3) 자영업자, 직역연금 가입자 등	연간18백만원 (연금저축 및 다른 퇴직연금과 합산) * 만기 ISA 에서 연금으로 전환한 금액은 별도	소득세법 제59조의 3

③ V고객의 달러 투자

　2022년 10월 원/달러 환율은 2009년 금융위기 이후 처음
으로 1,400원을 상향 돌파했다. 코로나19와 러시아-우크라
이나 전쟁 여파로 국내외 물가는 급등하고 경기는 후퇴하면
서 안전한 달러에 대한 글로벌 수요가 증가한 여파다. 이와 더
불어 미국이 전 세계에서 가장 공격적으로 기준금리를 인상
한 것도 달러 가치를 끌어올렸다.

　미국은 2022년 2월에 0.~0.25%였던 기준금리를 2023년
2월에는 4.5~4.75%까지 끌어올렸다. 이 과정에서 달러인덱
스는 2022년 9월에 114를 상향 돌파하며 20년 만에 최고치
로 상승했다.

달러인덱스(US Dollar Index)

달러인덱스 혹은 달러지수는 세계 주요 6개 통화(유로, 엔, 파운드, 캐나다달러, 스위스프랑, 스웨덴크로네)에 대한 달러 가치를 지수화한 것이다. 1973년 3월이 기준점으로 100에서 시작했다. 달러지수 상승은 주요국 통화 대비 미국 달러 가치가 상승했음을 의미하며, 달러지수 하락은 미국 달러 가치가 떨어졌음을 뜻한다.

<1990 연초 이후 원/달러 환율>

원/달러 환율도 2022년 10월 줄곧 1400선에 머물다가 이후 하락했다. 원/달러 환율은 2006년 초부터 2008년 초까지 900원대에서 움직였으나 금융위기 여파로 2009년 3월에는 1600원까지 치솟기도 했다. 역사적으로 원/달러 환율이 1400을 웃돈 것은 1998년 IMF 외환위기, 2008년 글로벌 금

융위기, 2020년 코로나19 위기, 그리고 2022년이다.

④ 위험관리 자산으로 달러에 주목하다

자산가들이 단기적 수익성만 보고 달러에 관심을 갖는 것은 아니다. 부자들은 달러를 분산투자의 한 방편으로 이용하기도 하고, 앞으로 혹시 또 발생할 수 있는 금융위기 상황에 대응하려고도 하며, 자녀 유학자금이나 해외여행 자금 등 실수요에 활용하기도 한다.

우선 부자들은 분산투자 차원에서 달러를 이용한다. 대다수 투자자들은 여유자금을 국내 주식, 채권, 보험, 부동산 등 다양한 자산에 분산 예치한다. 여러 자산에 분산함으로써 한 자산에 집중 투자하는 것에 따른 위험을 줄이기 위함이다. 하지만 국내 다양한 자산을 보유하더라도 모든 자산이 원화라면 진정한 의미의 분산투자라 할 수는 없을 것이다.

⑤ 부자들은 위험에 대응하기 위해 달러를 편입하기도 한다

분산투자와 일맥상통하는 이야기다. 달러는 국내 여타 자산들과는 다른 방향으로 움직일 가능성이 높아 분산투자 효과를 누릴 수 있다. 예를 들어 달러는 안전자산으로 인식되므로 금융위기 때 가치가 상승하는 경향이 있다. 글로벌 금

융위기가 국내에 전면적 타격을 가할 경우 주식, 채권, 부동산 등 자산 전반의 가격이 일제히 급락하게 된다. 국내 자산들로 분산투자하더라도 자산 전반의 가치가 급락하는 상황을 모면하기 어렵다. 반면 달러에 분산투자한다면 국내 자산이 일제히 하락할 때 일부 자산의 가치를 지켜낼 수 있다. 달러를 보유하고 있는데 달러 가치는 떨어지고 원화 가치가 상승하면 어떨까? 달러는 굳이 투자용으로 보유하고만 있을 필요는 없다. 해외여행을 간다면 여행 자금으로 써도 되고, 자녀가 유학 중이라면 유학 자금으로 써도 된다. 게다가 보유 중인 달러 가치는 하락했지만 더 많이 보유 중인 원화 자산의 가치가 상승한 것으로 위안을 삼을 수도 있다.

⑥ 외화예금으로 달러 투자하기

달러에 투자하는 가장 일반적인 방법은 외화예금이다. 외화예금에는 원화예금과 마찬가지로 외화보통예금, 외화정기예금, 외화적립식예금 등이 있다. 외화보통예금은 예치 금액, 예치 기간 등에 제한이 없고 입출금이 자유롭다. 달러로 예금에 가입하거나, 원화로 달러를 매입해 예치할 수도 있다. 소정의 이자를 받으며, 이자에는 일반과세 15.4%를 적용한다. 원화예금을 포함해 5천만 원 한도로 예금자 보호를 받는다.

외화정기예금은 외화로 예금하고 외화로 인출하는 정기예금이다. 원화정기예금과 마찬가지로 약정 기간이 길수록 높은 확정이자가 보장된다. 가입 대상에는 제한이 없고 예치 기간은 1일~3년(은행마다 다름)이며, 그 외 요건은 외화보통예금과 같다. 만기 이전에 중도 해지하면 약정 금리보다 낮은 이율이 적용된다.

외화적립식예금은 정기적금과 비슷한 형태를 가지고 있지만 정기적금과 비교할 때 적립일이나 적립 횟수 등에 제한이 없다. 예치 기간은 1개월 이상 1년 이내 자유 적립식이다. 원화예금을 포함해 5천만 원 한도로 예금자 보호를 받는다.

투자자들은 원화를 달러로 환전한 후에 보유할 수도 있다. 해외여행 목적이라면 여권만 있으면 환전이 가능하고, 여행이 아니라 소지 목적이라면 주민등록증과 같은 실명 확인증표가 필요하다. 환전 금액에 제한은 없으나 1만 달러를 초과하면 국세청 통보 대상이 된다
는 점을 알아두어야 한다.

환전범위

대상	구분	환전목적	국세청통보대상	기타
일반 해외여행자	해외여행 경비	- 관광, 출장, 방문 등의 목적 - 체재기간이 30일 이내인 경우	건당 미화 1만달러 상당액 초과 시	- 연령에 제한없이 가능 - 미화1만달러 초과의 금액을 휴대하여 출국 시 세관에 신고
해외체재자	해외유학생 경비	- 외국의 교육/연구/연수 기관에서 수학하거나 학문 또는 시술을 연구 (연수)할 목적 - 체재기간이 30일 이내인 경우	연간 환전 및 송금액 누계가 미화 10만달러 상당액을 초과하는 경우	- 연령에 제한없이 가능 - 여권, 유학사실 입증서류 (예:입학허가서 등)를 가까운 신한은행에 제출하신 후 가능
해외체재자	해외체재자 경비	- 상용, 문화, 공무, 기술 훈련을 목적 으로 30일을 초과하여 해외체재 - 6개월 미만의 국외 연수로 해외체재		- 여권, 소속 법인단체 등의 장이 발행한 업무출장명령서 등을 가까운 신한은행에 제출하신 후 가능
해외이주자 (해외이주 예정자)	해외 이주비	- 외교통상부로부터 해외이주신고 확인서 및 현지이주 확인서를 발급 받은 해외거주자의 이주비 환전	건당 미화 1만달러 상당액 초과 시	세대별 이주비 지급 총액이 미화 10만달러 상당액을 초과하는 경우 자금출처 확인서 제출
국민	소지목적	- 별도의 사용목적 없이 외화 소지를 목적으로 하는 환전	동일자 미화 1만달러 상당액 초과시	주민등록증 등 실명확인증표만 가지고 가까운 신한은행에 오시면 환전 가능

물론 환전할 때는 환전수수료라는 비용이 소요된다. 매매 기준 환율에서 일정 수수료가 부과된 것이 실제 살 때와 팔 때 적용되는 환율이다. 미국 달러를 매입 혹은 매도할 경우 매매 기준 환율에서 각각 1.75%의 수수료가 부과된다. 환전 수수료는 통화마다 차이가 있다.

주요국 환율과 매매 수수료 (2023.02.24 기준 하나은행 고시)

통화명	매매기준율	현찰		수수료(원)		수수료율(%)	
		살때	팔때	살때	팔때	살때	팔때
미국	1,304.00	1,326.82	1,281.18	22.8	22.8	1.75	1.75
일본	968.62	985.57	951.67	17.0	17.0	1.75	1.75
유럽	1,382.37	1,409.87	1,354.87	27.5	27.5	1.99	1.99
중국	187.93	197.32	178.54	9.4	9.4	5.00	5.00
호주	888.09	905.58	870.6	17.5	17.5	1.97	1.97
캐나다	962.75	981.71	943.79	19.0	19.0	1.97	1.97
뉴질랜드	813.04	829.05	797.03	16.0	16.0	1.97	1.97

⑦ 채권과 주식 등 미국 자산에 투자하는 방법도 있다

달러를 저축하거나 단순 보유하는 방안도 있지만 달러 표시 자산에 투자하는 방법도 있다. 미국의 장단기 채권이나 미국 주식에 달러로 투자한다면 달러 가치 상승에 따른 환이익뿐 아니라 주식 및 채권 가격 상승에 따른 자본 이득도 얻을 수 있다. 직접 투자보다는 펀드를 통한 간접 투자가 일반적인 방법이다.

물론 통화 가치와 자산 가치가 기대와는 다른 방향으로 움직인다면 이중으로 손실을 낼 수 있다는 점은 유의해야 한다.

미국 주식이나 채권이 아닌 일반 ELS 상품인데 원화가 아닌 달러로 투자할 수 있는 상품도 나오고 있다. 일반 ELS와 구조는 유사하나 투자하는 통화가 원화가 아니라 달러라는 차이가 있다. ELS 투자 수익 외에 달러 가치 상승 시 환차익을 얻을 수 있다는 장점이 있다.

⑧ 외환투자 시 유의사항을 명확히 인지해야 한다

달러가 세계에서 가장 안전한 통화로 인식되기는 하지만 항상 안정적 환율을 유지할 것이라는 보장은 없다. 환율은 국가 간의 통화정책과 경제 상황 그리고 금융 여건 등 다양한 변수들이 작용해서 결정되는 만큼 그 향방을 가늠하기가 가장 어렵다 할 수 있다. 그렇기 때문에 외환에 투자할 때는 제아무리 달러라 하더라도 거액을 일시에 투자하기보다는 전체 자산의 일부를 분산 투자하는 방안이 적절하다는 사실을 다시 한번 강조한다.

⑨ V고객의 금 투자

코로나19와 러시아-우크라이나 전쟁 이후 물가는 급등하고 경기는 후퇴하면서 금리는 상승하고 주가는 하락하는 상황이 되었다. 시중 금리가 상승하면서 채권 수익률은 오르고(채권가격 하락), 경기부진 우려로 주가도 하락했다. 채권가격과 주가가 고점 대비 동시에 큰 폭으로 하락하자 주식이나 채권 같은 전통적 투자자산 외에 대체투자도 주목받고 있다. 금은 대표적인 안전자산으로 간주되는 실물자산이자 대체자산이다.

한국거래소(KRX) 금시장은 정부의 금 거래 양성화 계획에 따라 한국거래소가 금융위원회 승인을 받아 2014년 설립하여 운영하고 있는 금 현물시장이다. KRX 금시장은 주식처럼 편리하게 증권사를 통해 계좌 개설 후 증권사 거래시스템에서 투자자가 직접 거래하는 방식으로 거래가 가능하다. KB증권, NH투자증권, SK증권, 대신증권, 미래에셋증권, 삼성증권, 신한투자증권, 유안타증권, 키움증권, 하나증권, 한국투자증권, 현대증권 등 12개 증권사이다.

금 투자 상품비교

		KRX금시장	은행 골드뱅킹	금펀드
거래단위		1g 단위	0.01g	상품별로 상이
가격		공정가격 - 시장에서 형성되는 실시간가격	고시가격 - 원화로 환산된 국제가격을 고려한 은행 고시가격	상품별로 상이
장내 거래	수수료	증권사 온라인수수료 (0.3% LH21)	통장거래시 : 매매기준율×1% 실물거래시 : 매매기준율×5%	선취수수료 (1~1.5%)
	세금	양도소득세 면제 부가가치세(10%)면제	매매차익에 대한 배당소득세 (15.4%)	매매차익에 대한 배당소득세 (15.4%)
실물 인출	인출 비용	1개당 20,000원 내외	실물거래만 인출 가능 (실물거래수수료 5%에 포함)	실물 인출 불가
	VAT	거래가격의 10%	거래가격의 10%	
금인출		증권사 지점에서 인출(수령) 가능 (약 2일 소요)	은행 영업점에서 인출(수령) 가능 (약 1주 소요)	

금 투자방법에 따른 수익률 비교

투자 방법에 따른 금 1kg 매입 가격

(단위 : 원)

구분	매입가격	매수 수수료	부가가치세	총 매입액	KRX금시세 대비
KRX금시장	57,850^{주1)}	174^{주2)}	–	58,024	100.0%
골드뱅킹(계좌거래)	58,498^{주3)}	매입 가격에 포함	–	58,498	100.82%
골드뱅킹(실물거래)	60,814^{주4)}	매입 가격에 포함	6,081	66,895	115.29%
장외소매(금은방 등)	62,533^{주5)}	매입 가격에 포함	6,253	66,786	118.55%

주1) KRX금시장 20.01.03 종가
주2) 증권사 평균 온라인 수수료 0.3% 기준
주3) 신한은행 '20.01.03 계좌입금거래 최종고시가격 기준
주4) 신한은행 '20.01.03 실물거래 사실 때 가격 기준
주5) 종로 소매업체 순금시세 살 때 가격(부가세 제외) 기준

⑩ 안전자산, 실물 자산, 절세 등의 장점이 있는 금 투자

그렇다면 대체자산 중에서도 특히 금이 주목되는 이유는 무엇일까? 첫째, 국내외 채권 가격과 주가가 고점에서 큰 폭 하락한 상황에서 금가격은 안정적 움직임을 나타내 위기 시 안전자산임을 확인시켜주었다. 둘째, 코로나19와 전쟁 여파로 인한 고물가 속에서 물가가 오르면 화폐 가치는 떨어지는데, 금은 인플레 위험을 방어하는 대표적인 실물 자산이기도 하다. 셋째, 금에 투자하는 다양한 방식이 존재해 개별 투자자에게 가장 적합한 방식을 선택한다면 세금을 줄일 수 있다는 장점이 있다.

국내 금가격은 국제 금가격과 원/달러 환율에 연동된다. 국제 금가격은 온스 당 달러로 표시하며 1온스는 31.1g이다.

우리나라에서는 흔히 돈으로 표시하는데, 3.75g이 1돈이므로 1온스는 8.3돈 정도다. 국제 금가격은 2020년 8월에 온스 당 2,050달러를 넘어 사상 최고치를 경신했고, 이후에는 1,800~1,900달러 사이에서 움직였다. 국내 금가격은 2022년 3월에 1그램 당 8만 원을 넘어 사상 최고치를 경신했고, 이후에도 7만 원대 후반에서 형성 중이다.

금에 투자하는 방안은 (1)통장으로 매매, (2)실물 매매, (3)펀드 등 간접투자 상품으로 매매 등이 있다. 각각의 경우에 따라 장단점이 다르고 부과되는 세금과 수수료가 다르기 때문에 투자 목적과 투자 성향 그리고 투자 금액 등을 꼼꼼히 살피고 가장 적합한 방안을 선택해야 한다.

⑪ 금통장, 실물 인수 없이 자유롭게 매매할 수 있다

금통장(골드뱅킹)은 실물 인수 없이 자유롭게 금에 투자할 수 있는 수시 입출금식 금융투자 상품이다. 몇몇 시중은행에서 판매하고 있다. 가입 대상과 가입 금액에는 제한이 없지만 비과세 종합저축 가입은 불가능하다. 환매 수수료는 없으며 거래 단위는 0.01그램이다. 예금자 비보호 상품으로, 매매 차익의 15.4%를 원천징수하며 금융소득종합과세에도 포함된다는 것에 유의해야 한다. 자동이체를 통한 적금식 투자도 가능하다는 장점이 있다.

일부 은행에서는 금통장 해지 시에 현금으로 찾아갈 수도 있고 금 실물로 찾아갈 수도 있다. 금 실물로 찾아가는 경우 실물수수료(4%)와 부가가치세(10%)가 발생한다는 것은 알고 있어야 한다.

⑫ 실물 매매 시에는 부가가치세를 부과한다

은행 혹은 도매상을 통해 금 실물 매수가 가능하다. 몇몇 시중은행에서는 금 실물(골드바)을 판매하고 있는데 골드바 매매는 본인만 가능하며(대리인 불가), 예금자 보호도 되지 않는다. 금 실물을 매입하는 시점의 매입가격을 기준으로 부가가치세 10%를 납부하지만 매도 시에는 부가가치세를 징수하지 않는다. 매매차익은 비과세된다는 큰 장점이 있다. 다만 매입한 은행의 금에 한하여 매입 은행에 매도할 수 있고 개인 고객만 가능하고 개인사업자나 법인고객은 불가하다.

<S은행 골드바 예시>

1Kg 골드바   100g 골드바   10g 골드바

정면   측면

- 브랜드 : Shinhan Bank GoldRiche
- 제조사 : LS-Nikko동제련(주)
- 가로 : 49mm
- 세로 : 110mm
- 두께 : 10mm
- 질량 : 1kg
- 순도 : 99.99%

브랜드표시
질량표시
순도표시
제조회사표시
(고유문양 주의)
SERIAL 번호

세로 : 110mm

두께 : 10mm   가로 : 49mm

그 외 금 도매상에서 매입하는 경우 수수료 5% 안팎에 부가가치세 10%를 내야 하고, 매도 시에도 수수료는 있지만 매매차익에 대한 세금이나 부가가치세는 역시 없다.

⑬ 한국거래소 금시장, 세금 면에서 유리하다

한국거래소에서는 주요 기업의 주식을 사고 팔 수 있는데, 기업의 주식뿐 아니라 금도 사고 팔 수 있다. 한국거래소 금시장은 국내 유일의 장내 금 현물 거래 시장으로 2014년 3월 개설됐다. 한국거래소에서 금을 거래하려면 일단 금시장 회원인 증권회사를 방문해 계좌를 개설해야 한다. 기존에 해당 증권사에 위탁 계좌가 있다 하더라도 금 거래를 위한 종합계좌를 만들어야 한다. 계좌가 개설되면 예탁금을 납입하고 그 한도 내에서 HTS(Home Trading System), 전화, 지점 방문 등을 통해 주식 거래와 비슷한 방법으로 투자할 수 있어 편리하다.

금 거래소에서는 순도 99.99% 중량 1kg짜리 골드바만 거래된다. 그러나 투자자들의 거래 단위는 1그램이고, 가격은 10원 단위로 거래된다. 금 실물은 1kg 단위로만 인출되므로 금시장에서 금 100g을 샀다고 하면 이는 계좌 상으로 보유하게 되는 것이다. 1kg이 넘는 금을 샀다 해도 도난이나 분실을 우려해 인출하지 않으면 보관기관(한국예탁결제원)이 안전하게 금을 보관해준다. 실물 인출 시 부가가치세 10%를 내야 한다.

은행에서 금을 사거나 팔 때는 은행에서 제시하는 가격으로 거래해야 하지만 한국거래소 금시장에서는 실시간 형성되는 가격으로 거래가 이루어진다. 한국거래소에서 금을 거래하면 수수료는 0.4% 내외(온라인 0.2%, 오프라인 0.4%)이고, 또 금 현물 시장 내에서 거래할 때 이익이 나도 세금이 없다.

⑭ 펀드를 이용한 간접투자도 가능하다

금 관련 펀드, 상장지수펀드(ETF), 파생결합증권(DLS) 등을 이용한 금 간접투자도 가능하다. 금 관련 펀드는 국제 금 가격지수를 추종해 알아서 상품을 운용해주는 상품이고, 금 관련 주식에 투자하는 펀드도 금펀드로 분류된다. 다만 금 주식 투자 펀드는 금값이 오르더라도 회사가 실적이 악화되면 펀드 수익은 나지 않을 수 있다. 금펀드들은 해외 펀드로, 수수료와 보수 등 연간 비용은 2.0% 안팎이고 매매차익에는 배당소득세 15.4%가 부과되고 금융소득종합과세에도 해당된다는 점을 유의해야 한다.

⑮ 금 ETF로도 금 투자가 가능하다

특히 ETF는 소액으로 실시간 거래가 가능하고, 다른 금 투자방법에 비해 현물투자와 가장 유사한 효과를 볼 수 있다. 일반 펀드에 비해 ETF 수수료는 저렴하다는 장점이 있다. 부가가치세를 낼 필요는 없으나 배당소득세 15.4%가 발생하고 금융소득종합과세 대상이 된다.

⑯ 이외에 금 관련 파생결합증권(DLS)도 있다

DLS는 보통 만기가 1~3년으로 구성되며 금가격이 가입

시점 대비 40~50% 밑으로 떨어지지 않으면 약속된 수익을 지급하는 구조다. 원금보존형 혹은 비보존형이 있으며, 보존형으로 가입하면 원금도 지킬 수 있다. DLS는 배당소득세 15.4%가 발생하고 금융소득종합과세 대상이 된다. 만기 이전에 해지할 경우에는 원금의 5~10% 정도 수수료도 발생한다는 것에 주의해야 한다.

금 투자 방안 비교

구분	금통장	실물거래		간접투자		
		은행	KRX금시장	펀드	ETF	DLS
특징	금 실물 인수도 없이 금에 투자	품질 보증된 금 실물 매입	한국거래소에서 실시간 금 거래	금 가격, 혹은 금 주식을 추종	소액으로 실시간 거래 가능	기초자산 금, 원금 보존/비보존
장점	자유롭게 금에 투자할 수 있는 수시입출금식	중량 별로 구입, 매매차익 비과세	저렴한 수수료, 매매차익 비과세	전문가를 통한 간접투자	현물투자와 가장 유사한 효과	가격이 폭락하지만 않으면 수익
단점	통장이지만 예금자 보호 되지 않고, 비과세종합저축 적용 안됨	은행에서 정한 금 가격에 수수료 부가	실물 인출은 1kg 단위로 가능하며 세금 발생	현물 인출 불가, 수수료와 세금 발생	현물 인출 불가, 대부분 선물 가격 추종	만기 이전에 해지하면 5~10% 수수료 발생
세금	매매 차익의 15.4% 원천징수. 금융소득종합과세 포함	매입가격을 기준으로 부가가치세 10%	실물 인출 시 부가가치세 10%	매매차익 배당소득세 15.4%, 금융소득 종합과세	매매차익 배당소득세 15.4%, 금융소득 종합과세	배당소득세 15.4%, 금융소득 종합과세 대상
수수료	신한은행 - 실물 인출 시 실물수수료(4%)와 부가가치세(10%) 발생	금 매매 기준율의 5~7%	온라인 0.2%, 오프라인 0.4%	수수료와 보수 등 연간 비용 2.0% 내외	수수료는 펀드에 비해 절반 이하로 저렴	가입 시 수수료 및 환매수수료

금 투자 시 유의할 점이 있다. 금은 대체 투자자산인 만큼 거액을 일시에 투자하기보다는 전체 자산의 일부를 분산투자 하는 방안이 적절하다. 또한 실물 수수료와 세금 등을 감안할 때 적극적으로 자산을 증식하는 수단으로 접근하기보다는 안 정적으로 자산의 가치를 보존하는 수단 중 하나로 활용하는 것이 좋다.

⑰ 알아두면 유용한 금융사이트 및 모바일 앱

투자 설계에 유용한 인터넷 사이트 및 모바일 앱을 소개 한다. 고객 상담과 고객에게 유용한 정보를 제공하는데 효과 적이다.

알아두면 유익한 금융정보사이트 12선

사이트명	제공 서비스
① 파인	20여개 금융정보사이트를 한 번에 접속 가능하고 「금융꿀팁 200선」등 금감원 제공 정보 조회
② 금융상품 한눈에	예금, 대출, 보험, 펀드 등 금융상품의 금리, 수익률, 보험료 등을 한 눈에 비교
③ 휴면계좌통합 조회	본인 명의의 휴면예금 및 휴면보험금 현황 조회
④ 보험다모아	다수 보험상품 등의 보험료 보장내용 등 비교 및 가입
⑤ 카드포인트 통합 조회	신용·체크카드의 포인트 소멸예정시기 등 조회

사이트명	제공 서비스
⑥ 통합연금포털	국민연금, 사학연금, 퇴직연금, 연금저축, 연금보험의 연금 수령시점, 연령별 예상 연금액 등 조회
⑦ 자동이체 통합 관리 서비스 (페이인포)	자동이체(보험료, 통신료 등)계좌 조회·해지 변경
⑧ 보험가입조회	생명·손해보험 가입내역(회사명, 상품명, 계약 기간 등) 조회
⑨ 제도권 금융회 사 조회	적법한 절차를 거쳐 설립된 제도권 금융회사 또는 불법유사금융회사 여부, 연락처 등 조회
⑩ 신용보험정보 조회(크레딧 포유)	대출, 연체, 현금서비스, 카드발급, 보험가입 등 신용정보 조회
⑪ 계좌정보통합 관리서비스 (Accountinfo)	금융결제원 운영 모바일 앱 은행권, 제2금융권, 증권사 잔고조회, 카드조회, 대출내역 및 휴면예금 보험조회 가능
⑫ 내곁에 국민 연금	국민연금공단 운영 모바일 앱 사적연금 퇴직연금 국민연금 등 조회 가능

3) 은퇴설계

은퇴설계는 소득 창출이 원활한 경제 활동기에 소득 감소 시기를 대비하여 노후생활을 계획하고 실행하는 일련의 과정 이다. 평균수명의 연장으로 인해 은퇴설계는 개인의 재무설계 에서 가장 중요한 영역으로 자리 잡았다.

은퇴설계의 핵심은 은퇴 후에도 삶의 유지를 위한 은퇴 소 득원을 마련하는 것이다. 이러한 은퇴 소득원은 은퇴 후에 마련하는 것이 아니라 은퇴 전 소득을 활용하여 은퇴 후 소득원을 확보하는 것이 중요하다. 즉 빨리 준비하면 할수록 적은 금액으로 더 나은 은퇴 준비가 가능하다. 따라서 은퇴 준비의 핵심은 시기의 문제이다.

또한 은퇴설계는 단순한 경제적 준비뿐 아니라 은퇴 후 겪게 되는 다양한 삶의 변화와 여러 문제를 예측하고 그에 대한 사전 준비도 동시에 이루어져야 한다. 즉 소득원은 재무적 준비라 할 수 있고 은퇴 후 겪게 되는 다양한 문제에 대한 준비는 비재무적 준비라 할 수 있다.

은퇴 설계 프로세스와 제안서 작성

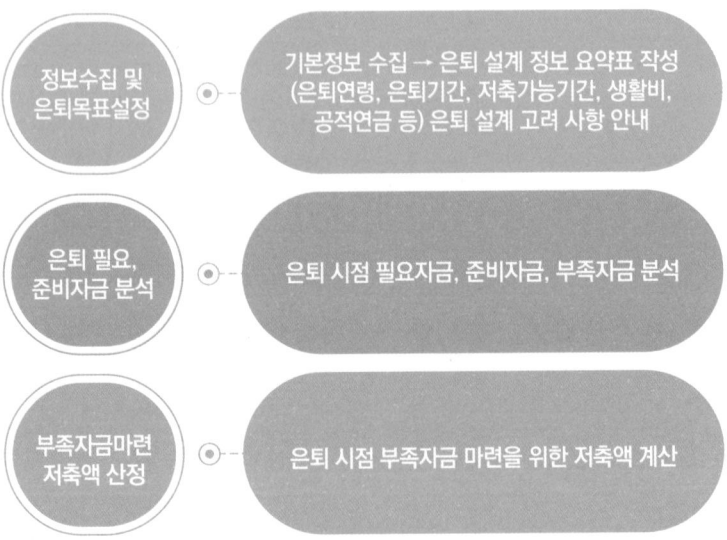

정보수집 및 은퇴목표설정	기본정보 수집 → 은퇴 설계 정보 요약표 작성 (은퇴연령, 은퇴기간, 저축가능기간, 생활비, 공적연금 등) 은퇴 설계 고려 사항 안내
은퇴 필요, 준비자금 분석	은퇴 시점 필요자금, 준비자금, 부족자금 분석
부족자금마련 저축액 산정	은퇴 시점 부족자금 마련을 위한 저축액 계산

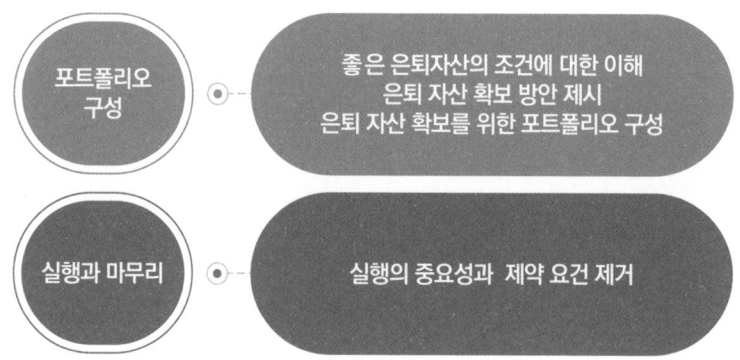

포트폴리오 구성 ● 좋은 은퇴자산의 조건에 대한 이해 / 은퇴 자산 확보 방안 제시 / 은퇴 자산 확보를 위한 포트폴리오 구성

실행과 마무리 ● 실행의 중요성과 제약 요건 제거

① 은퇴설계와 위험요인

(1) 물가 상승 위험

현재 가정한 물가상승률이 초과될 경우 더 많은 준비 자금이 필요하게 되고, 은퇴자산의 가치가 하락하는 결과를 가져온다. 따라서 물가 상승의 헷지가 가능한 다양한 방법도 동시에 모색되어야 한다.

(2) 장수 위험

은퇴설계 시 예상한 기대 수명 이상으로 생존할 위험에 대한 고려도 하여야 한다. 은퇴설계 시 반영한 기대 수명 이상 생존 시에는 은퇴자금의 부족을 가져올 수 있기에 장수에 대한 부분도 고려되어야 한다.

(3) 투자 위험

은퇴 자산 마련을 위한 투자 시 발생할 수 있는 투자 위험에 대한 대비가 필요하다. 철저히 분산투자 원칙을 준수하며,

은퇴 기간에 따라 사용될 적합한 은퇴 자산을 선정하고 위험과 수익을 고려한 투자 포트폴리오가 구성되어야 할 것이다.

(4) 은퇴 소득의 변동 위험

연금, 임대 소득 등의 은퇴 소득이 확정적이지 않을 수 있다. 즉 소득 변동이 가능하다는 사실을 염두에 두어야 한다. 상권 변화, 공실의 위험, 임대소득 하락과 연금소득 가치의 하락 위험에 대한 다양한 고려가 있어야 한다.

② 은퇴 자산 확보를 위한 포트폴리오 구성 시 고려 사항

(1) 안정성

은퇴 소득원, 즉 은퇴 자산은 근로소득이나 사업소득 등 정기적 소득이 단절된 상태에서 노후생활을 위해 쓰여지는 자산이다. 따라서 은퇴 자산이 가져야 할 최우선 조건은 안정성이다. 고위험 상품이나 자산은 철저히 지양되어야 하고 비중은 최소화해야 한다.

(2) 유지비용

대부분의 사람들은 자산 투자 시 최우선적으로 고려하는 것은 수익률이다. 특히 수익률에서도 대부분 세전 수익률로 제시되고 표현되기에 실질 수익에 대한 고려는 등한시하게 된다. 하지만 은퇴 자산은 은퇴 시까지 준비되어지는 기간과

은퇴 이후 사용되는 기간을 합하면 대단히 긴 기간 사용되어진다. 그러므로 수익 못지않게 반드시 유지비용에 대한 고려가 뒤따라야 한다.

특히 저금리 상황과 은퇴 자산의 특수성으로 인해 수익성보다는 안정성을 우선시하는 경우에는 유지비용이 더욱 중요하게 된다. 예를 들어 부동산 자산의 경우에는 재산세와 수리비, 임대소득세 등이 유지비용에 포함될 것이며, 금융자산의 경우에는 이자소득세와 각종 수수료가 유지비용에 해당한다. 따라서 이러한 유지비용을 최소화 할 수 있는 자산이 좋은 은퇴 자산이 된다.

(3) 관리의 용이성

은퇴 자산은 은퇴 후 사망 시까지 사용되어지는 자산이다. 단기 자산이나 투자형 은퇴 자산의 경우에는 재투자 위험이 상존한다. 연령이 증가하는 상황에서 재투자 시마다 새로운 판단에 따른 새로운 금융상품의 선정은 예기치 못한 위험을 불러올 수 있다. 또한 부동산 자산 같은 경우에는 세입자 관리, 건물 관리 등 많은 부분에 신경 써야 하는 어려움이 있음을 고려해야한다.

(4) 목적 적합성

은퇴 자산의 가장 중요한 요소 중 하나는 반드시 은퇴 자산은 은퇴 소득으로 사용될 수 있어야 한다는 목적 적합성이다. 많은 고객들이 명확한 은퇴 소득으로 확정하지 않고 그때그때 상황에 따라 다른 목적으로 사용하기도 한다. 그 이유는은퇴 준비를 위한 은퇴 자산이 은퇴 고유 목적으로 사용될 수있는 적합성이 미약하기 때문이다.

예를 들어 은행 예적금이나 부동산 등은 언제든 자녀의 경제 사정에 의해서, 또는 은퇴자의 심리 변화에 의해 다른 용도로 사용될 가능성이 대단히 높다. 하지만 연금상품의 경우에는 대부분 연금이 개시된 이후에는 해지가 불가능하여 은퇴소득으로 지속적으로 사용되어질 수 있다. 따라서 은퇴 자산을 준비할 경우에는 반드시 은퇴 소득원으로만 활용될 수 있도록 강제할 수 있는 자산을 준비하는 것이 현명하다.

(5) 은퇴 소득원의 다양성

은퇴 소득원은 다양하게 확보되는 것이 좋다. 우리나라 사람들은 임대소득을 가장 좋은 은퇴 소득으로 생각한다. 은퇴필요자금이 500만 원이라 가정한다면 임대소득이 500만 원발생하는 부동산 구입을 통해 은퇴 자금을 해결하고자 한다. 하지만 이러한 은퇴 소득원의 몰빵은 대단히 위험할 수 있다. 왜냐하면 상권 변화, 공실 위험으로 인한 소득 감소와 단절의위험이 발생할 가능성이 높고 관리의 어려움으로 인해 심각한 노후생활 문제를 야기할 수 있다.

예적금은 안정성은 확보되나 물가상승을 헷지하지 못하는 위험이 있으며, 공적연금에만 의존한다면 수급액 부족을 가져와 기본 생활에 지장 받을 수 있다. 또한 개인연금은 안정적 소득원 확보에는 장점이 있으나 필요자금을 확보하기 위해서는 대단히 많은 금액을 장기간 불입해야 하는 현실적 어려움이 존재할 수 있다.

그러므로 최저 기본 생활비는 공적연금과 개인연금 등을 통해 해결하고, 추가적인 여유와 문화 생활비 등은 임대소득이나 기타소득으로, 긴급 자금과 간병 자금을 위해서는 예금 자산을 활용하는 것이 좋다. 즉 은퇴 자산이 다양하게 구성될수록 은퇴생활의 안정성이 증대한다. 은퇴 자산의 구성에서도 철저히 분산투자 원칙이 지켜져야 한다.

〈은퇴 자산별 장단점 비교〉

구분		장점	단점	은퇴자금 활용가능성	비고
적금, 예금		① 안정적 투자 ② 투자 위험 회피 가능	① 저금리로 인한 수익율 저조 ② 인플레이션→ 자산가치 하락	은퇴자금으로 활용 가능성이 낮아짐	긴급 자금
펀드		① 성향에 맞는 공격적 투자 ② 투자에 따른 수익추구 가능	① 실패시 원금손실 가능 ② 지속적 관리 필요		
부동산 임대		부동산에 부가된 추가소득 발생	① 임대료 하락 위험 ② 공실 및 부동산 관리 문제	활용가능 (단, 70세 이전)	풍요로운 생활비, 증여/ 상속용자산
연금	국민 연금	① 국가가 보증하는 연금 ② 매년 연금액 증가	연금재정 문제로 연금 수급액 지속 축소 예정	개인 용돈	기본생활비 (어떠한 경우든 종신보장)
	퇴직 연금	① 퇴직금 재원을 연금재원으로	자영업자 해당 없음	실제 은퇴자금 (기초 생활비)	
	개인 연금	① 준비금액에 따라 평생 연금 수령 ② 개인에 맞는 은퇴준비 가능	매년 동일 연금액 지급		

〈 바람직한 은퇴 자산 구성안〉

구분	1순위	2순위	3순위
자산의 종류	연금 자산	금융 자산	부동산 자산
소득의 종류	연금 소득	이자 소득	임대 소득
용도	평생 생활비	비상금(의료비)	여유자금
	종신까지 남김없이 소진	소진..남으면 상속세 재원	부동산은 일정 시점 증여 또는 일부 상속
자산배분비율	50% ↑ (기본생활비)	20%(여유생활비)	30 %(여유생활비)
세금 관련	연금보험으로 준비 시 연금소득 비과세, 연금상속 시 정기금 평가 할인 과세로 절세	이자소득 과세	부동산 보유세, 임대소득세, 양도 시 과세, 상속세 재원마련어려움
관련 금융상품	개인연금 퇴직연금 국민연금	은행 예금, CMA, 펀드 등	(역모기지론)

은퇴 자산 구조의 다양화와 우선순위 지정 // 분산 투자 원칙의 중요성

4) 상속(자산 이전) 설계

상속은 개인의 재산상 권리와 의무뿐 아니라 그 지위를 사망 후 특정인에게 포괄적으로 승계되는 것이다. 따라서 상속설계는 피상속인이 소유하고 있는 부와 권리를 상속인에게 가장 효율적으로 승계하기 위한 체계적 계획과 실행의 일련 과정을 말한다.

상속은 피상속인의 의사가 가장 중요하며 재무적 측면에서는 효과적이고 피상속인의 의사가 반영된 재산 이전과 절

세 방안 준비, 상속세 납부 재원 마련이 핵심 사항이다. 비재무적 측면에서는 유가족 간에 발생할 수 있는 갈등과 불화를 사전에 예방하는 것이 중요하다. 특히 부의 양극화와 자산 가치 증대에 따라 현대 시대에는 상속설계가 더욱 중요시되고 있다.

① 상속설계의 필요성 (니즈 환기)

(1) 누구나 경험하는 인생의 이벤트

상속은 인간에게 단 한번 발생하는 인생 이벤트다. 두 번의 직접 경험이 불가능하다. 그래서 더욱 철저한 계획과 준비가 필요하다. 하지만 대부분의 고객들은 경험해보지 못하기에 준비가 소홀한 것이 현실이다. 누구나 일생에 한번은 겪게 된다는 것을 명심하여야 한다. 따라서 평소에 철저한 준비가 필요하다.

(2) 유가족 간 갈등 야기

인간의 죽음은 누구도 예측할 수 없다. 따라서 갑자기 발생하는 피상속인의 죽음은 유가족을 심각한 혼란에 빠뜨릴 수 있다. 부모를 잃은 슬픔이 최우선적으로 다가오겠으나 그 못지않은 가장 큰 혼란과 분란은 재산 분배이다. 아무리 평소에 형제자매 간 좋은 사이였다 해도 재산 앞에서 어떻게 변할지는 아무도 알 수 없다.

우리는 자산의 많고 적음을 떠나 분란이 야기되는 모습을 언론을 통해 너무도 많이 보아왔다. "나의 자녀들은 분란이 없을 것"이라는 생각은 잠시 접어두는 것이 좋다. 사전에 철저한 상속 계획을 세워 혹시 발생할지 모르는 유가족 간 분란을 예방하는 것이 필요하다.

(3) 합리적인 재산 분배

현재 보유하고 있는 재산은 일생을 노력하여 증식하고 관리하며 힘들게 지켜온 소중한 재산이다. 이러한 나의 피땀 흘린 재산을 사전에 분배 계획 없이 상속이 발생하면 법에 정한 방법대로 자녀들은 균등 분배하고, 배우자는 자녀 몫의 0.5를 가산하여 받는다. 즉 본인의 자산임에도 본인 의사는 전혀 반영되지 못하게 되는 것이다.

분명히 자녀의 경제 상황과 여러 사정에 의거하여 재산을 더 물려주고 싶은 자녀가 있음에도 의사 반영이 불가능하게 된다. 따라서 사전에 유언이나 증여를 통한 사전 분배 계획이 세워져 있어야 한다.

(4) 과도한 상속세

현재 우리나라 세금 중에서 가장 높은 세율은 상속세와 증여세로 50%이다. 나아가 세금 부과 제척 기간이 15년으로 가

장 길며, 조사 또한 가장 철저한 것이 상속세이다. 사업이 잘
되고 자산이 증가할수록 상속세는 증가하게 된다. 소득이 발
생하면 소득세 최고 세율 45%의 세금을 납부한 후 재산을 상
속할 때 최고 세율 50%로 또다시 납부하게 된다면 열심히 벌
어 자산을 증가시키는 노력이 결국 정부의 주머니만을 채워
주는 결과라면 어떠한 생각이 드는가?

그러므로 상속이 발생하기 전에 할 수 있는 절세 방법을 최
대한 준비하는 것이 필요하다. 빠르고 계획적인 준비만이 과
도한 세금을 줄일 수 있는 길이 될 것이다.

(5) 상속세 납부 재원

철저히 상속세를 줄이는 노력을 하게 되더라도 전혀 납부
하지 않을 수는 없다. 과도한 상속세는 일생을 거쳐 모은 자산
이 세금으로 없어질 수 있다는 것이다. 예를 들어 일생을 모
은 돈으로 100억대의 건물을 매입하여 유산으로 자녀들에게
물려준다고 가정해보자. 100억의 자산이면 세금으로 약 35
억 정도가 필요하다. 35억의 현금이 없다면 자녀들은 상속세
납부를 위해 건물을 매각하거나 대출을 통해 상속세를 납부
하여야 한다.

사망 후 없어질 재산을 위해 한평생 힘들게 살아온 것일
까? 상속 후 재산은 어떻게 처분이 이루어지든 상관없는 것일

까? 이에 쉽사리 동의하는 고객은 많지 않을 것이다. 그러므로 자산을 지키고 온전히 물려주기 위해서는 자녀들이 납부할 상속세에 대한 준비도 필요하다. 자산을 많이 물려주는 것보다 더 중요한 것은 자녀들이 납부할 상속세 준비를 해주는 것이다. 상속세 납부 재원 마련 방법을 미리 확보하는 것이 재산을 지키고 잘 물려주는 최상의 방법이 된다.

▣ 상속설계를 위한 효과적 질문 1

> ▶ FP: 고객님, 사업 성공과 자산 증식을 위해 이렇게 애쓰시는 이유는 무엇입니까?
>
> ---
>
> ▶ 고객: 뭐 행복한 미래를 위해서지요.
>
> ---
>
> ▶ FP: 그렇습니다. 모든 열정을 다 쏟아 사업을 성공시키고, 절약을 통해 자산을 모으고 증식시킨 이유는 행복일 것입니다. 그런데 고객님, 행복한 미래가 고객님 살아계시는 동안에만 해당되는 것일까요?
>
> ---
>
> ▶ 고객: 일단 나 살아있는 동안에 행복하게 사는 것 아니겠어요? 자녀들 교육 잘 시키고 시집 장가 잘 보내면 되지요.
>
> ---
>
> ▶ FP: 물론 그렇지요. 그런데 고객님! 고객님 살아계시는 동안의 행복만을 위한다면 지금으로도 충분하실 것입니다. 아마도 고객님이 안 계시더라도 자녀들이 계속적으로 잘살길 바라서 애쓰고 힘써서 자산을 모으신 것 아니세요?
>
> ---
>
> ▶ 고객: 나 죽은 다음까지 뭐 생각하나요? 알아서 잘들 살겠지요.

> ▶ FP: 네 고객님, 많은 분들이 그렇게 말씀은 하시지만 실제로는 그렇지 않으시더라구요. 없이 시작해서 자수성가하신 분들은 자녀들에게 고생시키지 않기 위해 많은 자산을 물려주고 싶어하시고요. 부모로부터 많은 자산을 물려받은 분들은 그 자산을 자녀에게도 잘 물려주고 싶어하더라구요. 그래서 요즘 자산가들은 상속 및 증여, 즉 자산 이전에 대한 고민을 가장 많이 하시고 절세 방안 등을 저에게 많이 문의하십니다. 고객님도 이제는 자산 이전에 대하여 계획하시고 준비하실 필요가 있습니다.

▣ 상속설계를 위한 효과적 질문 2

> ▶ FP: 고객님, 만약 고객님이 지금 모으신 자산을 국가와 자녀 중 누가 더 많이 가져가길 원하십니까? (혹은) 누가 더 많이 가져갈까요?
>
> --
>
> ▶ 고객: 국가에게 내 자산을 왜 줍니까? 당연히 자녀들에게 줘야지요.
>
> --
>
> ▶ FP: 지당하신 말씀입니다. 고객님이 온 열정을 다 바쳐 일구신 자산을 당연히 국가보다는 자녀에게 물려줘야지요. 그런데 고객님, 죄송하게도 고객님께서 아무 액션도 취하지 않으시고 가만히 계시면 국가에서 더 많이 가져가게 됩니다.
>
> --
>
> ▶ 고객: 아니 그게 무슨 말입니까? 내 자산을 왜 국가가 가져가요?
>
> --
>
> ▶ FP: 고객님, 제 얘기를 한번 들어봐 주세요. 고객님이 애써서 모으신 자산이지만 자녀에게 물려줄 때는 상속세 또는 증여세를 납부하셔야 합니다. 살아서 자녀에게 물려줄 때는 증여세를 납부하게 되고요, 돌아가시면서 물려줄 때는 상속세를 납부하게 됩니다. 그런데 우리나라 상속 증여세 최고 세율이 몇

퍼센트인지 아시요?

▶ 고객: 몇 퍼센트나 되나요? 잘 모르겠는데요.

▶ FP: 고객님. 놀라지 마세요. 최고 세율이 50%입니다. 물려주는
자산 규모에 따라 최저 10%에서 최고 50%의 세금을 납부
하셔야 합니다. 그런데 고객님, 실제로 고객님이 소득이 발생
할 때도 세금을 내셨거든요. 고객님처럼 소득이 높으신 분들
은 49.5%의 세금을 납부하게 되고요. 남은 50.5%를 자녀
에게 물려줄 때 또다시 50%의 세금을 납부하면 실제로 고객
님이 100을 벌어 자녀에게는 25.25를 물려주는 것입니다.
모르고 계셨거나 생각 못 해보셨죠? 고객님.

▶ 고객: 아니, 세금을 그렇게 많이 내나요? 그럼 국가 모르게 주면
되죠.

▶ FP: 고객님, 그건 결코 쉬운 일이 아닙니다. 요즘은 과거와 달리
국민들의 모든 경제활동을 국세청에서 모니터링할 수 있습
니다. 국세청의 '국세행정시스템'(NTIS)을 통해 개인의 소
득, 재산 보유 현황, 소비 현황 등을 축적 관리하고, 수집된 정
보를 분석하여 세무 조사 대상자 선정에 활용하고 있습니다.
혹시 고객님 국세제척기간이란 말을 들어 보셨나요?

▶ 고객: 아니요 들어보지 못했습니다. 그것이 무엇인가요?

▶ FP: 네 고객님, '국세기본법 제26조의 2'에 의하면 부과 제척 기
간은 "과세당국이 세금을 부과할 수 있는 기간"을 말하는데
일반적으로 국세를 부과할 수 있는 날로부터 5년 내로 한다
고 명시하고 있습니다. 다만 상속증여세의 부과제척기간은
기본이 10년이고 최대 15년까지로 늘어납니다. 상속증여 포
탈세액의 기준이 되는 재산가액이 50억이 넘게 되면 경우에
따라 상속증여의 탈세를 안 날로부터 1년 이내에 탈루 세액

을 부과할 수 있게 됩니다. 모든 세금 중에서 부과제척기간이 가장 길 정도로 과세당국의 관심이 높다 할 수 있습니다.

▶ 고객: 그렇게 기간이 길다는 것은 알지 못했네요.

▶ FP: 고객님, 만약 증여세 1억을 신고하지 않고 있다가 10년 후 발각되면 추징세액이 얼마나 되는지 아세요?

▶ 고객: 추징세액 얼마 되겠어요? 그냥 납부하면 되겠지요.

▶ FP: 1억의 세금을 납부하지 않은 것이 추후 발견된다면 미납부 금액에 대하여 신고불성실 가산세로 최고 40%가 추징되고, 납부지연 가산세로 연 8.03%가 추징됩니다. 신고불성실 가산세로 최고 4,000만 원에, 납부지연 가산세 8,030만 원 (10년 80.3%)을 합하여 1억 2030만 원의 세금이 추가됩니다. 즉 세금 1억이 무려 2억 2030만 원으로 증가하게 됩니다. 금액이 1억이니까 그렇지 납부할 탈루세금이 10억이었다면 무려 22억 300만 원으로 증가하게 됩니다. 따라서 애써 모은 재산을 국가에 헌납하지 않기 위해서는 체계적인 상속설계를 통해 자녀에게 더 많은 재산을 물려주는 것이 좋지 않으시겠어요?

▶ 고객: 네 진짜 심각하네요. 뭔가 준비가 있어야겠네요.

▶ FP: 고객님, 몇 가지 정보만 주시면 제가 상속세를 계산해드릴 수 있고 다양한 절세 방안을 마련해 드리겠습니다. 힘들게 모은 자산! 자녀들에게 최대한 많이 이전될 수 있도록 저희 세무사와 변호사 등 전문가들과 함께 최적의 솔루션을 제공해 드리겠습니다.

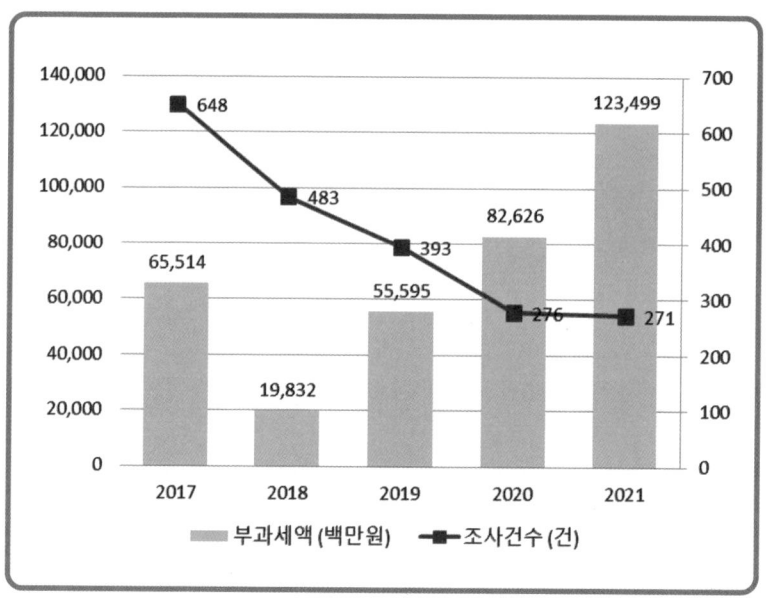

증여세 세무 조사를 통한 추징액의 변화 (출처:국세통계포털)

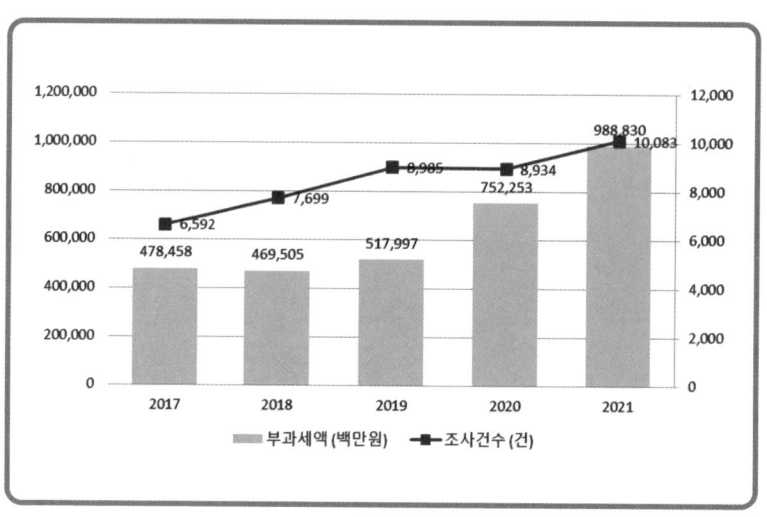

상속세 세무조사를 통한 추징액의 변화

▶ FP: 고객님, 부동산 가격이 많이 상승해서 고객님의 자산가치가 많이 늘어난 것 축하드립니다. 정말 투자를 잘하셨네요.

▶ 고객: 운이 참 좋았습니다. 그런데 부동산을 내 돈으로만 사지는 않았어요. 은행 대출이 있어요.

▶ FP: 네 많은 분들이 부동산 투자 시 은행 대출을 통해 레버리지 효과를 누리지요. 고객님 은행 대출 얼마나 받으셨어요?

▶ 고객: 조금 받았습니다. 월세 받아서 조금씩 갚아나가면 될 것 같습니다.

▶ FP: 그러시군요. 고객님 저는 조금 걱정되는 것이 있습니다. 제 주변에서도 많이 보았고, 제가 실제로 많은 상담을 통해 경험한 것이 있기 때문입니다.

▶ 고객: 뭐가 걱정된다는 것이지요?

▶ FP: 고객님, 부동산은 매각해서 양도차익을 얻기 위해서입니까? 아님 보유를 통해 임대소득을 얻기 위한 것인가요?

▶ 고객: 임대소득을 통해 부채도 청산하고 노후 소득으로도 활용하면 좋을 것 같아 보유할 예정입니다.

▶ FP: 네. 대부분 부동산 임대 소득을 통해 은퇴생활을 희망하지요. 말씀드리기 송구하나 인간은 누구나 언젠가는 상속이라는 시기가 올 것입니다.

▶ 고객: 그렇겠지요.

▶ FP: 그리 동의해주시니 감사합니다. 부동산을 많이 소유한 부동

산 부자고객들에게 발생하는 문제가 있습니다. 바로 상속 발생 시 유가족들이 겪게 되는 고통입니다.

▶ 고객: 부동산 부자의 유가족들이 겪는 고통이 있다고요?

▶ FP: 네. 고객님 한번 생각해 보시지요. 고객님은 부동산 구입하는 데 조금의 부채가 있으십니다. 아마도 부채를 갚고 은퇴생활에 소득의 많은 부분을 사용하시게 될 것입니다.

▶ 고객: 아마도 그렇겠지요.

▶ FP: 고객님의 거주 부동산과 빌딩 등을 합하면 지금처럼 부동산 가격이 상승한다면 시가 100억이 될 날도 멀지 않은 듯합니다. 하지만 부동산 가격이 상승하면 걱정되는 게 있습니다. 바로 세금입니다. 100억 정도의 부동산을 보유하고 있다가 상속이 발생하면 상속세만 약 30억이 됩니다. 취득세와 각종 비용을 합산하면 30억을 훨씬 초과할 것입니다.

▶ 고객: 상속세가 그렇게 많이 나오나요?

▶ FP: 그렇습니다. 그런데 고객님 현금 30억 있으세요? 언제 상속이 발생할지 모르는데 상속세로 30억 모을 수 있으시겠어요? 월 천만 원씩 저축해도 20년 이상을 지속적으로 납입하여야만 모을 수 있을 것입니다.

▶ 고객: 쉽지는 않을 것 같습니다.

▶ FP: 그렇지요. 그럼 상속 발생 시 납부할 세금이 없다면 자녀들은 어떤 결정을 해야 할까요? 아마도 대출을 받아 상속세를 내거나 건물을 매각해서 상속세를 납부해야 할 것입니다. 대출을 받으면 자녀들은 임대소득으로 대출 상환에 몇 년을 소비해야 합니다. 또 빌딩을 매각한다고 생각해 보겠습니다. 고객님의 유산인 빌딩을 매각하는 것은 결코 쉬운 일이 아닙니

다. 고객님도 그걸 원하시는 않을 것이고요.

▶ 고객: 그런 일이 발생할 수도 있을 것 같습니다.

▶ FP: 그래서 부동산을 많이 보유하신 분들은 더욱 적극적으로 자산 이전 계획을 세우고 계십니다. 호랑이는 죽어서 가죽을 남기듯 고객님은 일생을 힘들게 일하셔서 멋진 빌딩을 남기셨습니다. 저는 피와 땀의 결실인 빌딩이 자녀들에게 잘 이전되길 바랍니다. 건물을 보면서 자녀들이 고객님을 계속 추모하고 감사하며 대를 이어 행복한 삶을 지속하길 바랍니다. 이러한 저의 소망이 고객의 소망이 되길 바라며, 고객님께 꼭 자산 이전 설계를 한번 받아보실 것을 권해드립니다. 저와 저희 회사 세무사, 변호사가 고객님께 맞춤형 자산 이전 설계를 위해 몇 가지 정보를 여쭤보고 싶습니다. 잠깐이면 됩니다.

* 참고: 자산 종류별 상속세 결정 현황

구 분	2017년	2018년	2019년	2020년	2021년
부동산	8조 3490억	9조 7546억	10조 2914억	13조 70억	18조 867억
금융	4조 1996억	4조 3009억	4조 9873억	6조 8306억	6조 6696억

(출처: 국세통계포털)

② 상속설계 프로세스와 제안서 작성

상속은 다른 어떤 재무목표 달성을 위한 설계보다 고객이 예민하고, 고객의 의사 반영이 절대적으로 중심이 되어야 한다. 일생 동안 본인의 피와 땀이 모아진 자산이기에 사전에 나누고, 사후에 배분하는 것을 생전에 생각한다는 것은 결코 쉬운 일이 아니다. 왜냐하면 자신의 죽음을 가정한 것이기에 누구도 본인의 죽음 뒤에 발생할 일을 생전에 생각하는 것은 쉬운 일이 아니기 때문이다.

그러므로 상속설계는 고객과의 충분한 공감대 형성이 우선시되어야 하며, 고객 의사가 철저히 반영되는 가운데서 이루어져야 한다. 세금이라는 이성적 판단과 더불어 고객 니즈를 잘 헤아려 고객 의사를 최대한 반영하기 위해 프로세스는 더욱 중요해진다.

상속설계 프로세스 요약

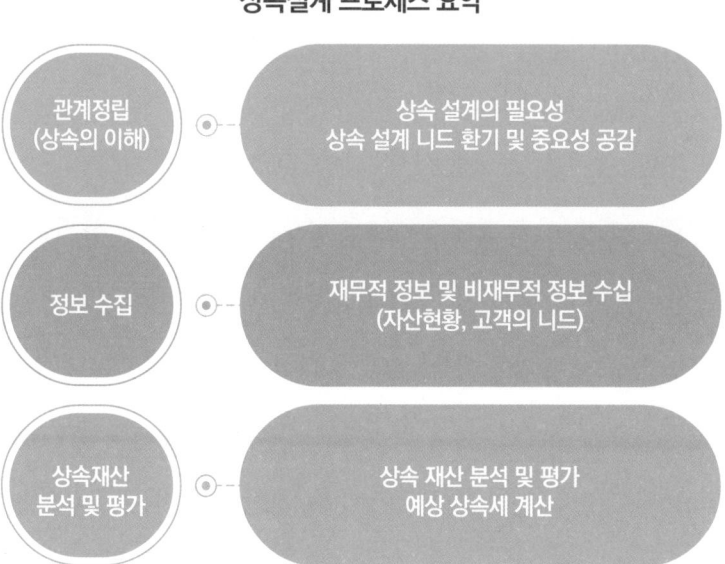

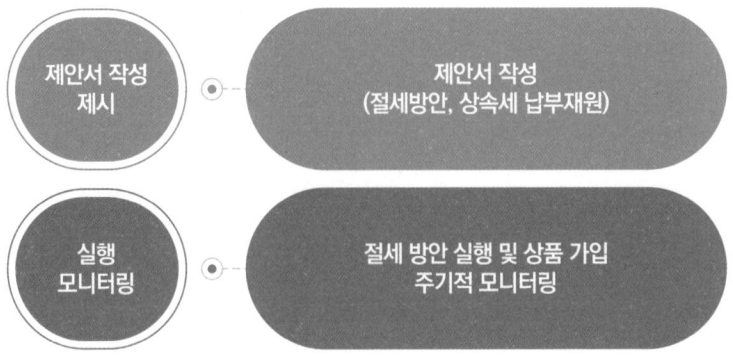

③ 상속설계 핵심 포인트와 고려 사항

(1) 상속설계 핵심 포인트

상속설계의 핵심은 분쟁 방지와 자산의 온전한 이전이다. 분쟁 방지를 위해 유언 또는 사전 증여 등 생전에 재산의 분배를 어느 정도 정리하여 주는 것이 필요하다. 두 번째로는 자산의 온전한 이전을 위해 절세 방안을 모색하는 것인데 절세를 위한 최선의 방법은 사전 증여이다.

사전 증여 시 고려할 사항들은 '어떠한 자산을 누구에게 언제 줄 것인가'의 문제이다. 그리고 그에 따른 최적의 설계안을 마련하는 것이다. 또한 자산의 온전한 이전을 위해 중요한 것은 상속세 납부 재원이다. 따라서 최적의 상속세 납부 재원 확보 방안으로 적절한 금융 자산 포트폴리오를 구성해야 한다.

마지막으로 간과해서는 안 되는 것이 본인과 배우자의 노후생활에 대한 준비이다. 상속설계에서 놓치기 쉬운 것이 노후의 삶에 대한 철저한 준비이다. 간혹 상속설계 시 절세 포인트를 강조하고 설계할 경우 정작 중요한 본인들의 노후에 대한 준비는 부족하고 그에 따른 가족 간 불화가 발생할 수 있다. 그러므로 상속설계 시 반드시 체크되어야 할 부분은 본인들의 노후 안전판이다.

(2) 상속설계 시 고려 사항

첫째, 고객이 원하는 방향으로 설계해야 한다.

고객의 자산 이전은 고객의 고뇌에 찬 결단으로 이루어지는 것이다. 따라서 FP 중심이 아닌 고객의 니즈와 고객이 바라는 목표대로 실행되어야 한다. 다만 고객의 제안이 현저히 고객 이익에 부합되지 않는다면 그 부분에 대한 재확인이 필요할 뿐이다. 고객의 이익이 되지 않더라도 고객이 원하면 원하는 방향으로 설계를 진행하는 것이 옳다.

둘째, 철저히 보수적으로 설계해야 한다.

상속설계는 인생의 마무리이며 민법의 상속 관련 법 적용과 세법의 상속세, 증여세법이 적용된다. 즉 단순하고 공격적인 설계를 통해 법 위반 사항이 발생하면 설계 자체가 무의미해진다. 따라서 철저히 보수적인 관점에서 상속설계를 해야 한다.

셋째, 서두르면 안 된다.

상속설계는 고객과의 끊임없는 만남을 통해 설계안이 여러 번 수정하는 과정을 거치게 된다. 따라서 FP 입장에서는 지루하고 굉장히 힘든 과정이 될 수 있다. 이러한 이유는 자산 이전에 고려할 사항이 많으며, 고객 마음의 변화, 다양한 변수들이 발생하기 때문이다. 따라서 여유를 가지고 서두르지 말고 상담을 진행해야 한다.

넷째, 상속인과 피상속인의 니즈를 잘 파악해야 한다.

상속설계의 주도권이 누구에게 있는지 살피는 것이 중요하다. 대부분의 경우에는 피상속인에게 있겠으나 그렇지 않은 경우도 많다. 따라서 피상속인에게 있는지, 상속인에게 있는지, 또는 상속인 중에서는 어느 자녀에게 있는지를 파악한다. 왜냐하면 주도자의 의사가 충실하게 반영되는 것이 실행하는 데 효과적이기 때문이다.

상속설계에 피상속인과 상속인이 모두 참여할 경우에는 각자의 이해관계를 잘 살피고 조정해야 한다. 특히 주도권자의 의사를 철저히 존중해야 원만한 상담과 설계, 실행이 진행될 수 있다.

마지막으로, 전문가와의 협업이 중요하다. 상속설계는 민법에 관한 전문가, 세무사 등과의 협업이 큰 역할을 한다. 법이라는 전문 부분을 다루는 경우가 많기 때문이다. 철저히 전문가 의견을 구하고 피드백 받으면서 상담을 진행하여야 한다. 하지만 잊지 말아야 할 것은 전문가와 협업은 하되 상담의 주도권은 FP가 확보해야 한다.

5) 사업자 설계

사업자 설계는 재무목표와는 직접적 연관이 없다. 하지만 우리가 추구하는 V마케팅의 주요한 고객이다. 사업자들의 주요 니즈와 공감 형성을 바탕으로 고객과의 상담에 임해야 한다. 사업자들은 사업 성공을 통해 주요 재무목표 달성을 추구한다. 이를 위해 사업과 관련하여 가계의 재무상태에 영향을 미치는 주요 내용에 대해 살펴보자.

사업의 성공은 행복한 미래 설계에 중요한 요인이다. 결국 사업자들은 사업 성공을 위해 다양한 고민을 한다. FP는 기본적으로 고객 니즈에 공감할 줄 알아야 한다. 그들의 문제를 들어주고 해결을 위해 함께 고민하고 해결 방안을 조언해 주는 일이다.

사업자들은 매출과 이익관리가 중요하다. 하지만 매출과 이익관리의 원천은 돈과 사람 관리이다. 이익관리, 즉 돈 관리는 세금과 밀접하게 연관되어 있다. 또한 사람 관리는 종업원 노무관리가 핵심이다. 세무관리와 노무관리는 전문가 영역이고 협업 분야이기는 하지만 FP도 그 내용에 대하여 핵심적 부분은 알아야 할 필요가 있다. 사업자 재무설계를 위해 알아야 할 기본적인 내용은 다음과 같다.

① 세무관리 필요성

최근 국가 운영의 주체인 정부의 가장 큰 화두는 고연령 인구 증가에 따른 복지 문제이다. 복지 문제 해결은 결국 돈의 문제이다. 즉 국가재정이 넉넉해야 복지 문제를 해결할 수 있다. 국가재정은 결국 세금을 얼마나 많이 징수하느냐에 달려있다. 세금 징수의 원천은 근로자나 가난한 사람이 결코 될 수 없다. 정부는 고소득 개인사업자 또는 법인사업자 등 사업체 세무조사를 통해 부족한 세금을 충당하거나 세수를 확보하려 한다.

2021년 중점 관리 분야인 대기업, 대재산가, 고소득사업자, 역외탈세 분야에서 1,992건의 세무조사를 통해 3조 8254억 원을 추징하였다. 세무 조사 1건당 약 19억 원에 달하는 엄청난 금액이었다.

물론 사업자 절세 마케팅은 세무사의 영역이 큰 비중을 차지하지만 FP 역시 고객 자산관리의 한 축을 담당하는 역할을 해야 한다. 절세와 더불어 철저한 세무관리를 통한 고객의 소중한 자산을 보호해주는 FP의 역할이야말로 V마케팅의 중요한 부분이다. 세무조사로 인한 과도한 세금 추징과 그에 따르는 사업 전반의 리스크는 가계 리스크로 옮겨가기 때문에 고객이 생각하지 못하는 부분에 대한 정보 제공은 대단히 중요하다.

② 국세청 조세정보 수집 시스템의 이해

국세청은 2015년 차세대 국세행정시스템(Neo Tax Integrated System) 일명 NTIS를 오픈하였다. NTIS는 1,800억 건 이상의 방대한 데이터를 바탕으로 탈루 가능성을 아주 면밀히 분석하여 숨은 세원을 찾아내는 것으로 알려졌다. 국세청 직원이 하나하나 분석해야 했던 일을 이제는 국세행정 프로그램을 통해 국세청에서 원하는 정보를 손쉽게 확인 가능하다. 개인 및 법인 통합 분석, 은닉 재산 추적 등을 할 수 있도록 납세자의 신고와 납부 현황 등을 종합적으로 분석 제공하는 것으로 알려졌다.

또한 소득지출분석시스템(Property, Consumption and Income Analysis System) 일명 PCI시스템을 활용하여 적극적으로 탈루 혐의자를 전산 추출함으로써 지능적인 탈세에 적극 대처하고 있다. PCI시스템은 국세청에서 보유하고 있는 과세 정보자료를 체계적으로 통합 관리하여 일정 기간 신고

소득과 재산 증가, 소비 지출액을 비교 분석하는 시스템이다.

PCI시스템 모델

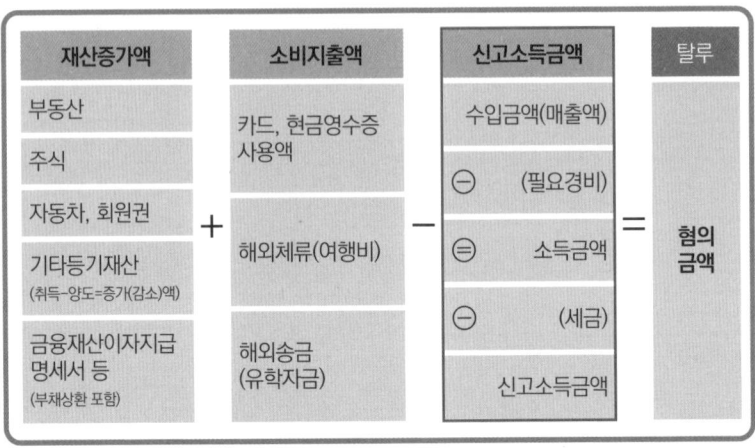

PCI시스템은 개인사업자 탈루 소득 적발, 법인사업자의 법인자금 사적 사용 여부 검증, 고액자산 취득 시 자금 출처 관리, 세무조사 대상자 선정 시 등에 활용한다. 특히 고소득 전문가나 자영업자의 경우 신고소득에 비해 재산 증가나 소비 지출이 큰 사업자 위주로 세무조사 대상자를 선정하는 것으로 알려졌다.

국세청은 2023년 2월 다양한 세무 검증 시스템을 활용하여 84명을 세무조사에 착수하였다는 보도자료를 제공하였다. 몇 가지 사례를 소개하면 다음과 같다.

인터넷에 저작물을 연재하는 웹툰 작가가 설립한 법인으

로 실제 근무하지 않은 가족에게 가공의 인건비를 제공하여 법인 자금을 유출하고, 대표는 법인 명의로 슈퍼카 여러 대를 사적으로 사용하고 있었다. 또한 법인 신용카드로 고가의 사치품을 구매하고 SNS를 통해 적극적으로 과시하는 등 호화 사치생활을 하는 것이 적발되어 법인자금 유출 등의 혐의로 엄정 조사에 착수하였다.

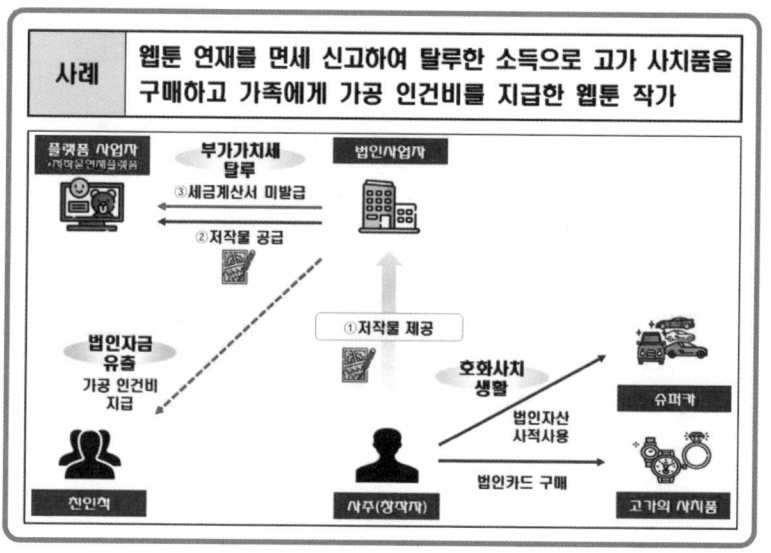

두 번째 사례는 젊은 층에 인기 높은 재테크 방송 전문 유튜버이다. 가상자산 거래소를 홍보하여 해당 거래소를 가입시키고 수수료를 가상자산으로 수취한 뒤 신고 누락하였다. 또한 수입이 급증하자 방송 수입 등을 친인척과 직원 명의 등 차명으로 소득을 분산하였고 가족 채무를 대신 상환하면서 신고를 누락하였다. 탈루 소득으로 고가 부동산과 슈퍼카를 가족 명의로 구입하는 등 호화 사치생활을 영위하는 것으로 나타나 매출 누락과 증여세 누락 혐의로 조사에 착수하였다.

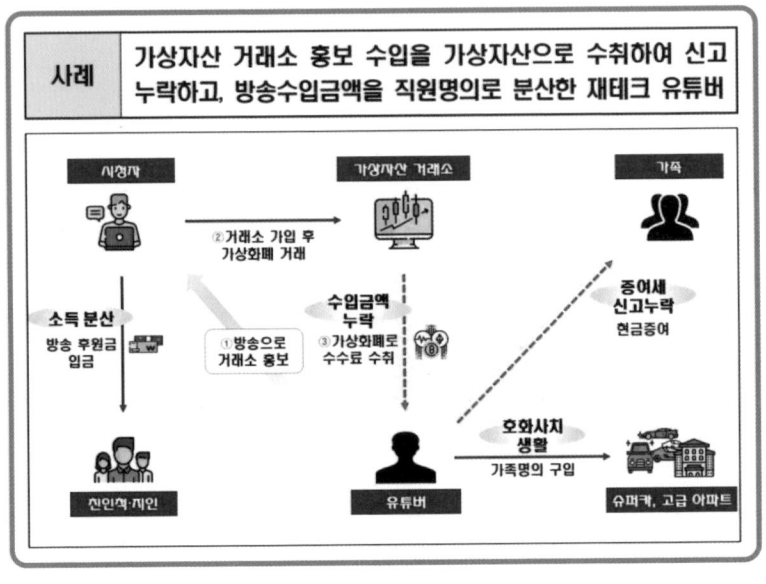

두 사례의 공통점은 호화 사생활을 하였다는 것이다. 과세 당국은 조사 전에 어떻게 알고 실제 세무조사에 착수할 수 있었을까? 그것은 소득 지출 분석시스템을 활용해 소득과 지출 자산 증가 현황에 대한 사전 분석을 통해 알게 된 것이다. 이외에도 다양한 전산시스템을 활용하여 적극적으로 탈세 방지에 주력하고 있다. FP는 고객의 자산관리 전문가로 절세 방안뿐 아니라 자산과 소득 및 지출관리에 대한 적극적 조언이 필요하다.

차명주식통합 분석시스템	- NTIS의 정보분석 기능을 기반으로 장기간에 걸친 주식 보유현황, 취득, 양도 등 과세자료와 FIU등의 연계를 통해 명의신탁 혐의가 높은 자료만을 정밀 검증하여 탈세 혐의 차단을 목적으로 함
전자세금계산서 조기경보시스템	- 전자세금 계산서 발급상황을 실시간으로 감시해 조기에 자료상을 색출하는 '신고전 조기경보 시스템과 신고내용을 종합분석 부당공제 등 불성실 사업자를 적발하는 신고 후 조기검증시스템으로 구성
체납자 재산은닉 혐의 분석시스템	- 매월 1회 체납자의 소득 소비지출 재산병동 현황등을 전산분석, 호화생활 및 재산은닉 혐의자 추출을 위해 2015년 가동

④ 금융거래의 저승사자, 금융정보분석원

금융정보분석원(Financial Intelligence Unit: FIU)은 2001년 설립되었으며, 금융회사로부터 보고받은 의심스러운 금융거래 정보를 분석한다. 분석 결과 범죄자금 또는 자금세탁과 관련 있다고 판단될 경우 법 집행기관(검찰청, 경찰청, 국세청, 관세청)에 관련 정보를 제공하는 역할을 한다.

이 책에서 사용된 금융정보 분석 관련 자료는 FIU의 〈2021년 연차보고서〉를 참조하였다.

FIU는 금융회사로부터 정보 제공을 받기 위해 의심거래보고 제도와 고액현금거래보고 제도를 운영하고 있다.

자금세탁방지 및 공중협박자금조달금지 업무체계

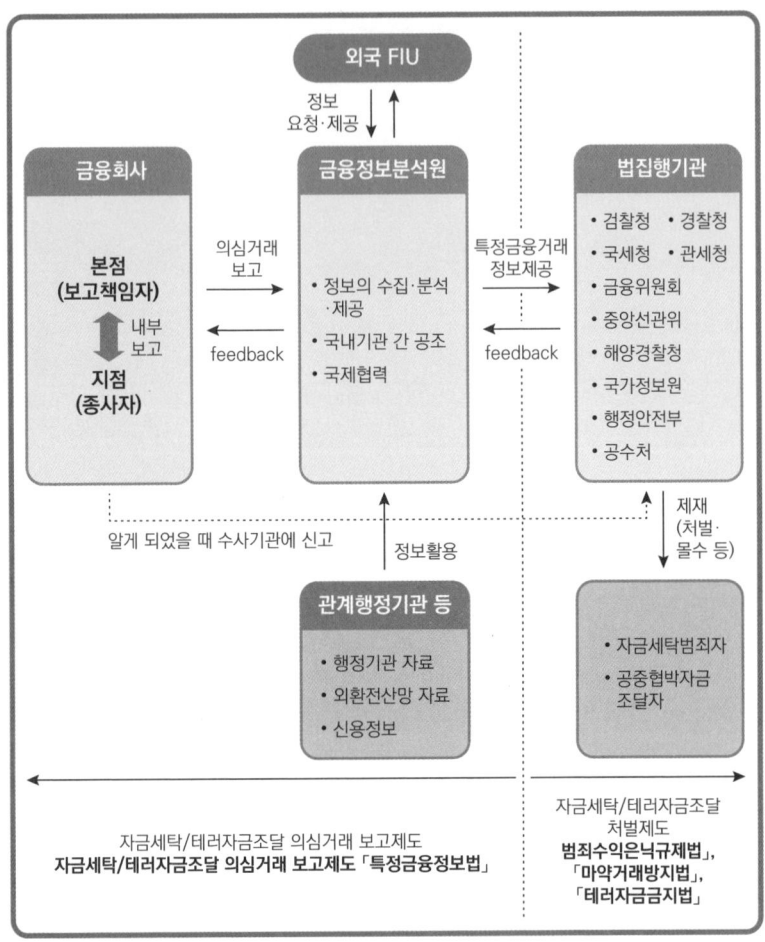

　　의심거래보고 제도는 금융거래 등과 관련하여 불법재산

또는 자금세탁 행위로 의심될 경우 FIU에 보고하도록 하는

제도인데 금융회사 자체 기준을 통해 운영되고 있다. FIU 자

료에 의하면 2021년 의심 거래 보고 건수 884,655건 중에서

42,595건이 법집행기관으로 제공되어 탈세 등 각종 범법행위 조사자료로 활용됐을 것으로 추정된다. 고액현금거래보고제도는 하루 천만 원 이상의 현금을 입금하거나 출금한 경우 거래자의 신원, 거래 일시, 거래 금액 등이 전산시스템을 통해 자동으로 FIU에 보고되도록 하고 있다. 고액현금 거래 건수는 2021년 20,551건으로 2018년 9,539건 대비 100%정도 증가되었다.

〈출처: 금융정보분석원 2021년 연차보고서〉

특정금융거래정보의 법집행기관별 제공내역

(단위 : STR)

구분	검찰청	경찰청	국세청	관세청	금융위	선관위	해경청	국정원	공수처	행안부	합계
2016	1,136	6,678	14,827	2,232	329	0	0	3	–	–	25,205
2017	735	4,910	13,773	2,972	30	0	210	4	–	–	22,634
2018	890	10,572	17,746	4,178	6	0	0	0	–	–	33,392
2019	1,924	11,760	13,069	2,658	12	0	0	0	–	–	29,423
2020	1,146	14,795	19,939	1,888	0	0	0	0	–	–	37,768
2021	2,642	18,785	17,475	3,651	30	0	0	12	0	0	42,595
합계	8,473	67,500	96,829	17,579	407	0	210	19	0	0	191,017

〈출처: 금융정보분석원 2021년 연차보고서〉

추가적으로 한 가지 더 관심을 기울일 부분이 있다. FIU가 자체 분석하여 제공한 데이터가 2021년 42,595건이었는데, 법집행기관이 추가로 요구한 자료도 무려 41,645건이나 되었다. 특히 국세청은 탈세 혐의자 관리와 조사를 위해 가장 적극적으로 FIU 수집 정보를 활용하는 것으로 나타났다. 특정 금융거래정보의 법집행기관의 자료 요구 건수는 2021년 41,645건이었는데 그중 40,742건, 98%가 국세청에서 요구한 건수였다.

따라서 고액 자산가들의 경우 의심 거래나 고액현금 거래와 관련하여 대단히 주의가 필요함을 알 수 있다. 이처럼 고소득 사업자와 자산가들은 전문가를 통한 최적의 자산관리 방안에 철저한 계획과 실행이 필요하다. 고도화되는 세무 검증시스템에서 고객들은 세무 리스크 축소에 관심을 가져야 한다. 특히 자산증가분 관리와 노출 억제 방안에 대한 세심한 점검과 대책 마련이 선행되어야 할 것이다. 다소 민감한 부분을 공개적으로 언급하는 것에 한계가 있음에 아쉬움이 있다.

⑤ 성실신고확인 제도와 법인 전환

2013년부터 개인사업자 성실신고확인 제도를 운영하고 있다. 이 제도는 매출액이 일정 수준에 달하는 사업자는 여타 사업자와 달리 더 성실한 신고를 요구하는 제도이다. 매출액 15억 원 이상의 도소매업, 매출액 7.5억 원 이상의 제조업, 음식숙박업, 건설업, 매출액 5억 원 이상의 개인 및 교육서비스업이 해당된다.

성실신고확인 대상 사업자는 2가지 측면에서 부담이 발생한다. 첫째는 기타경비의 철저한 확인으로 세무사의 가공 경비 입력이 어려워져 소득세가 증가한다는 것이고, 둘째는 성실신고 대행으로 인한 세무사 수수료가 증가하여 사업자 입장에서는 비용 부담이 늘어난다고 볼 수 있다.

성실신고확인 대상에서 제외되려면 어떻게 하면 될까?

첫째, 매출액 축소다. 성실신고확인 대상 선정은 순수하게 매출액 규모로 선정되기 때문에 매출액 축소는 하나의 방안이 될 수 있다. 그러나 개인사업의 목적이 이윤 추구임을 감안할 때 매출액의 인위적 축소는 바람직하지 않을 수 있다.

둘째, 사업장의 분할 또는 매각이다. 사업장 분할의 경우, 동일인이 동일 업종으로 분할하면 합산하여 과세하기 때문에 효과가 없다. 타인을 사업주로 하여 분할하면 차명거래 우려가 발생할 수 있다. 결국 성실신고확인 대상을 피하기 위해서는 법인 전환을 검토할 수밖에 없다.

성실신고확인 대상을 피하기 위해 법인으로 전환하는 것은 바람직한 방법인지가 컨설팅 이슈가 된다. 법인 전환을 검토하기 위해서는 개인사업장이 절세를 택할 것인가? 아니면 자금관리를 택할 것인가를 먼저 결정해야 한다.

자금관리, 즉 현금 수입이 많아 세무관리가 필요한 사업체는 개인사업자가 바람직하며, 절세를 원하는 사업자는 법인 전환이 유리하다. 또한 법인 전환을 선택했을 때 법인 자금의 공공성을 감안한다면 법인 자금의 인출, 즉 개인화에 대한 컨설팅이 필요하다.

법인 전환을 소득세 부담 측면에서 고려하면, 적용되는 소득세율이 35% 이상, 즉 과표 8,800만 원을 초과할 경우 고민을 시작하는 것이 합리적이다. 왜냐하면 법인의 경우 법인세 9%, 배당소득세 14%를 더한 23%를 최저 세금으로 납부하게 될 것이며 또한 기장수수료 등이 개인사업자보다 높게 책정되는 게 일반적이므로 최소 35%의 세율 구간부터 법인 전환의 실익이 발생하기 때문이다. 그동안 나의 경험으로는 38%인 과세표준 1.5억 원 이상부터는 법인으로 전환하는 것이 항상 유리했다.

신설 법인으로 전환하는 경우 개인사업체보다 복잡한 절차를 이행해야 한다. 개인사업체는 관할 세무서에 가서 사업자등록 신청을 하고, 사업자등록 후 사업을 할 수 있지만 법인의 경우 정관 작성, 자본금 납부, 법무사를 통한 설립등기 절차 후에 세무서에 가서 법인사업자 등록 신청을 해야 한다.

하지만 법인 설립을 너무 어렵게 생각해서는 안 된다. 부동산을 매매해 본 적이 있는가? 부동산 매매를 하면 법원에 가서 등기를 해야 한다. 직접 가서 부동산 등기를 마친 사람은 많지 않을 것이다. 법인 설립도 마찬가지다. 설립에 필요한 구비서류만 준비하면 법무사들이 대신해준다. 부동산을 등기할 때 소요되는 비용이 있다. 법인 설립도 마찬가지로 구비서류와 약간의 수수료와 세금을 납부하면 법무사가 대행해 준다.

자본금 5,000만 원 법인을 설립할 때 약 70만 원 규모의 비용만 부담한다면 설립에 따른 절차를 완료할 수 있다. 어떤 FP는 법인 설립을 지원해 주고, 법인 대표가 필요한 보험 가입을 권유하는 마케팅을 한다. 법인 설립 절차를 도와주고, 종신보험 300만 원을 가입시킬 수 있다면 법인 전환 서비스에 도전할 만하지 않은가?

개인사업체와는 달리 법인 설립 시 대표는 몇 가지 선택해야 할 일들이 있다. 무엇보다도 법인 자금의 공공성으로 인해 확실한 회계처리가 없으면 자금 활용이 어렵다는 것이다. 둘째는, 법인 자금을 활용하기 위해서는 정관 변경, 주주총회 등의 절차를 거친 제도적 준비가 필요하다는 것이다. 즉 법인 설립 시 주주 구성은 어떻게 할 것인가? 임원 구성은 어떻게 할 것인가? 법인 재무제표 관리는 어떻게 할 것인가? 법인 이익

잉여금은 어떻게 처분할 것인가? 등에 대한 사전 이해가 있어야 한다. 이러한 부분을 법인 설립 전에 사업주에게 주지시켜야 한다.

법인 자금을 활용하는 방법은 주주 구성을 다양화하여 배당 정책을 활용해야 한다. 또한 임원 구성을 다양하게 하여 급여 증가분에 따른 소득세를 축소시키고, 개인사업체에서 준비하지 못했던 대표이사의 퇴직금을 준비해야 한다. 나아가 사고나 재해 시 회사로부터 보호받을 수 있는 장치도 만들어야 한다.

성실신고확인 제도는 개인사업자에게 커다란 고민이 되며, 고객의 고민을 해결하는 것은 컨설팅의 성공과 컨설팅 시장의 확대를 기할 수 있다. 성실신고확인 대상이 된 사업체는 개인사업체 규모가 크다는 것과 규모가 크면 이익이 많다는 것을 고려할 때 높은 성과를 낼 수 있는 좋은 시장이라 할 수 있다.

성실신고확인 제도를 활용한 법인 전환 마케팅은 FP에게 많은 성과를 가져다주는 좋은 기회이다. 성실신고확인 제도의 내용을 숙지하고, 법인 설립 절차와 법인 이익의 환수라는 CEO 플랜의 기초 지식을 이해한다면 FP에게 고성과를 창출시켜주는 시장이 될 수 있다.

⑥ 사업자 노무관리

사업자들에게 가장 큰 고민거리는 바로 돈과 사람 관련 문제다. 사업자금을 어떻게 마련할 것인가? 세금은 어떻게 절세할 것인가?라는 돈과 관련된 문제는 필수적이다. 다른 한 가지는 바로 종업원이라는 사람과 관련되어 있다. 좋은 사람을 직원으로 채용하는 것, 좋은 직원들로 하여금 생산성을 향상시키는 것은 노무관리이다. 세금에 관심 있거나 노무에 관심 있는 사업자는 어느 정도 사업 규모가 되는 사업장이고, 고액의 성과를 낼 수 있는 고객이기 때문에 좋은 마케팅 대상이 된다.

2012년 10월 어느 날, 일식집을 운영하는 고객이 서류를 잔뜩 들고 사무실로 방문했다. 정중히 테이블로 모시고 자초지종을 들었다. 고객은 화가 나서 분노를 억누르는 모습이었다. 본인은 노무 문제의 심각성을 잘 알기에 직원들에게도 엄청 잘해주고 근로계약서도 잘 작성해서 보관하고 있다며 근로계약서를 보여주었다. 고객의 흥분을 가라앉히면서 사업장에 무슨 일이 생겼냐고 물었다. "직원 한 명이 그만둔다고 하여 붙잡았으나 퇴직 의사가 완강하여 어쩔 수 없이 퇴사 처리를 해주었다"고 하였다. 그런데 며칠 후 고용노동부 지방청에서 부당해고로 인한 민원이 접수되었다는 연락을 받았다 한다. 사장은 어이가 없고 억울하다는 입장을 피력하며 상담을 의뢰한 것이었다.

물론 사장 입장에서는 아주 억울한 일이다. 하지만 그에게 정중하게 설명하였다. "노동 관련 법에 의하면 해고 30일 전에 직원에게 반드시 서면으로 안내를 해야 합니다. 법을 위반하였을 경우에는 2년 이하의 징역 또는 2천만 원 이하의 벌금에 처하게 됩니다. 억울하시겠지만 직원을 불러 정중하게 한달 분 급여를 더 주고 민원 취하를 요청하는 것이 좋겠습니다"라고 조언한 다음 노무사를 소개해주었다.

이러한 상황은 노무 관련 상담을 진행하면서 너무도 많이 목격하는 현상이다. 모든 고객들은 한결같이 "그 직원에게 잘해줬는데, 급여도 다른 사업장보다 많이 주었는데, 정말 그럴 줄 몰랐는데"라는 하소연을 이구동성으로 한다. 세상 참 각박하다 할 수 있으나 같은 공간에서 근무할 때와 퇴사하고 난 뒤의 직원이 한결같다고 할 수는 없다. 사업하는 고객들은 이것이 현실임을 인정할 수밖에 없을 것이다.

따라서 노무 마케팅을 통해 경영인으로 하여금 예방적 노무관리로 법적 리스크 회피를 도와주고, 리스크 예방을 통해 향후에 발생되는 비용 부담을 축소할 있도록 해줘야 한다. FP에게 노무 마케팅은 신규 시장 확보를 할 수 있고, 차별화된 고객 서비스를 제공함으로써 시장 경쟁력을 키울 수 있다. 고객은 리스크 점검을 통해 미래 발생할 수 있는 재정적 손실을 예방할 수 있다. 일식집 사장님은 지금도 만나는 관계로 발전했다.

노무 분쟁이 발생한다면, 현행법에서는 형사상 처벌과 행정상의 벌칙 그리고 민사상 손실을 감당해야 한다. 예를 들어 임금을 잘못 계산하여 법적 임금보다 적게 지급하면 임금 체불로 3년 이하의 징역 또는 3천만 원 이하의 벌금이 부과된다. 최저임금에 미달한다면 최저임금법 위반으로 3년 이하의 징역 또는 2천만 원 이하의 벌금이 내려진다. 임금채권에 대한 소멸 시효는 3년이므로 3년 동안 미달하게 지급한 임금은 물론 미지급한 날짜에 대한 가산이자까지 지급해야 한다. 과도한 비용이 발생할 경우 회사 재산에 대한 민사집행의 위험까지 갈 수 있다.

이에 더해 근로기준법 등 관계 법령에서 근로자를 채용하는 경우부터 근로계약이 종료되는 기간까지 사업주의 다양한 의무를 규정하고 있으며 위반 시 벌금 또는 징역 처분을 규정하고 있다. 그러므로 노무관리는 근로계약의 체결에서 시작하여 근로자의 근무 기간 동안에는 근로시간의 준수 및 휴일 휴가 관리를 포함해 근로계약 종료 시 해고 통보까지 전 과정에서 면밀하게 주의를 기울여야 한다.

사업주와 근로자는 근로계약을 체결함으로써 근로자는 근로를 제공하게 되고, 사업주는 법에 정한 임금을 지급해야 한다. 노무분쟁 발생 시 이러한 계약 이행이 주요 이슈가 된다.

대규모 사업장을 제외하고 10인 이하 사업장은 노무사 없이 노무관리가 이루어지는 것이 대부분이고, 이러한 사업장의 노무관리는 근로계약서 작성이 가장 중요하다. 중소 사업장의 노무관리 핵심은 근로계약서의 올바른 작성이 가장 중요한 컨설팅이다.

10인 이상 사업장은 노무사를 소개하여 올바른 노무관리가 이루어지게 하는 것이 컨설팅 방안이며, 10인 미만 사업장은 근로계약서의 올바른 작성만으로도 충분한 컨설팅이 이루어질 수 있다.

노무 컨설팅의 타깃이 되는 5인 미만 사업장은 3대 기초노동질서, 즉 근로계약서 작성 및 교부, 임금대장 작성과 임금명세서 교부만으로 상당 수준의 노무 리스크를 예방할 수 있다. 10인 미만 사업장은 근로계약서 점검 및 올바른 작성 그리고 연장근로 등에 따른 가산 임금을 포함한 최저임금 관리가 중요하다. 10인 이상 사업장은 다소 복잡한 규정들이 적용되므로 노무사를 통한 노무관리가 실행되는 것이 좋다.

5인 미만 사업장의 경우 완화된 근로기준법이 적용되고 있다. 해고의 제한, 부당해고 구제, 근로시간 제한, 연장/야간/휴일 근로에 대한 임금할증 및 연차휴가는 적용되지 않는다. 다만 근로계약서 작성 및 교부, 해고에 대한 통지, 즉 해고 예고 등의 의무는 적용하고 있다. 이에 5인 미만 사업장은 근로계약서만 잘 구비하여도 노무 분쟁을 대비할 수 있는 수단이 된다.

노무 마케팅에서 가장 중요한 포인트는 근로계약서 작성의 필요성을 고객에게 이해시키고 작성하게 하는 것이다. 사업주들에게 근로계약서 작성은 법적 강제 사항으로 반드시 작성해야 되며, 노무 분쟁 시 근로계약서는 사업주가 자신을 지킬 수 있는 가장 중요한 근거가 된다는 것을 이해시켜야 된다. 왜냐하면 근로자들의 권리는 근로계약서가 아니더라도 근로기준법 등 법령에서 최소한의 보장을 받고 있지만 사업주는 관계 법률에 권리는 없고 의무만 부과하고 있기 때문이다. 근로계약서에 그나마 사업주의 권리를 명시해 놓으면 나중에 보호를 받을 수 있다. 사업주들은 문서를 작성하거나 계약서 작성하는 것을 쉽게 생각하지 못하고 있으며, 누군가로부터 도움 받는 것을 굉장히 고맙게 생각한다.

근로계약서를 작성할 때 임금, 근로시간, 휴일, 휴가, 임금

계산방법 등이 구체적으로 표현되어야 한다. 2015년 근로기준법에서는 근로계약서 작성뿐 아니라 교부하는 것까지 의무로 두고 있다. 또한 2023년 최저임금은 9,620원으로 임금 계산 시 반드시 이 금액 이상을 지급해야 하며, 이전 근무자들도 변화된 최저임금을 바탕으로 근로계약서를 새롭게 작성해야 한다. 단지 이미 근무하고 있는 근로자들은 근로계약서 자체를 다시 작성할 필요는 없으며 변경된 임금 부분만 수정하면 된다.

근로계약서 작성을 통해 재무관리의 필요성을 자연스럽게 할 수 있다. 사업주는 근로자가 퇴직 시 반드시 퇴직금을 14일 이내에 지급해야 한다. 또한 근로자가 사업장 근무 중 발생한 모든 사고에 대해서는 무과실 책임을 져야 한다.

노무 상담은 노무사의 법적 영역을 해치지 않는 범위 내에서 고객에게 종업원 및 사업주의 퇴직금 마케팅과 종업원과 사업주의 사고 시 보장에 대한 필요성을 조언할 수 있다. 노무 마케팅이 직접적인 재무설계 마케팅이라 할 수 없지만 재무설계를 위한 좋은 수단이 될 수 있다. 노무 마케팅의 핵심은 근로계약서 작성과 교부다. 노무사와 협업을 통해 근로계약서 작성 등 노무관리에 도움을 주고, 보험설계의 필요성으로 자연스럽게 범위를 넓혀갈 수 있다.

사업주가 지켜야 할 주요 노동관련 법규

구분		적용법규	위반 시 벌칙
모든 사업장	1	근로계약서 작성 및 교부(필수관계 포함)	500만원 이하 벌금
	2	임금명세서 교부/중요서류의 작성 및 보관	500만원 이하 과태료
	3	휴게시간 준수 : 4시간 당 30분(8시간 1시간)	2년 이하 징역 또는 2천만원 벌금
	4	유급 주휴일 : 1주일 개근 시 유급휴일 1일 부여	2년 이하 징역 또는 2천만원 벌금
	5	임금지급 4대 원칙 준수 : 통화,직접, 전액,정기	3년 이하 징역 또는 3천만원 벌금
	6	퇴직금 등 금품청산 기일 준수 : 14일	3년 이하 징역 또는 3천만원 벌금
	7	최저임금 준수('23년 9,620원)	3년 이하 징역 또는 2천만원 벌금
	8	해고 기일 준수 : 30일전 서면 예고	2년 이하 징역 또는 2천만원 벌금
	9	해고의 절대적 금지 : 출산휴가 기간 및 복귀 30일 육아휴직, 업무상 재해 기간	5년 이하 징역 또는 5천만원 벌금
	10	해고의 시기 및 사유의 서면통보	해고 효력 없음 (부당해고)
	11	임산부, 18세 미만자의 야간, 휴일근로 제한	2년 이하 징역 또는 2천만원 벌금
	12	임산부 보호휴가 : 산전후 휴가 및 유산 휴가	2년 이하 징역 또는 2천만원 벌금
	13	육아휴직 : 만 8세이하 또는 초등 2학년 이하 자녀	500만원 이하 벌금
	14	퇴직급여 제도 설정 및 차등 금지	2년 이하 징역 또는 1천만원 벌금
	15	업무상 재해 보상	2년 이하 징역 또는 2천만원 벌금
	16	사회보험 가입 (1개월간 60시간 이상 근무자)	과태료/추징금
	17	차별금지 (모집,채용시)	500만원 이하 벌금
	18	성희롱 예방 교육 실시 : 연 1회 이상	500만원 이하 과태료

5단계 : 설계안 실행

실행 단계는 고객과 FP의 긴 여정의 목적지라 할 수 있다. FP 입장에서는 고객 발굴부터 관계 형성, 정보수집, 정보분석과 평가, 제안서 작성과 고객 제시라는 7부 능선을 넘었다. 마지막 실행이라는 도착지만 남은 상태다. 마찬가지로 고객은 행복한 인생 설계를 위해 자신의 재무 상태를 FP에게 모두 제공하고 시간을 투자하여 FP와 주기적 상담을 거치면서 마지막 실행의 목적지를 남겨둔 것이다.

실행하는 것은 재무설계의 목적지와 같다. 실행하지 않으면 지금까지의 여정이 헛된 것으로 남는다. 따라서 FP 입장에서는 재무 제안이 고객의 행복한 삶을 위한 길이라면 실천하도록 최선을 다해야 한다. 실행을 머뭇거리는 장애물이 있다면 제거해주어야 하는 일도 FP의 몫이다.

실행 준비 사항과 프로세스

준비사항	주요 내용
관계 정립	재무설계 과정에 대한 소회 등을 통한 편안한 분위기 조성 제안서 요약을 통해 실행에 대한 압박감 및 불안감 해소 재무목표 달성을 위한 자산배분과 분산투자 필요성 안내
실행안	구체적 실행안 안내(재무목표 달성을 위한 구체적 상품) 가능하면 1page로 단순화
금융상품 가입서류	상품 특징 등 구체적 제시 (복수의 상품 안내 선택 기회 제공, 강요하지 않는다)
기타	보험의 경우 건강 및 언더라이팅 관련 사전 점검

⑦ 실행 상담과 유의사항

첫째, 고객의 일반적인 고민을 이해해야 한다. 재무 목표는 단기부터 장기까지 다양하다. 단기 재무 목표 달성을 위한 단기 상품은 손쉽게 결정하고 실행할 수 있다. 하지만 중장기 재무 목표 달성을 위한 투자형 상품과 보험상품 등의 경우에는 머뭇거리게 되는 것이 자연스러운 현상이다.

"장기간 내가 소득이 유지될 수 있을까? 중간에 납입하다 포기하면 손실이 발생하지 않을까? 이 상품이 최적의 상품일까?" 등 다양한 고민에 빠질 수 있다. 따라서 이러한 고객의 일반적인 고민에 대한 공감을 전제로 고객과의 협상에 임해야 한다.

둘째, 상품 가입을 강요하지 않아야 한다. 최종 결정은 고객의 몫이다. 우리는 고객의 재무 목표 달성을 위해 최선의 실행안을 제시하였다. 또한 다양한 방법을 통해 설득하고 이해시키고 공감하는 시간을 가졌다. 그럼에도 고객이 머뭇거린다면 강요보다는 머뭇거리는 이유를 파악하고 다른 해결안을 제시해야 한다. 다른 합리적 대안 제시를 통해 고객의 또 다른 선택 기회를 제공하는 것이 좋다. 강요는 고객과 FP에게 장기적으로는 불만족 요인으로 남게 된다.

셋째, 실행을 하지 않는 것도 고객의 선택이고 결정임을 존중해야 한다. 우리의 비즈니스는 실행만을 전제로 하지 않는다. 고객 한 명과의 상담을 통한 실행으로 마무리되는 것이 아니기 때문이다. 실행하지 않는 것으로 고객이 결정하고, 그 결정이 '최상의 선택이었다'면 인정해야 한다. 고객은 우리의 제안이 마음에 들고 훌륭하더라도 말 못할 사정이 있을 수 있다. 고객이 실행하지 않음으로써 만족했다면 우리의 역할은 끝난 것일 수도 있다.

"실행하지 않는 것도 실행이다"라는 말을 잊지 마라. 그 고객은 실행하지 않는 것으로 실행을 실천한 것이다. 다만 실행하지 않은 진짜 이유를 잘 파악한 후 그 상황을 받아들여야 한다. 오히려 그 상황을 소개 요구의 기회로 만들어야 한다. 우리는 비즈니스를 계속하기 위해 반드시 소개 고객 확보에 더욱 신경 써야 하기 때문이다. "돈을 남기면 하수이고, 업적을 남기면 중수, 사람을 남기면 고수"라는 고토 신페이의 말을 명심하자.

필자는 FP의 소개로 50대 중반의 공직에 있는 단체장을 상담했다. 보유자산의 전반적 점검과 자산 이전 설계에 관심이 많았다. 정보 수집 후 여러 날을 고생하여 최적의 제안을 제시하였다. 사전 증여 전략과 노후자금 확보 방안, 상속세 납부 재원 마련 방안 등을 안내하였다. 고객은 세금 절세를 위해 자녀들에게 부동산 등 사전 증여 방안은 실행에 옮겼다. 하지만 상속세 납부 재원 마련을 위한 금융상품 가입은 고민의 고민 끝에 실행하지 않았다. FP의 실망은 대단히 컸다. 상담을 진행한 나로서도 미안한 마음이 너무 컸다.

그 순간 내가 할 수 있는 최선의 일은 무엇이었을까? 그것은 단 하나였다. 그 고객에겐 금융상품 유치라는 목적은 달성하지 못했으나 "다른 고객을 소개 받아 목적을 이뤄야겠다"고 다짐했다. 금융상품에 가입하지 않은 미안한 마음을 이용하여 주변의 고객을 소개 받기로 마음먹었다. 그러던 어느 날 그 고객이 "상담을 잘해줘서 고맙다"며 점심에 나를 초대하였다. "그래, 기회다. 반드시 소개를 통해 상심해 있는 FP에게 선물을 줘야겠다"고 결심하였다. 식사 후 기회를 엿보다가 그에게 말했다.

"고객님, 저와의 상담은 만족하신 거죠? 더 궁금한 것은 없으세요? 그런데 제가 요즘 말 못할 사정이 있습니다. 저희 FP 들은 금융상품 가입을 통해 실적을 올려야 합니다. 그런데 고객 님께서 증여 실행도 하시고 저에게도 고맙다는 말씀을 많이 하 셨는데 금융상품 가입은 안 하셨잖아요? 그래서 제가 그 FP를 볼 면목이 없습니다. 고객님, 제가 부탁하나 드리겠습니다. 지 금 당장 금융상품 가입하시라는 것은 아니고요. 고객님 모임 있 으시죠? 아마도 그 모임에 참석하는 분들도 고객님과 비슷한 고 민을 하고 계실 것입니다. 그래서 부탁드리는데 다음 모임에 저 를 좀 초대해주세요. 20~30분 시간을 내주시면 제가 고객님에 게 도움을 드렸듯이, 그 모임 분들에게도 도움을 드릴 수 있는 기회를 갖고 싶습니다. 금융상품 가입하라는 것 아닌 것 아시 죠? 금융상품 가입과는 상관없이 다양한 절세 방안 등을 설명할 수 있는 기회 만들어주실 거죠?"라고 적극적으로 요청하였다.

자산 전반에 대한 점검과 사전 증여를 실행한 것에 만족한 고객은 본인이 주도하는 모임에 나를 초대하여 30분 정도 이야 기할 수 있는 기회를 제공해 주었다. 자산 이전 설계의 필요성 과 절세 방안에 대한 세미나 후 5명과 개별적으로 상담했다. 최 초 고객에게 제안했던 금융상품보다 더 많은 계약을 체결하는 성과를 거두었다. 최초 고객에게 금융상품에 대한 실행은 실패 했지만 소개를 통해 더 많은 성공 결과를 창출하였다.

넷째, 실행하지 않았다고 그 고객을 방치해서는 안 된다. 새로운 고객을 확보하는 것이 대단히 어려운 일이라는 것은 누구나 알고 있다. 또한 재무설계라는 여정에 동참했다는 것은 고객의 니즈가 충분함을 알 수 있다. 잠시 실행을 미뤘을 수도 있고, 결정의 시간이 길어질 수도 있을 뿐이다. 따라서 FP는 고객이 실행하지 않은 진짜 이유를 찾아내는 능력이 필요하다. 고객에 대한 사전 교육이 부족했는지? 나의 설명 부족이었는지? 아니면 고객의 납입 능력의 문제인지? 등 어떤 요인이었는지 파악하고 해소해야 한다. 그러므로 우리는 실행하지 않은 고객도 지속적 모니터링을 통한 관계 유지가 필수적이다.

미국 헌법 초안을 작성하고 100달러 지폐 속 인물로 미국 건국의 아버지들 중 한 명인 벤저민 프랭클린의 명언을 기억하자.

"실천이 말보다 낫다."

짧지만 단호한 말이다. 고객이 설령 실행하지 않았더라도 FP는 '소개를 통해 비즈니스를 계속 이어갈 수 있도록 실천하는 것'만이 지속 성장의 원동력이 될 것이다.

마지막으로는 실행은 재무설계안에 대한 결과를 이끌어내는 협상 과정이라 할 수 있다. 고객을 설득하고 이해시키는 고도의 기술이 필요하다. 하지만 잘못하면 FP의 결과물 중심으로 흘러 실패할 확률이 높아지는 경우가 많다. 스튜어트 다이아몬드는 〈어떻게 원하는 것을 얻는가〉라는 책에서 협상에 성공하기 위해 감정의 중요성을 강조했다. 그래서 협상 시 가장 먼저 할 일로 상대의 그날 기분과 상황 파악이 중요하다고 역설했다. 즉 효과적 협상을 위해 상대에게 초점을 맞춰야 함을 강조한다. 협상에서 전문지식이 10%가 되지 않고 호감이나 신뢰처럼 인간적 요소가 50% 이상을 차지한다고 주장한다.

미래학자 롤프 옌센이 "미래 사회는 상품 구매에서 감성에 근거하여 구매의사 결정을 내리는 시대"가 될 것이라고 주장한 것과도 일맥상통한다. 그러므로 협상을 통한 고객 실행력을 높이기 위해서는 고객을 중심에 두고 고객이 협상의 주체가 되어야지 상품이나 재무설계안이 되어서는 안 된다.

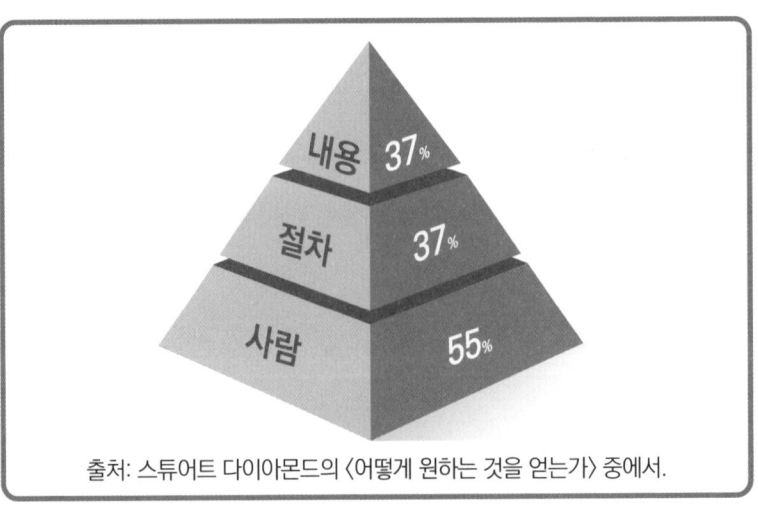

내용 37%

절차 37%

사람 55%

출처: 스튜어트 다이아몬드의 〈어떻게 원하는 것을 얻는가〉 중에서.

6단계 : 재무설계안에 대한 정기점검(모니터링)

일반적으로 재무설계 제안이 끝나고 나면 고객과의 관계가 다양한 형태로 지속된다. 보험계약 체결 후 고객의 생일, 기념일, 명절을 챙기는 것을 중요하게 의미하는 '사후관리'라는 용어를 써왔다. 하지만 재무설계에서 사후관리라는 단편적 용어가 아닌 정기점검, 모니터링이라는 중요한 단계로 존재한다. 정기점검은 고객의 니즈와 재무목표, 소득과 지출의 변화, 투자수익률 점검 등 재무설계의 전반적 과정을 지속적으로 관찰하고 지원하는 과정이다.

1) 정기점검의 중요성

정기점검은 재무목표 달성의 필수요건이다. 재무설계에서는 프로세스의 마지막 단계로 사후관리라는 용어보다 정기점검, 모니터링이라는 재무설계 단계를 밟게 된다. 단순히 고객을 관리하는 의미가 아니라 고객의 행복한 미래를 위한 재무적 목표와 실행에 대한 FP의 노력이 중요해지는 단계이다.

재무설계는 시간 흐름에 따라 변할 수 있고, 변하는 고객의 다양한 니즈와 목표, 목표 달성을 위한 실행 과정까지의 장기 플랜이다. 따라서 계속적으로 재무설계 플랜을 점검하지 않으면 재무목표 달성은 불가능할 수 있다. 그러므로 주기적이고 계획적으로 정기적 점검이 이루어져야 한다.

정기점검은 단순한 서비스가 아니라 새로운 비즈니스의 출발이다. 정기점검을 통해 지속적으로 고객을 모니터링하면서 재무목표의 변화와 소득, 자산 변동, 니즈 변화에 따른 추가적인 상품서비스 제공이 가능하다. 또한 고객의 삶에 더욱 깊숙이 관여함으로써 주변 사람들과의 관계 폭을 넓혀 신규 고객 확보의 통로가 될 수 있다.

정기점검은 수익률보다 재무목표 관리에 중점을 두어라. 정기적 점검을 하는 목적은 다양하다. 그러나 많은 FP들이 범하는 오류는 가입 상품에 대한 수익률 관리에 치중한다는 것이다. 가입 상품에 대한 수익률 관리도 중요하지만 절대가치가 되어서는 안 된다. 수익률은 시장 환경과 변화에 따라 달라질 수 있기 때문이다. 가장 중요한 것은 재무목표 달성을 위해 세웠던 목표대로 잘 진행되는지에 대한 피드백이다.

초기에 세웠던 재무목표에 대한 변화가 있는지 점검하고 자산 포트폴리오나 투자 방안 등에 대한 수정이 필요한지를 파악하고 조언해야 한다. 연간 1회 또는 2회 고객의 재무적 이슈 체크, 재무목표별 달성도 체크, 자산 및 소득 지출의 증감 여부를 체크하는 것이다. 결국 정기점검의 최우선 목표는 재무목표 관리라는 사실을 잊지 말자.

잘못을 지적하기보다는 응원을 먼저 보내라. 정기점검 시에는 고객의 잘못한 것을 지적하기보다는 잘되어 가고 있는 것에 관심을 먼저 보여주어야 한다. 잘하는 부분에 대하여 칭찬을 통해 응원해주는 것이 중요하다. 하지만 대부분의 FP들이 흔하게 범하는 오류는 고객의 잘못된 것을 먼저 지적하고 교정하거나, 수정을 요구하는 것이다.

재무설계라는 장기 플랜의 실천은 결코 쉬운 일이 아니다. FP의 이러한 행동은 고객 입장에서는 '야단 맞는다'는 생각을 갖게 할 것이고 오히려 지속 실행의 의지를 꺾을 수 있다. 재무설계는 장기 플랜이기에 지속적인 신뢰와 응원을 보내야 한다. 장기 플랜을 지치지 않고 지속적으로 실행할 수 있도록 응원하고 함께하는 것이 진정한 FP다. "칭찬은 고래도 춤추게 한다"는 말을 기억하자.

2) 효과적인 정기점검 방안

정기점검은 계획적이고 주기적으로 해야 한다. 정기점검 단계는 단어 그대로 일정한 주기를 가지고 계획하에 이루어져야 한다. 그래서 일반적인 사후관리라는 용어를 사용하지 않는 것이다. 사후관리는 FP가 자의적으로 본인 스케줄에 맞춰 고객에게 서비스를 제공하는 것으로 일반화되어 있다. 하지만 정기점검은 고객과 사전에 협의되고 약속한대로 1년에 1회 또는 6개월에 1회 주기적으로 고객과의 만남을 의미한다. 만남을 통해 고객과 합의하에 실행되고 있는 재무설계를 피드백하는 것이다. 그러므로 반드시 주기적으로 실행해야 한다.

정기적인 대면 상담과 SNS를 적절히 활용하라. 최근에는 SNS와 E-mail을 통한 소통이 일반화되어 있다. 사람들과의 관계에서 SNS와 E-mai을 통해 정보를 주고받는다. 하지만 나는 가끔 SNS와 E-mail의 소음 속에 살고 있는 느낌 가운데 쏟아지는 스팸 메일에 몸살을 겪고 있다. 이러한 상황에서 고객은 FP의 E-mail에 얼마나 많은 관심을 보일까? 고객을 향한 나의 소중한 정보가 쓰레기 취급을 받을 수 있다.

SNS와 E-mail은 소식지나 세무정보, 투자정보, 경제 브리핑 등에 한정하는 것이 좋다. 너무 장황한 메시지나 정보보다는 짧고 임팩트 있는 정보 제공이어야 한다. 그 정보에 관심 있거나 상세 내용을 더 알고 싶다면 FP에게 연락이 올 것이다. 또한 SNS와 E-mail은 가독성이 중요하다. 한눈에 임팩트를 줄 수 있는 문구나 이미지를 사용하는 것을 권한다.

가장 중요한 정기점검은 반드시 직접 만남을 통해 실행되어야 한다. 정기점검을 통해 고객의 재무목표 달성을 위한 1

년 또는 6개월 간의 성적표를 점검하는 것이기 때문이다. 보험영업과 재무설계 비즈니스는 만남을 통한 감성의 교감이 중요하다. 보이지 않는 상품을 판매하고 보이지 않는 꿈을 설계하고 그 꿈을 점검하는 것이기 때문이다.

나만의 정기점검 시스템을 만들어라. 성공하는 FP는 신계약 체결을 위한 고객 방문보다는 정기점검 또는 모니터링을 위한 고객 방문을 중요시 한다. 효과적 정기점검을 위해 자기만의 스케줄과 스타일을 가져야 한다. 예를 들어 매주 월요일과 화요일은 정기점검의 날로 정하고 집중적으로 고객 방문을 한다. 또는 고객의 중요도 혹은 미래 가치에 따라 세밀하게 분류하고 고객 등급을 정한다. 이를 바탕으로 1달에 한 번 만날 고객, 분기에 한 번 만날 고객, 6개월 내지 1년에 한 번 만날 고객으로 나누어 주기적인 모니터링을 진행하기도 한다.

정기점검은 1년에 한 번 하더라도 고객관리를 위해 고객의 중요도에 따라 만남의 빈도를 달리하는 것이다. 또한 정기적 관리를 위해 탁상용 달력이나 스마트폰의 스케줄 달력을 사용하는 FP도 많다. 예를 들어 3개월에 한 번 모니터링하는 고객이라면 3월 1일 고객 방문 후 탁상용 달력에 6월 1일, 9월 1일, 12월 1일에 미리 기록해놓고 관리한다. 만약 대면 상담이 어렵다면 SNS나 E-Mail을 활용하는 것보다 Zoom 화상회의 시스템을 활용하는 것을 권장한다.

이러한 체계적 시스템을 갖추지 못한다면 일상에 쫓겨 소중한 고객을 등한시하게 되고 결국엔 다른 FP에게 빼앗기게 될 것이다. 따라서 나만의 다양한 모니터링 시스템을 갖출 필요가 있다.

PART 5

V마케팅 성공을 위한
ADVICE 10

목표와 꿈을 구체적으로 설정하라

행동으로 실천하라

전문 분야를 만들고 전문가가 되어라

다양한 네트워크를 갖춰라

부자고객에게 더욱 집중하라

효율적으로 시간관리를 하라

커뮤니케이션 스킬을 키워라

뛰어난 협상가가 되어라

포기하지 않는 강한 정신력으로 무장하라

긍정적 마인드로 무장하라

PART 5

계명 1	목표와 꿈을 구체적으로 설정하라
계명 2	행동으로 실천하라
계명 3	전문 분야를 만들고 전문가가 되어라
계명 4	다양한 네트워크를 갖춰라
계명 5	부자고객에게 더욱 집중하라
계명 6	효율적으로 시간관리를 하라
계명 7	커뮤니케이션 스킬을 키워라
계명 8	뛰어난 협상가가 되어라
계명 9	포기하지 않는 강한 정신력으로 무장하라
계명 10	긍정적 마인드로 무장하라

계명 1 목표와 꿈을
구체적으로 설정하라

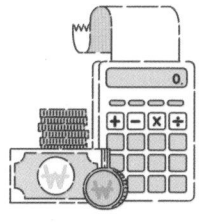

당신은 V마케팅 성공을 통해 이루고 싶은 것이 무엇인가? 성공을 통해 이루고 싶은 목표가 있어야 한다. 목표가 명확해야 일에 대한 동력이 생긴다. 나는 FA로서 재무설계 상담에 최선을 다해야 하는 이유와 목표가 있었다. 내가 고객의 재무설계에 최선을 다해 이루고 싶은 첫 번째 목표는 고객의 만족이었다. 고객의 다양한 문제점 해결을 통해 고객이 만족할 만한 해결안을 제시해주는 것과 해결안을 받아들인 고객이 '고맙다'는 감사의 말 한마디를 듣는 것이 나에게는 최고의 가치이고 기쁨이었다.

두 번째는 나에게 고객을 소개해준 FP에게 만족감을 선물하는 것이었다. FP가 나에게 고객을 소개한 것은 "재무설계와 컨설팅을 통해 고객만족과 더불어 투자 포트폴리오를 통해 고객이 금융상품에 가입할 수 있게 하는 것"임을 잘 알고 있었다. 따라서 "나는 고객과의 상담에 최선을 다해야 하고, 좋은 성과를 내야 한다"는 강한 목표의식으로 무장할 수 있었다. 명확한 목표가 있었기에 고객 상담에 최선을 다할 수밖에 없었고, FP와의 충분한 소통을 통해 많은 성과들을 이룰 수 있었다. 재무설계를 통한 '고객만족과 금융상품 체결'이라는 강한 목표의식의 결과물이었다. 그러한 목표를 향해 헌신하고 경주마처럼 달릴 때 성공은 뒤따라온다는 확신이 필요하다.

효과적인 목표 설정과 동기 부여를 위해 스탠 비첨은 〈엘리트 마인드〉라는 책에서 "당신은 무엇을 원하는가? 라는 질문을 갖기, 하기, 되기라는 세 단어로 질문해보라"라고 말한다. 당신은 무엇을 갖고 싶은가? 물질에 관한 것이고, 당신은 무엇을 하고 싶은가? 시간에 관한 것이다. 당신은 무엇이 되고 싶은가? 미래상에 관한 것이다. 효과적인 목표 설정을 위해 스스로에게 질문하길 바란다.

단순한 목표보다 그 목표에 왜 도달하려는지 명확한 인식이 필요하다. 즉 목표에 가치가 부여되어야 한다. 단순히 연봉 3억을 벌겠다는 것이 아니라 3억으로 무엇을 하고 싶은지에 대한 명확한 가치가 확립되어야 목표 달성을 위한 진짜 동기 부여가 가능하다.

목표는 최종 목표 달성을 위해 단계적이고 잘게 쪼개는 것이 좋다. 목표는 크고 원대해야 한다고 생각하는 사람들이 많다. 목표가 실패하더라도 그 아래 단계의 것이라도 이룰 수 있다고 말도 한다. 하지만 너무 큰 목표는 달성에 엄청난 장애물들이 나타날 수 있고 그로 인해 쉽게 포기하는 경우가 발생한다. 따라서 목표 달성을 위한 단계적 그림이 필요하고 한 걸음씩 한 걸음씩 꾸준히 나아가는 추진력이 있어야 한다.

예를 들어, 연봉 1억 달성을 목표로 한다고 하자. 여기에는 반드시 왜 달성하려는지, 달성해서 무엇을 얻을 것인지, 목표에 가치가 부여되어 있어야 한다. 그 다음으로는 1억 달성을 위해 어떤 것을 최우선적으로 할 것인지에 대한 계획이 명확해야 한다. 한 달에 5건 계약을 체결해 1억 목표를 이루겠다고 한다면 1주일에는 몇 건을 할 것인가?에 대한 목표를 세워야 한다. 또한 1주일에 1건의 고액계약을 목표로 한다면 하루에 몇 명의 고객을 만날 것인가에 대한 목표도 세워야 한다. 결국 가장 높은 단계의 목표 달성을 위해 하위 단위의 목표부터 단계별로 달성해가는 것이 우선되어야 한다.

많은 사람들이 목표와 효과적인 계획 수립을 위해 많이 사용하는 만다라트 방법을 소개한다. 만다라트(mandal-art)는 Manda(본질의 깨달음)+la(성취)+art(기술)의 합성어로 그

뜻은 "목적을 달성하는 기술"이다. 현재 메이저리그에서 괴물 투수와 타자로 활약하고 있는 일본의 야구선수 오타니 쇼헤이가 자신의 만다라트를 공개하면서 많은 사람들에게 알려졌다. 핵심 목표 달성을 위한 8가지 세부 목표를 기록하고, 하나의 세부 목표당 8개의 실행 방안을 기록하고 실천하는 방법이다. 목표를 구체화하고 실행 계획을 세우고 실천하는데 효과적이다.

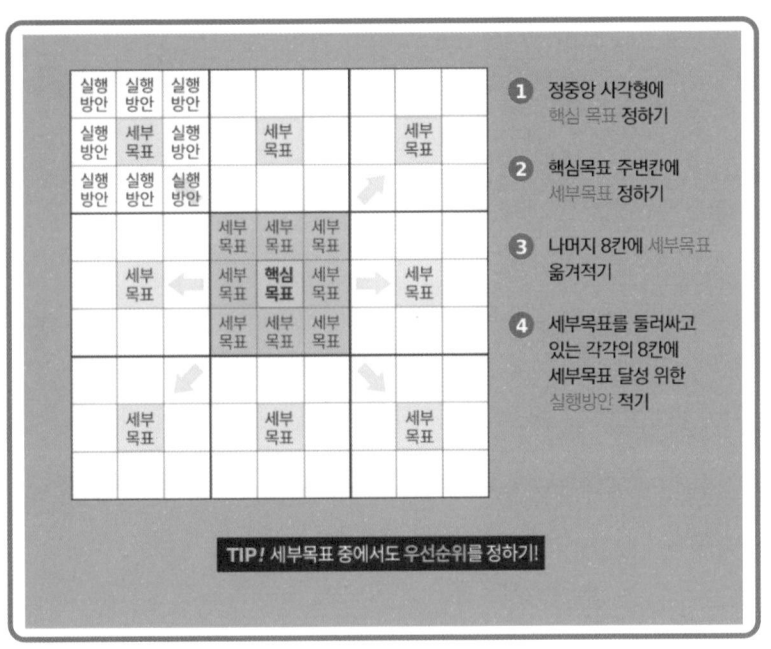

작성방법

① 정중앙 사각형에 핵심 목표 정하기

② 핵심목표 주변칸에 세부목표 정하기

③ 나머지 8칸에 세부목표 옮겨적기

④ 세부목표를 둘러싸고 있는 각각의 8칸에 세부목표 달성 위한 실행방안 적기

TIP! 세부목표 중에서도 우선순위를 정하기!

오타니 쇼헤이의 만다라트 예시

몸관리	영양제 먹기	FSQ 90kg	인스텝 개선	몸통 강화	축 흔들지 않기	각도를 만든다	위에서부터 공을 던진다	손목 강화
유연성	몸 만들기	RSQ 130kg	릴리즈 포인트 안정	제구	불안정 없애기	힘 모으기	구위	하반신 주도
스테미너	가동역	식사 저녁7숟갈 아침3숟갈	하체 강화	몸을 열지 않기	멘탈을 컨트롤	볼을 앞에서 릴리즈	회전수 증가	가동력
뚜렷한 목표·목적	일희일비 하지 않기	머리는 차갑게 심장은 뜨겁게	몸 만들기	제구	구위	축을 돌리기	하체 강화	체중 증가
핀치에 강하게	멘탈	분위기에 휩쓸리지 않기	멘탈	8구단 드래프트 1순위	스피드 160km/h	몸통 강화	스피드 160km/h	어깨주변 강화
마음의 파도를 안만들기	승리에 대한 집념	동료를 배려하는 마음	인간성	운	변화구	가동력	라이너 캐치볼	피칭 늘리기
감성	사랑받는 사람	계획성	인사하기	쓰레기 줍기	부실 청소	카운트볼 늘리기	포크볼 완성	슬라이더 구위
배려	인간성	감사	물건을 소중히 쓰자	운	심판을 대하는 태도	늦게 낙차가 있는 커브	변화구	좌타자 결정구
예의	신뢰받는 사람	지속력	긍정적 사고	응원받는 사람	책읽기	직구와 같은 폼으로 던지기	스트라이크 볼을 던질 때 제구	거리를 상상하기

목표 설정 후 가장 잘 보이는 곳에 부착하기

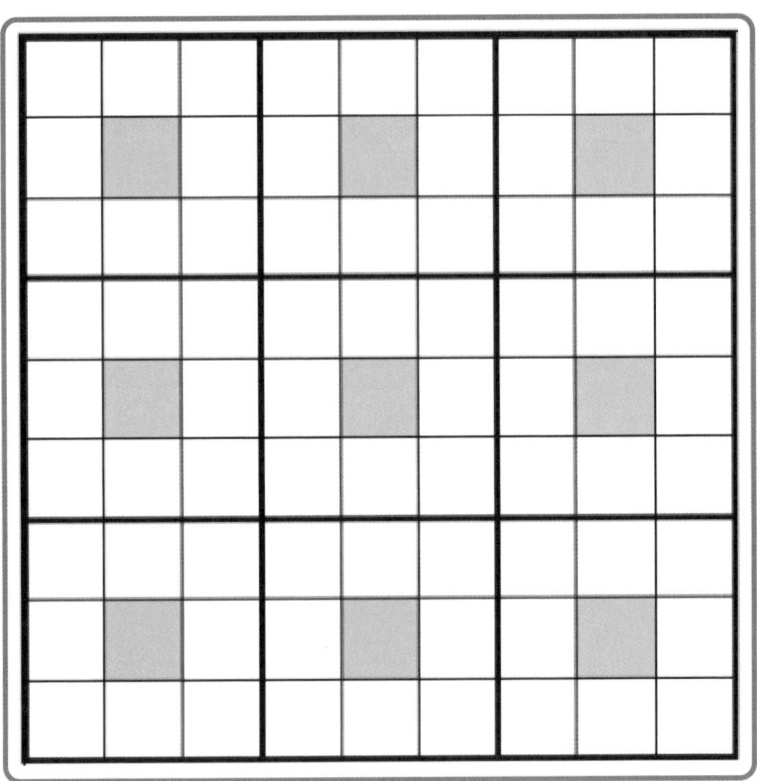

목표 달성을 위한 자기 동기부여(스스로 동기부여) 방법을 만들어야 한다.

스스로 동기부여를 받고 목표 달성에 대한 계획을 구체화하기 위해서는 목표를 머릿속 생각에 가두어 놓아서는 안 된다. 목표를 구체화하고 잊지 않고 되새기기 위해 글로 적는 것이 좋다. 글로 적을 때 목표가 더 구체화될 것이다. 또한 목표 달성을 위해 실천할 모든 것을 기록하고 실천하며, 목표 달성에 대한 스케줄을 만들고 계속적으로 피드백하는 절차가 중요하다.

더불어 목표 달성을 통해 이루고자 하는 꿈을 주변 사람들과 이야기하는 것이 필요하다. 자신의 꿈을 이야기함으로써 말에 대한 책임을 지려는 노력들이 더해질 것이고, 포기의 유혹으로부터 나약한 본인을 지키는 동력이 될 것이다.

목표 달성 시 펼쳐질 미래에 대한 가슴 벅찬 상상을 자주 하라. 인생의 목표는 누가 부여해주는 것이 아니라 자기 스스로 정하는 것이다. 목표를 위해 도전하지 않는 것도 자유고, 힘들게 목표 달성을 위해 나아가는 것도 자유다. 목표는 도전하다가 힘들면 포기하기가 무척이나 쉽다. 왜냐하면 목표는 자기와의 약속이기 때문이다. 따라서 힘들 때마다, 포기하고 싶을 때 해야 할 일은 '상상하는 것'이다.

꿈이 이루어졌을 때의 행복한 상상, 가슴 벅찬 상상이 힘듦을 극복하고 성공의 길로 인도할 것이다. 목표 달성 후에 펼쳐질 행복한 미래를 상상하며 목표를 향해 힘차게 나아가야 한다. "의욕적인 목표가 인생을 즐겁게 한다"는 로버트 슐러의 말을 기억하자.

PART 5

계명 1　목표와 꿈을 구체적으로 설정하라

계명 2　행동으로 실천하라

계명 3　전문 분야를 만들고 전문가가 되어라

계명 4　다양한 네트워크를 갖춰라

계명 5　부자고객에게 더욱 집중하라

계명 6　효율적으로 시간관리를 하라

계명 7　커뮤니케이션 스킬을 키워라

계명 8　뛰어난 협상가가 되어라

계명 9　포기하지 않는 강한 정신력으로 무장하라

계명 10　긍정적 마인드로 무장하라

계명 2 행동으로 실천하라

목표와 계획은 누구나 거창하게 수립할 수 있다. 그리고 목표를 세우는 순간 그 성과를 생각하며 엄청난 희열을 느낄 것이다. 하지만 왜 많은 사람들이 목표를 수립하는 순간의 희열만을 얻고 끝나는 것일까? 그것은 바로 목표는 마음과 생각으로 세우는 것이지만 실천은 행동으로 하는 것이기 때문이다. 목표 수립은 쉬우나 실천은 어렵기 때문에 누구나 다 목표를 달성하는 것은 아니다. 실패하는 이유는 잘못된 목표에 있는 것이 아니라 목표 수립 후 실천하지 않기 때문이다. 실천이 어려운 이유는 행동하지 않기 때문이다.

성공한 사람과 성공하지 못한 사람의 판가름은 큰 곳에 있지 않다. 학력, 지식, 능력, 경험보다 더 큰 것은 목표와 목표를 향한 행동에 있다. 행동할 수 있느냐의 것이다.

얻고 싶은 것이 있으면 행동하라. 감을 얻고 싶다고 감나무 밑에서 감이 떨어지기를 바라는 사람이 감을 얻을 수 있을까? 그것은 요행을 바라는 행동이다. 그리고 떨어지는 감이 본인 손 안에 온전한 상태로 떨어질 것이라는 보장도 없다. 마치 목표를 세우고 목표가 이루어지길 가만히 앉아서 기다리는 사람과 같다. 감을 얻고 싶으면 감나무 위로 올라가든지 장대를 사용하여 감을 따는 행동으로 옮겨야 한다. 그런 사람만이 온전한 감을 수확할 확률이 높아진다. 목표를 이루고 싶다면 그 목표 달성을 위해 행동으로 실천해야 한다.

사람들이 실패하는 이유는 시간이 해결해 줄 것이라고 믿는 어리석음이다. 시간이 경과한다 해서 목표가 저절로 이루어지는 것은 아니다. 실패하는 사람들의 한결 같은 행동은, 지금 해야 할 일을 뒤로 미루며 기다리는 사람이다. 시간은 우리의 목표를 위해 결코 기다려주는 것이 아니며 그저 흘러갈 뿐이다. 목표를 이루는 사람은 시간을 지배하는 사람이다. 시간을 자신의 것으로 만들어 활용하는 사람이다.

어떤 일을 이루고 싶으면 오늘 할일을 내일로 미루는 어리석은 행동을 줄이는 것으로부터 시작하라. 그리고 시간을 지배하기 위해 세부 목표나 세부 실행 항목별로 기한을 정하는 것이 효율적이다. 오늘 할 일을 내일로 미루는 행동은 목표 달성을 불가능하게 만들거나, 목표 달성이 그만큼 미뤄지게 된다는 것을 명심하자.

목표를 세웠으면 즉시 행동으로 옮겨라. 시간이 경과하면 목표를 수립할 때의 의욕과 강한 마음이 약해지기 때문이다. 어떤 일을 행할 때 즉시 행동으로 옮기는 결단력과 실행력이 성공의 길로 이끌 것이다. 행동으로 실천하는 결단력만이 삶을 살아가는 데 발생하는 좋은 기회를 놓치지 않고 잡을 수 있다. 행동으로 옮기는 시간의 차이가 결과를 이루는 차이를 가져온다. 다만 즉시 실천으로 옮기는 결단력이 무턱대고 덤벼드는 무모함으로 오인해서는 안 된다. 즉시 실천은 무턱대고 덤비는 것이 아니라 계획적이고 숙고의 결과물이라면 우물쭈물 거리지 않고 실행에 옮기는 결단력을 의미한다.

현재 할 수 있는 일부터 즉시 시작하고 행동하라. 한 가지씩 해결해 나가라. 다만 현재의 것이 해결했다고 안주하면 안 된다. 다음 것을 위해 다시 행동하고 하나하나 이루어나갈 때 궁극적 목표를 이룰 수 있다. 단번에 큰 것을 이룰 수는 없지만 최종 결과물은 위대할 것이다.

특히 보험영업을 하면서 수많은 고객이 스쳐가고, 수많은 기회가 있었을 텐데 그것을 붙잡기 위해 얼마나 빠르게 행동했는가? 고객에게 최적의 상품이 출시됐을 때 얼마나 즉시 방문했는가? 아니면 머뭇거리다 기회를 놓친 적은 없는가? 누군가의 조언을 들었을 때 얼마나 빨리 받아들이고 행동으로 옮기는가?

영업은 생각으로 해결할 것이 아무것도 없다. 생각하고 기획하는 것이 아니라 행동하는 것이다. 성공하는 영업맨은 어떤 상황에서든 즉시 행동할 줄 아는 사람이다. 도전하지 않으면 어느 것도 얻을 수 없다. 보험영업은 더더욱 그렇다. 보험 가입을 자발적으로 하는 경우는 드물다. 의무적으로 가입해야 하는 상품 빼고는 대부분 비자발적이다. 즉 누군가의 강력한 권유에 의해 가입한다. 따라서 최고의 행동력이 필요한 것이 보험영업이다.

결론적으로 V마케팅 성공의 키워드는 '즉시 행동할 수 있는가?'이다. 당신이 머뭇거리고 이 생각, 저 생각에 빠져 있을 때 V고객은 이미 당신의 고객이 아닐 수 있다는 사실을 명심하라. 오늘 즉시 무언가를 실천하지 못한다면 내일도 모레도 실천은 불가능할 것이다. 줄스 레나드의 "게으른 행동에 대해 하늘이 주는 벌은 두 가지다. 하나는 자신의 실패이고 또 다른 하나는 내가 하지 않은 일을 해낸 옆 사람의 성공이다"라는 말에 도전을 받기 바란다.

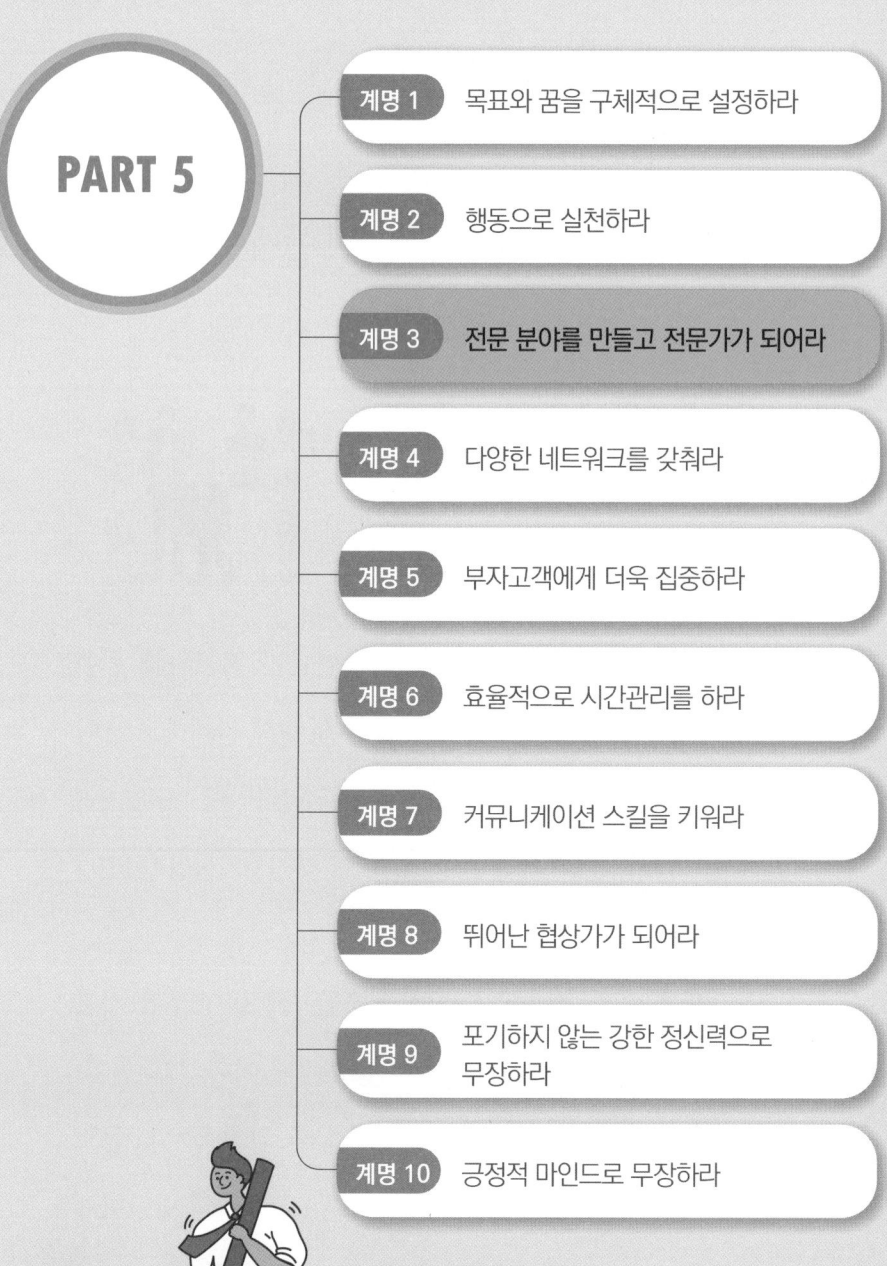

PART 5

계명 3 전문 분야를 만들고 전문가가 되어라

V고객은 세일즈맨을 원하는 것이 아니라 전문가를 원한다. 고객의 재무적인 목표를 달성할 수 있도록 설계하고 조언해줄 진정한 전문가를 원한다. FP 수가 우리나라에 무려 46만 명이 있다. 여러분은 저들 중 한 명이 될 것인가? 진정한 FP가 되고 전문가가 될 것인가? 선택해야 한다.

V고객은 자기 분야에서 나름 성공한 사람들이다. 그것을 바탕으로 부를 축적하고 누리고 사는 사람들이다. 그러한 고객과의 관계 형성을 통한 영업에 성공하기 위해서는 FP들도 전문 분야가 필요하다. 그래야만 성공한 V고객들과 당당하게 자신감을 갖고 상담을 진행해 갈 수 있다.

고객의 질문에 당당하게 답할 수 있어야 한다. 당신은 내 문제를 해결 할 수 있나요? 왜 내가 당신에게 상담을 받아야 하나요? 라는 질문에 답할 수 있어야 한다. 나를 만나야 할 이유? "내가 그 분야에 최고이기 때문입니다. 내가 이 분야에 최고의 경험을 가지고 있기 때문입니다." 이처럼 당신의 문제를 해결해 줄 수 있는 가장 유능한 사람은 나라고 당당하게 말할 수 있어야 하고 실제 최고의 전문가가 되어야 한다.

실제로 보험영업에서 성공한 FP들을 분석하면 자기만의 뛰어난 영업 스킬 또는 고객관리 기법, 자기만의 시장을 확보하고 있다. 일반 FP들은 누구나 다하는 평범한 영업 스타일을 가지고 있지만 성공한 상위 FP들은 자신만의 다름을 가지고 있다. 일반 FP는 상품에 집중할 때 V영업에 성공적인 FP는 부유층 고객의 관심사인 상속설계나, 납입 여력이 넘치는 법인시장이나 전문가 시장에서 두각을 나타낸다. 하지만 전문가는 하루아침에 만들어지지 않는다.

전문가가 되기 위해서는 모르는 것을 아는 척 넘어가서는 안 된다. 많은 사람들이 자신의 무지와 무능함이 드러날 것을 두려워하여 모르는 것을 모른다 말하지 않고 그 순간을 모면한다. 하지만 전문가로 성장하기 위해서는 "모르는 것은 모른다"라고 말할 수 있어야 한다. "모르는 것은 모른다"라고 말할 수 있는 용기와 자신감이 다시는 "모른다"라고 말하는 상황을 만들지 않기 위해 노력할 것이다. 고객에게 제대로 컨설팅을 위해, 고객의 문제를 해결해주기 위해 학습하게 될 것이다.

우리를 최고의 전문가로 만들어주는 것은 다름 아닌 고객의 질문이다. 고객의 다양한 질문, 내가 모르는 것에 대한 질문들을 두려워해서는 안 된다. 고객의 질문은 우리를 성장하게 하는 밑거름이다. 고객의 질문을 회피하지 마라. 다만 그러한 질문에 답할 능력을 키우거나 네트워크를 확보하는 것이 필요할 뿐이다. 그러한 노력들이 쌓여 그 분야에서는 최고의 전문가로 성장하게 만들어 줄 것이다.

"닮고 싶은 사람, 내가 되고 싶은 사람, 함께 있으면서 배우고 싶은 사람을 가까이 하라"는 워런 버핏의 말을 기억하라. 전문가가 되기 위해서는 투자해야 한다. 전문가는 시간 투자와 자본 투자, 본인의 의지와 행동의 결과물이다. 가장 관심 있는 분야와 시장을 선정하라. 나의 고객들이 가장 관심 있는 분야여도 좋고, 내가 가장 관심 있는 분야도 좋다. 내가 원하는 V고객시장과 V고객의 관심이 일치할수록 성과는 크게 될 것이다. 시대 흐름에 따라 고객 니즈도 바뀌는 것처럼 지금 시장에서 가장 핫한 분야의 전문가가 되기 위해 노력하라. 그리고 시간과 자본, 노력을 투자하라. 투자 없이 이루어지는 것은 아무것도 없다.

전문가라 해서 전문 분야 외에는 무지해도 된다는 것은 아니다. 의사들을 보자. 전공의, 전문의 단계에 따라 나눠진다. 내 고객 중에 대한민국 최고의 간 분야 권위자인 박사가 있다. 그 분이 간 분야 최고의 전문가라 해서 간에 관해서만 박사이고, 다른 의료 분야 지식에 대해서는 모르는 것은 아니다. 건강 관련 전반에 대하여 나의 궁금증을 아주 많이 해결해 주신다. 간 분야 최고의 전문가이지만 건강 관련 일반 지식을 폭넓게 갖추었다. 마찬가지로 FP들도 자기만의 전문 분야를 갖되 부자들의 일반적인 관심사에 대한 지식도 갖춰야 한다. 고객의 다양한 질문에 답할 수 있는 폭넓은 지식을 갖춰야 한다.

전문가란 단순히 지식을 많이 갖고 있다는 것만을 의미하지 않는다. 지식 그 자체가 보험영업에 도움을 준다고 볼 수 없다. 그 지식을 얻는 것은 쉬울 수 있다. 지식이 그 자체보다 더 중요한 것은 그 지식을 활용하는 지혜다. 내가 가진 지식을 효과적으로 활용하고, 효율적으로 사용되어야 진정한 전문가가 되고 원하는 성과를 이룰 수 있다. 단순한 지식을 많이 안다는 것은 스스로를 자만의 길로 몰아갈 수 있다.

지식을 폭넓게 활용하고 적용할 수 있는 능력을 길러야 한다. 습득한 지식을 가지고 많은 고객들을 만나 실전에 적용하면서 누구보다 뛰어난 전문가가 될 것이다. 마치 외과의사가 수술 경험으로 자신의 능력을 드러내는 것처럼 말이다. 우리는 대학병원에서 '수술 1000회 달성' 등의 현수막을 종종 본다. 지식이 경험을 통해 성장되고, 경험이 쌓여가면서 최고가 되는 것이다. 닐스 보어는 "전문가란 매우 협소한 분야에서 저지를 수 있는 모든 실수를 저질러 본 사람이다"라는 말로 경험의 중요성을 강조했다.

PART 5

| 계명 1 | 목표와 꿈을 구체적으로 설정하라 |

| 계명 2 | 행동으로 실천하라 |

| 계명 3 | 전문 분야를 만들고 전문가가 되어라 |

| 계명 4 | 다양한 네트워크를 갖춰라 |

| 계명 5 | 부자고객에게 더욱 집중하라 |

| 계명 6 | 효율적으로 시간관리를 하라 |

| 계명 7 | 커뮤니케이션 스킬을 키워라 |

| 계명 8 | 뛰어난 협상가가 되어라 |

| 계명 9 | 포기하지 않는 강한 정신력으로 무장하라 |

| 계명 10 | 긍정적 마인드로 무장하라 |

계명 4 다양한 네트워크를 갖춰라

FP가 고객의 관심 분야에 전문가적 능력을 보유하더라도 고객의 다양한 니즈를 충족하는 것은 불가능하다. FP 본인의 전문 분야는 갖추되 그 외의 분야에 대해 충분한 솔루션 제공을 위해서는 타 전문가와의 네트워크 구축은 필수적 요소이다. 자신의 실력을 너무 과대평가하는 오류를 범해서는 안 된다.

성공하는 FP가 되기 위해서는 자신의 능력을 뛰어넘는 네트워크 구축이 중요하다. 왜냐하면 점점 복잡해지고 다양해지는 고객 니즈를 해결해주어야 하는데 우리는 AI도 CHAT GPT도 아니기 때문이다. 그러므로 전문가 집단과의 네트워크 구축이 중요해진다. 언제든 소통할 수 있고 솔루션 지원을 받을 수 있는 다양한 전문가 집단과의 관계를 형성해야 한다.

지금 당신의 핸드폰과 수첩에 몇 명의 전문가 연락처가 담겨 있는가? 그 연락처가 당신 능력의 원천이다.

혼자서는 아무것도 할 수 없음을 명심하라. 지금까지 별다른 주변의 도움 없이 당신이 여기까지 왔다는 것은 대단한 행운이고, 능력자이다. 하지만 지금보다 더 뛰어난 성과를 내고 싶고 성공적 삶을 살고 싶다면 다양한 네트워크 구성이 필수다. 혼자 해결하려면 10배의 시간이 더 들 수도 있다. 그러나 협업을 하면 10배 더 쉬워질 수 있다. 성공에는 함께한 동료가 있고 팀이 있다. 단체 경기만이 팀을 이루는 것은 아니다. 스포츠의 각종 개인종목도 선수와 코치, 감독, 조력자들이 한 팀을 잘 이루어 조화를 이룰 때 성공할 수 있다. 당신의 성공도 마찬가지다.

"나는 내가 모른다는 사실을 고객 앞에서 이야기하는 것에 익숙해져 있다. 실제로 고객과 상담하면서 자주 있는 일 중 하나다. 내가 100% 확신할 수 없는 것은 즉석에서 고객에게 답변하지 않는다. 오히려 그 부분에 대하여서는 확신이 없음을 정중하게 말하고 그 자리에서 전문가에게 전화를 걸어 확인한 후 답변을 준다.

많은 FP들은 "그러면 그 고객은 당신을 신뢰하지 않거나 능

력이 없는 사람이라고 생각할 것"이라고 지레짐작할 것이다. 그러나 고객의 반응은 대부분 반대로 나타났다. 오히려 나를 신뢰하는 계기가 되는 것을 목격한다. "모른다면 모른다"라고 이야기할 수 있는 모습에서 오히려 신뢰를 보낸다. 또한 고객들이 궁금한 점이 있으면 나의 다양한 네트워크를 통해 해결해 줄 수 있도록 전문가 네트워크를 가지고 있음을 인식시켜 주는 계기가 된다. 그렇다고 내가 전문지식을 갖추기에 게을리 하는 것은 아니다. 다만 나는 완벽하지 않기에 전문가 네트워크를 활용하여 고객에게 최선의 서비스를 제공하려 할뿐이다.

경쟁력 있는 서비스도 네트워크로 시작한다. FP로서 활동하는 인원만 46만 명이고 은행, 증권회사 등에서도 보험을 판매한다. 또한 한 회사에 전속되어 그 회사 상품만 판매하는 전속 FP 수는 점점 줄어드는 반면 다양한 회사의 상품을 선택하여 팔 수 있는 GA의 FP수는 늘어나고 있다. 이러한 상황에서 과거에는 상품 경쟁력으로 경쟁하는 시대였다면 이제는 모든 FP들이 똑같은 상품을 판매할 수 있기에 상품경쟁력은 더 이상 FP 고유의 경쟁력이 되지 못한다.

상품 경쟁력을 뛰어넘는 서비스 경쟁력이 중요해졌다. 경쟁력이 치열해질수록 서비스 경쟁력이 중요하다. 유통업체를 상상해보라. 과거에는 상품으로 승부하던 경쟁이 이제는 새벽 배송, 배송료 무료, 무료 환불 등 서비스 경쟁력으로 바뀌었다. 제조업체가 똑같기 때문에 상품은 동일하다. 유통업체만 다를 뿐이다. FP도 마찬가지다. 상품은 동일하다. 판매하는 FP만 다를 뿐이다. 그렇다면 FP는 무엇을 경쟁력으로 삼을 것인가?

그것은 바로 서비스 경쟁력이다. 전문가 네트워크 형성을 통한 재무 솔루션 해결뿐 아니라 V고객의 다양한 요구에 대응할 수 있는 서비스 네트워크를 갖추어야 한다. V고객, 아니 한국인은 천성적으로 'Give and Take'에 익숙하다. 마치 "남이 이익에 신경 써라. 분배되지 않는 이익은 결코 오래가지 않는다"는 볼테르의 말과 유사하다.

부자고객의 특징을 이야기하면서 '단돈 1만 원 때문에 은행 상품에 가입하려 하는 고객'에 대해 앞에서 들려주었다. 단돈 1만 원 때문에 VIP고객이 은행 방카슈랑스 상품에 가입하려 했던 케이스였다. 나는 FP를 통해 고객에게 '이렇게 전달하라'고 말하였다.

"김 센터장과 상의했는데 센터장이 말하기를 '지금까지 고객의 상속 및 증여 상담, 기타 다양한 재무적 조언들이 한 달에 1만 원의 값어치도 안 됩니까?'라고 전하라 합니다. 1만 원의 값

어치도 안 된다면 고객님께 더 이상 조언 드릴 것이 없습니다."

나는 자신 있었다. 내가 고객에게 하는 재무적 조언과 서비스들이 한 달에 1만 원 이상의 가치가 있었기에 그렇게 전하라고 하였던 것이다. 그 결과 고객은 은행에 가입하려던 마음을 바꾸어 고액의 일시납 보험에 가입하였다.

나만의 플랫폼을 구축해라. 현재 시장의 지배력은 플랫폼 사업자에게 있다. 대표적인 카카오는 대표적인 플랫폼 기업이다. 카카오는 계열사가 무려 100개를 넘나들 정도의 엄청난 시장 지배력을 가진 공룡 기업으로 성장했다. 소비와 투자, 생활서비스 대부분을 카카오라는 플랫폼 기업이 장악하고 있다. 플랫폼은 다름아닌 중개의 기능을 하는 것이다. 카카오라는 기업이 플랫폼 사업자로써 고객의 삶의 많은 부분을 해결하듯이, FP도 고객의 모든 고민과 관심사를 해결해 줄 수 있도록 성장해야 한다. 하지만 FP 혼자서 그 모든 것을 해결해 줄 수는 없다. 다만, 고객의 문제를 해결해 줄 수 있는 플랫폼의 기능만 하면 된다. 다양한 전문가, 다양한 서비스를 연결해 줄 수 있는 플랫폼 기능을 갖추어야 한다. 우리 FP들이 다양한 고객서비스 플랫폼 역할을 할 수 있다면 고객의 삶을 지배할 수 있다. 성공과 성장의 길은 플랫폼에 있다.

PART 5

계명 1   목표와 꿈을 구체적으로 설정하라

계명 2   행동으로 실천하라

계명 3   전문 분야를 만들고 전문가가 되어라

계명 4   다양한 네트워크를 갖춰라

계명 5   부자고객에게 더욱 집중하라

계명 6   효율적으로 시간관리를 하라

계명 7   커뮤니케이션 스킬을 키워라

계명 8   뛰어난 협상가가 되어라

계명 9   포기하지 않는 강한 정신력으로 무장하라

계명 10   긍정적 마인드로 무장하라

계명 5 부자고객에게
더욱 집중하라

FP로서 V마케팅을 통한 성공이라는 목표를 세웠다. 세부 실행계획도, 전문적인 지식과 네트워크도 갖추었다. 하지만 고객이 없으면 쓸모없는 일이 될 것이다. 따라서 V고객을 발굴하고 그들과의 관계를 형성하는 것이 가장 중요한 성공 요소 중 하나다.

V마케팅에 성공하기 위해서는 V고객의 관심사에 관심을 가져야 한다. 그래야만 그들과 소통할 수 있기 때문이다. V고객의 관심사와 FP의 관심사가 다르다면 V마케팅 성공은 꿈도 꾸지 마라. 또한 그들의 심리와 행동에 관한 관심도 기울여야 그들과의 관계 마케팅에 성공할 수 있다.

V마케팅은 관계 마케팅이 더욱 중요하다. V고객은 재력도 충분하고 주변에 많은 사람들이 있어 부족한 것이 없는 사람

들이 많다. 따라서 그들은 관계에 더욱 관심을 기울이고 신뢰 형성이 중요하다. 선택지를 줄이고 V고객에 집중하고 몰입해야 한다. 그들의 관심사에 나도 관심을 보이고, 그들이 안고 있는 문제의 모든 것을 해결해주려는 자세가 필요하다. 고객의 모든 궁금증을 당신에게 묻고, 당신을 통해 해결할 정도의 깊은 관계를 형성하라

기존 고객에게 최선을 다하라. 당신을 이 자리에 있게 한 것은 현재 당신의 고객이다. 그들에게 감사해야 하고 최선을 다해야 한다. 한 명의 고객을 얻는 일, 엄청난 노력과 시간이 요하는 힘든 일이다. 반면 고객을 잃는 것은 한순간이다. 성공하고 싶다면 보유 고객에게 최선을 다해야 한다. 계약하기까지 당신이 쏟았던 열정보다 더 큰 많은 것을 쏟아라. 보유 고객 중에 V고객 한두 명쯤은 누구나 있을 것이다. 우선 그 V고객으로부터 시작하라. 당신을 한 단계 업그레이드 시켜줄 기회가 기존 고객에게 있다. 분명 당신은 기존 고객에게서 더 큰 것을 얻을 기회를 만들 수 있을 것이다. 최선의 서비스를 하라. 단순한 비즈니스 관계였다면 마음을 나눌 수 있는 관계로 발전시켜라. 기존 V고객 한 명으로부터 10명의 고객을 얻는 것이 훨씬 쉽다.

V고객이 있는 곳에 승부를 걸어라. V고객을 발굴하고 만

날 수 있는 곳이라면 투자를 게을리하지 마라. V고객이 있는 곳이라면 수단과 방법을 가리지 말고 찾아가야 한다. 그들의 모임을 찾고 참여하고, 참여할 수 있는 기회를 만들어야 한다. V고객이 관심 있는 취미생활을 함께 하거나, VIP멤버십 모임에 참여하는 등 다양한 노력들이 필요하다. 하지만 결코 쉬운 일은 아닐 것이다. 아마도 엄청 높은 담이 앞을 가로막을 것이다. 그들은 V고객이기 때문이다. 청와대 같은 중요 시설, 상류층이 사는 곳에는 어김없이 CCTV와 수많은 경비원들의 철통 보완과 높은 담으로 가로막혀 있다. 그 높은 담을 넘어서야 하고 경비원들을 뚫고 지나가야만 목적지에 도달할 수 있다. V고객을 얻는 길은 높은 담을 넘어서야 하는 어려운 일이라는 것을 잊어서는 안 된다. 하지만 높은 담을 넘어설 때 얻을 수 있는 것에 집중할 필요가 있다.

V마케팅은 인내심이 필요하다. V마케팅이 즉시 성과로 연결되지는 않을 수 있다. V고객과 인내심을 갖고 관계를 만들어가야 한다. V고객에게 투자하는 시간에 비례하여 소득은 증가할 것이다. 중요한 고객에 집중하고 더 많은 시간을 투자하라. 만나기 쉬운 고객보다 만나기 어려운 고객에게 더 집중해야 한다. 상위 20%가 생산의 80%를 해낸다는 파레토의 원칙이 V마케팅에도 적용된다. 당신의 비즈니스를 책임지는 사

람은 당신 고객의 80%가 아니라 V고객 20%다. 당신 소득의 80%는 중요 고객 20%가 책임진다는 사실을 잊지 마라. 20%에 더욱 집중하고 인내해야 하는 이유이다.

다양한 금융상품으로 V고객을 관리하라. FP들이 당면한 문제는 V고객의 자산 전반에 대한 관리 능력이 부족하다는 현실이다. 오직 보험상품 판매에만 관심이 있다. 하지만 V고객이 관심 있는 금융상품은 보험에 한정되어 있지 않다. FP가 다양한 금융상품에 대한 조언과 추천 능력이 부재할 경우 고객은 다른 금융 전문가에게 상담을 의뢰할 것이다. FP의 경쟁자가 추가되는 결과를 가져오게 되고, 고객이 다른 전문가에게 보험상품에 대한 문의를 하게 될 것이다. 따라서 FP는 고객 자산 전반에 대한 관리와 조언을 해줄 능력을 갖추어야 하고 재무설계를 통한 다양한 금융상품 포토폴리오 구성 능력을 갖추어야 한다. FP는 다양한 금융상품 판매 자격과 능력을 갖춤으로써 소득원을 다양화할 필요가 있고 고객의 온전한 자산관리의 집사 역할을 할 수 있어야 한다.

고객의 모든 것에 관여하라. V고객을 유지하고, 고객과의 관계 강화를 통한 추가 성과 창출을 위해서는 고객의 모든 것에 FP가 관여할 수 있어야 한다. 고객의 모든 것에 관여할 수 있는 관건은 친밀감과 신뢰의 문제이다. 아주 하찮은 문제에서 중요한 문제까지, 고객의 모든 문제 해결의 매개체가 되는 플랫폼 같은 역할을 할 수 있어야 한다. 고객의 소소한 궁금증도 해결해주는 플랫폼 역할을 할 수 있을 때 그것이 남과 다른 경쟁력이 된다.

PART 5

계명 1	목표와 꿈을 구체적으로 설정하라
계명 2	행동으로 실천하라
계명 3	전문 분야를 만들고 전문가가 되어라
계명 4	다양한 네트워크를 갖춰라
계명 5	부자고객에게 더욱 집중하라
계명 6	**효율적으로 시간관리를 하라**
계명 7	커뮤니케이션 스킬을 키워라
계명 8	뛰어난 협상가가 되어라
계명 9	포기하지 않는 강한 정신력으로 무장하라
계명 10	긍정적 마인드로 무장하라

계명6 효율적으로
시간관리를 하라

시간은 소중하지만 모두에게 똑같이 주어졌기에 그 소중함을 느끼는 것은 사람마다 다르다. 누군가는 그저 주어진 시간 정도로 치부하고, 누군가는 한순간을 아까워하면서 소중하게 사용한다. 시간을 우리가 새롭게 만들어낼 수는 없다. 그냥 주어진 것이기에 소중함을 못 느낄 수 있다. 마치 지금 당신이 숨 쉬고 있는 것은 공기 중의 산소 덕분인데 소중함을 느끼지 못하는 것처럼 말이다. 그러나 혼탁한 공기질에 이제 맑은 공기의 소중함이 날로 중요해지고 있다.

한번 나빠진 공기질을 개선하기는 결코 쉬운 일이 아니다. 다시 예전의 맑은 공기질로 바꾸는 것은 엄청난 시간과 노력이 필요하고 영원히 불가능할지도 모른다. 시간도 마찬가지다. 한번 흘려보낸 시간은 잡을 수 없다. 많은 시간을 흘려보낸 결과 소중한 것을 얻을 수 있었던 것이 어쩌면 불가능할지도 모른다. 하지만 많은 사람들이 말한다. "늦었다고 생각하는 때가 가장 빠른 때"라고. 지금부터라도 시간에 지배당하는 것이 아니라 지배하는 자가 되어야 한다. 에센 바흐는 "시간을 지배하는 자가 인생을 지배한다"고 하였다.

하루가 중요하다. 시간을 누가 어떻게 효율적으로 사용하느냐에 따라 다른 결과물을 가져온다. 1분이 모여 10분이 되고, 10분이 모여 1시간, 1시간이 모여 하루, 하루가 모여 한 달, 한 달이 쌓여 1년이 되고 인생이 된다. 하루를 잘 관리하는 것이 중요하다, 하루하루 최선을 다한 삶을 살기를 바란다. 하루를 마감하는 시간이 뿌듯하다면 성공의 길로 첫발을 내딛는 것과 같다. 하루의 시간관리를 우선순위에 따라 효율적으로 활용하는 것이 필요하다.

시간을 쪼개고 구분해서 사용하라. 하루 몇 명의 고객을 만날 계획을 세웠다면 구체적으로 시간을 쪼개는 것이 좋다. 기존 고객, 신규 고객, 소개 고객 몇 명을 어느 시간에 만날 것인가를 계획하라. 또한 고객 만나는 시간, 제안서 만드는 시간, 고객과 전화하는 시간을 구체적으로 구분하고 계획을 세워라. 나아가 일하는 시간과 노는 시간을 구분하라. 일하는 건지, 노는 건지 구분되지 않는 사람은 아마도 엄청나게 바쁜 시간을 보낼 것이다. 그런 사람은 그 바쁨으로 인해 뿌듯한 하루를 보냈다고 착각할 수 있다. 하지만 그것은 후회의 전주곡이다. 일할 때 일하고 놀 때 노는 것이 명확히 구분되어 있어야 지치지 않는다. 결과에 대한 진단도 명확히 할 수 있다.

일의 과정이 잘못된 것인지? 일에 집중하여 시간 투자를 하지 못한 것인지? 원인과 해결 방법을 정확히 찾아낼 수 있다. 고객을 만나는 것도 그 목적이 무엇인지에 따라 투자하는 시간도 달라져야 한다. 시간관리를 잘하는 방법은 철저한 계획으로부터 시작한다. 무계획은 무의미한 시간의 낭비만 있을 뿐이다. 피터 드러커는 "하지 않아도 될 일을 매우 효율적으로 하는 것만큼 쓸모없는 일도 없다"고 하였다. 하지 않아도 될 일은 하지 않는 것이 중요하다. 무의미한 일, 성과와 관계없는 일로부터 해방되어야 한다.

시간관리는 꾸준함이고 자기 자신을 관리하는 것이다. 성공하는 시간관리는 계획을 꾸준히 이행하는 것이다. 많은 사람들이 실패하는 이유는 단기 목표 달성을 위한 단기간의 시간관리, 즉 일회성 시간관리는 잘하지만 장기 목표 달성을 위한 장기 시간관리를 위한 꾸준함이 부족하기 때문이다. 시간관리도 인내가 필요하다. 장기간 꾸준한 시간관리가 지속되어야만 궁극적인 목표를 이뤄낼 수 있다.

시간관리의 주체는 자기 자신이다. 시간을 지배하고 관리하는 것과 주변의 방해로부터 시간을 지켜내는 것도 자기 자신이다. 남이 결코 해줄 수 있는 일이 아니다. 따라서 자기 자신을 냉철하게 관리하는 것이 필요하다. 목표 달성을 위한 구체적 계획을 수립하고 철저한 시간관리를 위해 자기 자신을 잘 관리하는 노력을 기울여야 한다. 자신과의 약속을 지키는 사람이 가장 강한 사람이다.

피드백과 에너지를 충전할 시간을 반드시 가져라. 효율적인 시간관리를 위해 기록하고 점검하는 피드백을 갖는 시간은 필수다. 그리고 지치지 않는 자기 자신을 관리하기 위해 에너지를 충전할 시간을 반드시 구분하고 확보해야 한다. 육체적 쉼과 정신적 쉼이 에너지 충전을 통해 성공의 길로 더 힘차게 나아가게 할 것이다.

PART 5

계명 1	목표와 꿈을 구체적으로 설정하라
계명 2	행동으로 실천하라
계명 3	전문 분야를 만들고 전문가가 되어라
계명 4	다양한 네트워크를 갖춰라
계명 5	부자고객에게 더욱 집중하라
계명 6	효율적으로 시간관리를 하라
계명 7	커뮤니케이션 스킬을 키워라
계명 8	뛰어난 협상가가 되어라
계명 9	포기하지 않는 강한 정신력으로 무장하라
계명 10	긍정적 마인드로 무장하라

계명 7 커뮤니케이션 스킬을 키워라

고객이 만족하는 최적의 솔루션을 제공하기 위해서는 고객 니즈를 명확히 파악해야 한다. 고객 니즈를 명확히 파악하기 위해서는 소통이 가장 중요하다는 것은 모두가 아는 사실이다. 소통의 핵심은 상대의 이야기를 잘 듣는 경청이라고 보통 말들 한다. 하지만 경청보다 앞서 중요한 것은 상대가 계속적으로 말할 수 있도록 이끌어내는 것이다.

고객을 계속 말하게 하라. 고객을 향한 최적의 제안은 고객의 말 속에 답이 있다. 모든 문제의 본질은 고객 스스로 잘 알고 있다. 답도 알고 있는 경우가 대부분이다. 다만 본인이 생각하는 것을 전문가에게 확인 받고 싶어 할 뿐이다. 본인의 생각과 일치하거나 비슷한 결과물을 제안 받을 때 고객은 흔쾌히 전문가의 제안을 수용하며 만족감을 나타낼 것이다.

상담을 희망하는 고객은 무언가 문제를 안고 방문한다. 따라서 고객에게 말할 기회를 많이 제공해주는 것은 고객의 스트레스를 풀게 해주는 일이기도 하다. 말 못할 고민을 가지고 와서 누군가에게 털어놓을 수 있다는 것 자체로 고객은 상담의 1차 목적은 달성한 것이나 다름없다.

아가와 사와코는 〈듣는 힘〉이라는 책에서 "말 잘하는 사람에게는 귀를 열지만, 잘 듣는 사람에게는 마음을 연다. 누군가의 말을 들어주는 것, 그것은 힘이다"라고 하였다. 내가 FA라는 일을 하면서 일정 부분 성공을 거둘 수 있었던 것도 말재주가 별로 없어서였다. 말이 많은 고객과의 상담은 내가 가장 좋아하는 시간이자 고객이었다. 상담을 무척 편하게 진행할 수 있었기 때문이다. 말재주가 없다 보니 고객의 말을 많이 들어줄 수밖에 없었고 말 많이 하는 고객이 좋았던 것이다. 고객의 말을 많이 들어줄 수 있었고, 듣는 시간에 비례하여 좋은 상담을 이루어내고 성과도 낼 수 있었다. 고객이 맘껏 신나게 이야기하고 고객의 말속에서 상담의 진행 계획을 세울 수 있었으며, 고객의 문제점 파악을 통해 효과적인 제안을 할 수 있었다. 이러한 경험을 바탕으로 고객을 계속 말하게 하기 위한 다양한 방안을 소개한다.

좋은 질문을 준비하라. 고객을 계속적으로 말하게 하기 위해서는 좋은 질문이 필수적이다. 간혹 말수가 적은 고객들이 오면 말재주 없는 나로서는 난처할 수밖에 없었다. 침묵의 시간은 상담에서 최악의 시간이다. 그래서 나는 고객의 말이 끊기는 것에 대비하여 사전에 확보된 고객의 직업, 연령, 관심사 등을 바탕으로 다양한 질문을 준비한다. 그래야만 당황하지 않고 계속적으로 대화를 이끌어나갈 수 있다. 좋은 질문을 사전에 준비하고, 말하는 연습을 통해 효과적으로 질문하는 것이 필요하다.

맞장구로 호응하라. 고객을 계속 말하게 하는 도구 중 하나는 맞장구로 고객의 말에 호응하는 것이다. 고객의 말에 무관심하면 하던 말도 멈춘다. 따라서 고객의 말에 적극적으로 호응해주면서 잘 듣고 있고, 공감한다는 진심의 메시지를 계속 발산해야 한다. 진심이 담기지 않는 겉치레만의 호응은 고객을 기만하는 것이고 고객은 금방 알아차릴 것이다. 고객이 신나서 지속적으로 말하게 하기 위해서는 진심 어린 호응으로 고객과 함께해야 한다.

대화에 집중하라. 고객은 우리의 표정과 말투, 행동을 통해 자신의 말에 진심으로 공감하며 듣고 있는지를 바로 알아차린다. 그러나 많은 FP들이 속마음을 쉽게 드러낸다. 신계약 체결이라는 생각이 강하기 때문에 고객이 말하는 순간에도 상품에 대해 말할 기회만 호시탐탐 노리는 경우가 많다. 그런 FP의 모습은 금방 고객에게 드러난다. 그렇게 되면 진심을 보이지 않을 것이다. 또한 자신에게 집중하지 않는 FP의 말에 집중해주지 않을 것이다. 그러므로 고객이 충분히 이야기할 수 있도록 대화에 집중하는 자세가 필요하다.

인내하고 듣는 근육을 길러야 한다. 경험 많은 FP들이 가장 경계해야 할 부분은 고객의 계속된 이야기에 인내하지 못하고 중간에 끼어드는 것이다. 나 역시 가장 경계하는 부분이기도 하고 반성하는 부분이다. 20여 년 동안 V고객을 만나면서 다양한 경험을 했다. 그러다 보니 고객을 만나면 "저 고객이 어떤 문제가 있는지" 어느 정도 예측이 가능하다. 무슨 말을 할 것이고 어떤 니즈를 가지고 있는지 헤아릴 수 있게 되었다.

고객이 하고자 하는 이야기를 빤한 이야기라고 치부하면서 계속적으로 고객의 이야기를 듣는 것이 힘들었다. 그래서 중간에 고객의 말을 끊고 "고객님 이런 문제가 있으시죠?"라고 먼저 말하는 경우가 많았다. 고객은 자신의 입으로 말하면서 스스로 답을 찾고 싶은데, 속내를 들킨 것 같은 생각이 들 것이다. 참으로 잘못된 상담자로서의 행동이다. 고객의 이야기를 한없이 들어주던 때, 비록 실력은 부족했지만 그때의 모습이 참된 FA로서의 자세였던 것이다.

비단 나만의 문제가 아닐 것이다. 많은 경험과 지식이 풍부해질수록 장시간 누군가의 이야기를 들어주는 것이 힘들어진다. 따라서 경험이 쌓일수록 듣는 근육을 키워 힘을 계속 유지해야 한다. 고객보다 앞서나가지 않기, 고객의 말을 끊고 끼어들지 않기, 알아도 모른 척하기... 이러한 자세는 듣는 근육을 키워야만 가능하다. 마치 나이가 들수록 근육의 중요성이 더해지듯 인내하며 듣는 근육을 키워야 한다.

커뮤니케이션 스킬을 향상시키는 좋은 방법 중 하나는 메모지를 활용하는 것이다. 커뮤니케이션은 말뿐 아니라 표정, 손짓, 몸짓의 제스처 등 모든 것을 소통의 도구라고 말한다. 메모지를 활용하는 것도 좋은 소통 수단이 된다. 고객의 말을 듣는 것에 집중하면서 호응하다 보면 중요한 말을 놓칠 수 있다. 그러므로 고객의 말에 호응하면서 즉석에서 메모하는 것이 좋다. 그런 모습을 보는 고객은 "FP가 내 말을 집중해서 듣는다"는 좋은 이미지를 가질 것이다.

또한 FP는 고객의 작은 것도 놓치지 않으며 중요한 상담 포인트를 기록하여 활용할 수 있다. 당신의 기억력에는 한계가 있음을 인정하고 메모하는 커뮤니케이션 방법을 활용하라. 다만 주의할 점은 메모하기 전에 고객에게 먼저 양해와 동의를 반드시 얻어야 한다.

나는 상담 시에 메모장에 기록하면서 나의 이야기를 전달하는 습관이 있다. 고객 반응을 보면서 대화 속도를 조절할 수 있어 의견을 전달하는데 효과적이다. 또한 기록하면서 의견을 전달하기 때문에 천천히 말할 수 있고, 고객은 어려운 내용을 자신의 눈높이에 맞춰 상세히 설명해 준다는 인상을 받을 수 있다. 나 또한 기록하면서 이야기함으로써 오류를 줄일 수 있는 장점이 있다. 내가 고객으로부터 "선생님 같다"라는 말을 듣는 이유도 메모하면서 설명하는 습관 때문이다.

만약 고객과 대화 중에 메모할 수 없는 환경이라면 상담이 끝난 다음에라도 다양한 정보들을 메모하는 습관이 중요하다. 고객과 대화 속에서 얻은 소중한 정보들을 잘 활용하고 싶고, 그를 통한 큰 성과를 이루고 싶다면 반드시 메모하라.

결론을 섣불리 짓지 마라. 많은 FP들이 우월함을 드러내기 위해 고객의 질문에 즉석에서 답변하고 문제를 해결해주려 한다. 하지만 소통을 통해 좋은 결과물을 얻기 위해서는 한 번의 만남으로는 불가능하다. 신뢰를 형성하기 위해서는 한 번의 만남으로는 불가능하다. 신뢰관계 형성을 통해 만족스런 결과물을 얻기 위해서는 첫 만남에서 즉문즉답으로 상담을 종결하는 것은 바람직하지 않다.

답을 바로 주는 것보다는 한 번 더 만날 기회를 만들기 위해 다음 번 만남에서 답을 주는 것이 좋다. 한 번 보는 것보다는 두 번 보는 것이 소통의 깊이를 더할 수 있기 때문이다. 첫 만남에서 고객의 문제를 해결해주지 못한 것에 대해 마음 쓸 필요는 없다. 너무 완벽한 사람은 매력이 없다. 약간의 빈틈이 고객 입장에서는 FP를 훨씬 더 편한 사람으로 인식하게 하는 계기가 될 수 있다. 당신은 대화 상대로 완벽한 사람을 원하는가? 대화가 편하고 즐거운 사람을 원하는가?

가장 좋은 커뮤니케이션 스킬의 주인공은 자신이다. 코로나19를 겪으면서 비대면이 일상화되었다. 가족 간 소통도 SNS를 사용하고, 마주 앉아 있으면서도 말을 통한 대화가 아닌 SNS를 통한 대화가 일반화되고 있다. 그러나 진정한 소통은 대면을 통해 이루어질 수 있다. 상대를 제대로 파악하기 위해서는 그 사람의 말, 표정, 행동을 직접 경험해야 한다. 좋은 소통을 위해 자기 자신을 고객에게 보이는 것이다.

고객과 나와의 대면이 가장 좋은 커뮤니케이션 스킬이고 제대로 된 소통의 시작이다. 자주 보면 소통이 활성화되고, 소통의 활성화는 좋은 결과로 연결된다. 고객과 대면하는 횟수가 늘어나는 만큼 성공의 순간도 빨라진다.

PART 5

계명 1	목표와 꿈을 구체적으로 설정하라
계명 2	행동으로 실천하라
계명 3	전문 분야를 만들고 전문가가 되어라
계명 4	다양한 네트워크를 갖춰라
계명 5	부자고객에게 더욱 집중하라
계명 6	효율적으로 시간관리를 하라
계명 7	커뮤니케이션 스킬을 키워라
계명 8	**뛰어난 협상가가 되어라**
계명 9	포기하지 않는 강한 정신력으로 무장하라
계명 10	긍정적 마인드로 무장하라

계명 8 뛰어난 협상가가 되어라

FP가 목표로 하는 고액의 신계약은 고객과 FP의 협상의 결과물이다. 고객을 이해시키고 설득하는 과정을 거쳐 얻게 되는 것이다. 결국 협상 능력의 차이가 성과의 차이로 귀결된다. 스튜어트 다이아몬드는 〈어떻게 원하는 것을 얻는가?〉라는 책에서 의사소통 관련 부분의 뛰어난 협상가와 평범한 협상가의 차이점을 다음과 같이 소개했다.

다이아몬드는 거슬리는 발언, 비난 등 부정적 요소가 많을수록 협상을 성공시킬 확률은 줄어든다고 강조했다. 반면 협상 도중 일정한 간격으로 들은 내용을 상대에게 정리하여 주고 확인시킴으로써 의사소통의 오류를 막을 수 있고 상대를 존중하는 인식을 줄 수 있다고 하였다.

협상 시 행동	뛰어난 협상가	평범한 협상가
거슬리는 발언, 자기 자랑, 불공정한 지적	2.3%	10.8%
협상 시 창의적 선택 사항 고려	5.1%	2.6%
비난	1.9%	6.3%
정보 공유	12.1%	7.8%
장기적 발전에 대한 발언	8.5%	4.0%
공통 사항에 대한 발언	38.0%	11.0%

협상 시에는 타이밍이 중요하다. 어떤 의견을 말해야 할 타이밍과 하지 말아야 할 타이밍을 잘 살펴야 한다. 많은 FP들이 조급증으로 인해 타이밍을 맞추지 못해 원하는 성과를 얻지 못한다. 나는 고객이 나에게 신뢰 신호를 보일 때까지 상품 이야기를 하지 않는다. 어설프게 꺼내는 상품 소개는 고객이 나를 단순한 세일즈맨으로 오인하고 나의 조언과 제안에 의구심을 품을 수 있기 때문이다. 하지만 나는 고객이 나의 조언과 제안에 신뢰를 보내는 타이밍을 놓치지 않는다. 고객이 보낸 신뢰 타이밍에 맞추어 강하게 상품을 제안하면 원하는 목적을 달성할 수 있다.

PART 5

계명 1	목표와 꿈을 구체적으로 설정하라
계명 2	행동으로 실천하라
계명 3	전문 분야를 만들고 전문가가 되어라
계명 4	다양한 네트워크를 갖춰라
계명 5	부자고객에게 더욱 집중하라
계명 6	효율적으로 시간관리를 하라
계명 7	커뮤니케이션 스킬을 키워라
계명 8	뛰어난 협상가가 되어라
계명 9	포기하지 않는 강한 정신력으로 무장하라
계명 10	긍정적 마인드로 무장하라

계명 9 포기하지 않는 강한 정신력으로 무장하라

거절을 극복하라. 성공하고 싶다면 거절을 극복하는 강한 정신력이 중요하다. 거절은 보험영업하는 사람에게는 일상이다. 거절 따위의 기억은 바로 잊고 버려라. 거절이 나의 잘못이 아니라면 굳이 마음속에 담아둘 필요는 없다. 마음속에 담아두고 당연한 거절을 인정하지 못한다면 앞으로 한 걸음도 나아갈 수 없다. 다만 거절의 이유를 되새겨 보고 나로부터 온 이유라면 똑같은 실수를 반복하지 않으면 될 일이다.

거절은 극복의 대상이다. 극복할 수 없다면 그 고객은 차라리 버리는 것이 낫다. 당당하라. 나와 같은 전문가와의 만남을 거절하고 조언을 거절한 고객이 마이너스라는 자신감을 갖고 또 다른 고객을 찾아가는 게 좋다.

거절을 극복할 수 있는 것은 자신감이다. 전문 분야를 키우고 자신감을 키운다면 거절한 고객에게 오히려 측은함을 느끼게 될 것이다. 또한 거절하는 고객에게 도움과 조언이 필요할 것이기에 나의 의욕을 불러일으킬 것이다. 당신의 도움이 필요하다는 것을 강하게 설득할 수 있을 때 고객은 진정성을 느낄 것이다. 언젠가는 당신을 받아들일 것이다. 받아들이지 않는다고 슬퍼하거나 노여워해서는 안 된다. 또 다른 고객이 내 앞에 있기 때문이다. 나는 절대 화나지 않는다. 그저 고객이 안타까울 뿐이다.

인내는 강한 목표와 실천력에서 생긴다. 상상하라. 성공의 그림을 그려라. 그리고 미래에 일어날 행복한 일에 대한 상상을 자주 하라. 강한 목표와 계속적인 도전과 실천은 포기할 여유조차 주지 않을 것이다. 힘들고 주저앉고 싶을 때마다 미래의 행복한 상상을 자주 하라. 미래에 다가올 행복한 일들에 대한 상상이 포기를 극복하는 좋은 동기부여가 될 것이다.

실수와 실패를 용인하라. 최고의 전문가도 실수할 수 있고, 실패할 수 있고 거절당할 수 있다. 따라서 실수와 실패를 용인할 수 있어야 한다. 누구나 매번 성공의 길을 걸을 수는 없다. 매순간 성공만을 갈망하면 실패한 자신을 용서할 수 없게 된다. 성공의 길만을 걸은 사람은 한 번의 실패로 인해 주저앉고 영원한 실패의 나락으로 빠지는 경우가 있다. 실패한 자신을 인정할 수 없고, 실패의 기억 속에 갇혀 있기 때문이다. 실의에 빠지게 되고 종국엔 포기의 길로 갈 수 있다.

따라서 실패를 받아들이고 인정하고 다시 시작하는 것이 필요하다. 누구나 실패할 수 있다는 것을 인정하라. 다만 실패 원인을 복기하고, 다시 성공의 길로 힘차게 출발하는 강인함이 필요하다. 주저앉아서는 아무것도 얻을 수 없음을 명심하자.

PART 5

계명 1	목표와 꿈을 구체적으로 설정하라
계명 2	행동으로 실천하라
계명 3	전문 분야를 만들고 전문가가 되어라
계명 4	다양한 네트워크를 갖춰라
계명 5	부자고객에게 더욱 집중하라
계명 6	효율적으로 시간관리를 하라
계명 7	커뮤니케이션 스킬을 키워라
계명 8	뛰어난 협상가가 되어라
계명 9	포기하지 않는 강한 정신력으로 무장하라
계명 10	긍정적 마인드로 무장하라

계명 10 긍정적 마인드로 무장하라

성공과 실패의 주인공은 다름 아닌 바로 나 자신이다. 또한 인간은 신이 아니며 나약한 존재이다. 따라서 **나약함이 지배하려 할 때마다 긍정적 마인드로 자신을 컨트롤해야 한다.** 성공하는 사람은 부정적이지 않고 긍정적이다. 성공하는 사람은 다른 사람의 말에 귀 기울이며 옳은 말엔 자신을 바꾸고 변화하는 사람이다. 하지만 실패하는 사람은 남의 말은 전혀 귀 기울이지 않고 본인만 옳다고 생각하는 사람이다. 많은 사람이 옳은 길이 아니라 해도 본인의 아집으로 홀로 세상을 걸어가는 삶을 산다.

긍정적 삶을 살기 위해서는 주변 동료와 잦은 대화를 통해 자신을 돌아보는 삶, 타인의 말에 귀를 기울이는 삶이 필요하다. 그런 의미에서 힘들고 지칠 때마다 읽고 힘을 얻어 자신의 목표와 행동을 피드백할 수 있는 훌륭한 명언들을 소개하면서 이 책을 마무리한다.

만약 당신이 준비가 될 때까지 기다린다면,

당신은 평생을 기다리기만 할 것이다.

- 레모니 스니켓 -

치밀하고 합리적인 계획은 성공하지만

불쑥 떠오른 생각에 의한 행동은 실패하는 경우가 많다.

큰 목표일수록 잘게 썰어라.

- 이도도어 루빈 -

행동하지 않는 것으로 인해

의심과 두려움이 생기는 것이다.

그리고 행동함으로 인해 자신감과 용기가 생기는 것이다.

그렇기에 두려움을 이기고 싶다면 집에 앉아서

생각만 하지 말고, 밖으로 나가서 행동하라.

- 데일 카네기 -

좋은 기회를 만나지 못하는 사람은 없다.
기회를 잡지 못했을 뿐이다.

– 데일 카네기 –

우리가 사는 환경은 우리가 만들어가는 것이다.
내가 바뀔 때 인생도 바뀐다.

– 앤드류매튜스 –

사소해 보이는 일에도 엄격하게 원칙을 지켜라.
겉으로 보기에 사소해 보이는 일에서도
작은 진리나 거짓이 드러나기 때문이다.

– 케샤반 나이르 –

꿈을 기록하는 것이 나의 목표였던 적은 없다.
꿈을 실현하는 것이 나의 목표이다.

– 만 레이 –

인간은 자기가 옳다고 생각하는 일,

될 수 있으면 많은 것을 자기의 것으로 삼는 것을

인생의 목표로 삼고 있다.

- 톨스토이 -

나는 할 수 있다. 나는 해낸다.

나에게는 저력이 있다. 나에게는 오직 전진뿐이다.

이리한 신념을 지니는 습관이 당신의 목표를 달성시킨다.

- A. 단테 -

만약 당신이 날 수 없다면 달려라.

만약 당신이 뛸 수 없다면 걸어라.

만약 당신이 걸을 수 없다면 기어가라.

반드시 멈추지 말고 계속 움직여라.

- 마틴 루터 킹 -

강에서 물고기를 보고 탐내는 것보다

돌아가서 그물을 짜는 것이 옳다.

- 〈한서 예악지〉(漢書 禮樂志) -

참고 도서

스튜어트 다이아몬드 ; 어떻게 원하는 것을 얻는가?

스탠 비첨 ; 엘리트 마인드

스콧 웨스트& 미치 엔서니 ; 평생고객을 얻는 최고의 질문

아가와 사와코 ; 듣는 힘

조던B. 피터슨 ; 12가지 인생의 법칙

후지요시 다쓰조 ; 일하는 습관을 바꾸는 10초 행동력

이민규 ; 끌리는 사람은 1%가 다르다

데이비드 뮬런 주니어 ; 연봉 10억 재무 설계사

한국FPSB ; 재무설계 원론

김상현 오진민 ; 귀족마케팅

하노 백 ; 부자들의 생각법

곽근호 ; 부자마케팅으로 승부하라

국세청 ; 국세통계포털

대법원사법연감

FP, FC를 위한

VIP
Hub

마케팅

| 초판 1쇄 발행 | 2023년 5월 25일 |
| 개정판 1쇄 발행 | 2024년 2월 23일 |

지은이 김기홍
편집 · 디자인 홍성주
펴낸곳 도서출판 위
주소 경기도 파주시 광인사길 115
전화 031-955-5117~8

ISBN 979-11-86861-26-4 03320